Die Arbeiten der amerikanischen Fotojournalistin **Milbry Polk** umfassen Berichte über das Segeln auf dem Mittelmeer, antike Felsenbilder in der Wüste Saudi-Arabiens und Wildwasserfahrten nördlich des Polarkreises. Sie ist Mitglied des Explorer Club in New York und der Royal Geographical Society in London. Mit ihrem Mann und ihren drei Töchtern lebt sie bei New York.

Die amerikanische Schriftstellerin **Mary Tiegreen** hat sich mit den unterschiedlichsten Sachthemen beschäftigt. *Frauen erkunden die Welt* ist ihr erster Vorstoß in die Welt des Forschens und der Entdeckungen. Sie lebt mit ihrem Mann Hubert und dem großen Hund Daisy im Hudson Valley.

MILBRY POLK · MARY TIEGREEN

FRAUEN ERKUNDEN DIE WELT

Entdecken · Forschen · Berichten

Aus dem Amerikanischen
von Frank Auerbach, Tracey J. Evans, Evelyn Köhler,
Horst Leisering, Theresia Übelhör

NATIONAL GEOGRAPHIC
FREDERKING & THALER

Die Deutsche Bibliothek – CIP-Einheitsaufnahme
Ein Titeldatensatz für die Publikation ist bei
Der Deutschen Bibliothek erhältlich.

NATIONAL GEOGRAPHIC ADVENTURE PRESS
Reisen · Menschen · Abenteuer
Die Taschenbuch-Reihe von
National Geographic und Frederking & Thaler

2. Auflage März 2006

Titel der Originalausgabe: Women of Discovery
erschienen bei Clarkson Potter, New York,
einem Mitglied der Random House, Inc., New York

Aus dem Amerikanischen von Frank Auerbach, Tracey J. Evans,
Evelyn Köhler, Horst Leisering und Theresia Übelhör
Vorwort: Christiane Amanpour
Fotos: siehe Abbildungsnachweis S. 335/336
Lektorat: Carlo Lauer & Partner, Aschheim, und Angela Wagner, München
Umschlaggestaltung: Petra Dorkenwald, München
Herstellung: Caroline Sieveking, München
Druck und Bindung: Ebner & Spiegel, Ulm
Printed in Germany

ISBN 3-89405-220-1
www.frederking-thaler.de

Das Papier wurde aus chlorfrei gebleichtem Zellstoff hergestellt.

William R. Polk gewidmet,
dem besten Führer auf der größten aller Reisen

»Wenn du zu deiner Reise nach Ithaka aufbrichst,
dann bete, der Weg möge weit sein,
voller Abenteuer und reich an Erkenntnissen...«

KAVAFIS

...when you see,
however distant,
the goal of your
wanderings...

Inhalt

Immer neue Horizonte – Kühne Entdeckerinnen

Frauen, die von den weißen Flecken auf der Landkarte fasziniert waren.

Eine Sternschnuppe fangen – Unterwegs mit Wissenschaftlerinnen

Entdeckerinnen auf der Suche nach neuen Erkenntnissen.

Überwinden von Zeit und Raum – Künstlerische Visionen

Malerinnen, Fotografinnen, Filmemacherinnen und Schriftstellerinnen, die das Wesen des Entdeckens als solches einfingen.

Lockungen des Unbekannten – Entdeckerinnen in Grenzbereichen

Entdeckerinnen, die an die Grenze der Leistungsfähigkeit gingen.

Valley of the Assassins
my Journey to
Tripoli
Egypt
West with the Night
MARRIE
ADVENTU
RILLAS IN
HE MIST

Vorwort

Ich werde das erste Entdeckerbuch, das ich las, nie vergessen: *Im Tal der Mörder* von Freya Stark beflügelte meine jugendliche Phantasie, nicht zuletzt weil es die gefährliche Reise durch die Berge Nordpersiens beschrieb. Persien ist der heutige Iran, und es ist meine Heimat. Es faszinierte mich, über eine Frau zu lesen, die sich wie ein Mann kleidete, um einige der entlegensten Regionen meines Heimatlandes zu erkunden. Weitere Lektüre über Freya Stark verriet mir später mehr über sie: eine Frau von zarter Konstitution, aber gewaltiger innerer Stärke, eine gefühlsmäßig eher unsichere Frau, aber mit überwältigendem Ehrgeiz. Sie war sehr widersprüchlich, aber die Lust am Entdecken, die Passion fürs Wandern und ihr Mut in der Not zogen sich wie ein roter Faden durch ihr Leben.

Auch Beryl Markham, die tollkühne Frau in einer fliegenden Kiste, war eine meiner Heldinnen, und hingerissen verschlang ich ihr Buch *Westwärts mit der Nacht*. Ich erinnere mich, wie ich über Jane Goodalls Arbeit mit Schimpansen las und dass sie ihren kleinen Sohn zusammen mit Primaten aufzog. Ich weiß noch, wie ich im Bett lag und mich ins Goodall-Land wünschte. Die Idee von der schönen Welt, die mich draußen erwartete, und von mutigen Frauen, die in sie hinauszogen, war so reizvoll wie ihre gekonnt beschriebenen Abenteuer.

Seit diese großen Entdeckerinnen mir die Welt zeigten, hat sich viel verändert. »Weiße Flecken auf der Landkarte«, wie Freya Stark sie nannte, gibt es praktisch nicht mehr. Doch die Arbeit, die diese Frauen leisteten, und die Geschichten, die sie erzählten, motivieren mich noch immer. Auch ich spüre die Abenteurerin in mir, wenngleich ich als Journalistin eher Lebensbedingungen erforsche als physischen Raum. Ich hoffe nicht, idyllische Orte zu entdecken, aber vielleicht trage ich zum Fundus menschlichen Wissens bei. Wenn ich über Ereignisse berichte, kann ich Millionen Menschen als Auge und Ohr dienen, und vielleicht hilft das, was ich zeige und sage, die Welt zu einem besseren Ort zu machen.

Viele von uns sehnten sich wie die Entdeckerin Alexandra David-Néel danach, »über das Gartentor hinaus zu gehen ... und ins Ungewisse aufzubrechen«. Die Geschichte hat die großen männlichen Entdecker der Welt verklärt: Lawrence von Arabien, Dr. David Livingstone, Samuel Johnson, Richard Burton und Wilfred Thesiger sind Legenden. Das vorliegende Buch zeigt die andere Seite des Abenteuers. Es macht uns mit den großen weiblichen Entdeckern bekannt, deren Einstellung zur Welt um nichts weniger erfrischend ist als die ihrer männlichen Kollegen. Es sind Frauen, die oft tief sitzende kulturelle, sexuelle und wirtschaftliche Vorurteile überwinden mussten, um ihre Träume und Ideen zu verwirklichen. Viele brachen ohne rechte Hilfe von ihrer Familie und Umgebung auf, aber sie alle beflügelte die Leidenschaft für das Leben und die Möglichkeiten, die es birgt. Mit Sicherheit werden auch die in diesem Buch erwähnten Namen Legende werden und neue Generationen junger Frauen – und Männer – zum Überwinden von Grenzen und zum Aufbruch ins Ungewisse anregen.

CHRISTIANE AMANPOUR

Einführung

Eine sengende Dunstwelle um die andere wehte von den ausgebleichten Dünen jenseits der Zeltsegel herab. Fast benebelt von der Hitze und erschöpft von meinem Kamelritt, spähte ich hinaus zur dünnen Linie am Horizont. Dann, als ich den Burnus, der mein Gesicht vor Sonne und Wind geschützt hatte, über meine Augen schob, sah ich die erstaunten Augen der Beduinenmänner. Für sie war ich eine so bizarre und provozierende Erscheinung wie eine Frau in der Dusche einer Fußballmannschaft. Sie waren höflich, aber wenn sie sich unbemerkt glaubten, konnten sie nicht anders, als mich heimlich anzusehen. Das war mir seltsam peinlich. Obwohl mein Kopf zum Schutz gegen die Sonne in viele Lagen Schal gewickelt war und ein langes, schwarzes Gewand meinen Körper ganz verbarg, fühlte ich mich unter den verstohlenen Blicken nackt.

Milbry Polk mit dem Bürgermeister von Qara, einer kleinen, auf einem Felsmassiv thronenden Oase in der westlichen Wüste Ägyptens.

Ein anderes Zelt, das in Rufweite im Schatten einiger Palmen stand, beherbergte die Beduinenfrauen: die jungen, die heiratsfähigen und die Mütter. Ein uraltes Weib mit blau tätowiertem Gesicht trug einen Krug fest im Arm und näherte sich schweigend »unserem« Zelt. Ein junger Mann sprang auf, als er sie sah, nahm ihr ihren Krug ab und bot uns Gläser mit heißem, gesüßtem Tee an.

Ich sah der Frau zu, wie sie sich durch den Sand zurückzog. Ihr langes Kleid verwischte ihre Spuren, und ich wünschte mir, ihr folgen zu können. Ich wusste, in ihrem Zelt würden Frauen sein, die über mich schwatzten. Sie würden kochen oder die Kleinen hüten. Ich aber saß fest. Da ich »Männergeschäfte« betrieb – Führer anheuerte und Kamele kaufte, um tief in die Wüste zu reisen –, war ich für diese Leute keine rechte Frau mehr. Ein Anthropologe würde sagen, ich war in dieser Gruppe »strukturell« ein Mann. Umstände und Sitten definierten meine Rolle. Dennoch blieb meine Rolle unklar: Ich war kein Mann. Obwohl mich Menschen umgaben, fühlte ich mich völlig allein. Die Wahrheit, meine Wahrheit, war: Ich stand am Anfang eines mühsamen Kameltrecks durch die öde Kattarasenke Ägyptens. Ich war dreiundzwanzig Jahre alt.

Meine Reise nach Kattara hatte Jahre zuvor begonnen, obwohl mir das zu jener Zeit nicht klar war. Meine frühesten Träume und tiefsten Sehnsüchte hatten immer mit Reisen und Entdeckungen zu tun gehabt. Je weiter die Reise, desto mehr reizte sie mich. Schon als Kind wollte ich durch die unpassierbaren Öden ans »Ende der Welt«. Ich wusste nicht, wonach ich suchte, aber ich wusste, es bedeutete, in die Fußstapfen des großen Orientalisten, Soldaten und Entdeckers des 19. Jahrhunderts, Sir Richard Francis Burton, zu treten. Die meisten reden vom Abenteuer – Burton hat es erlebt. Später fügte ich meinem Pantheon weitere Entdeckerhelden hinzu: Sir Henry Stanley, Dr. David Livingstone, Charles Doughty, Wilfred Thesiger und Thor Heyerdahl.

Aber ich fragte mich: Waren Entdecker immer Männer? Gab es eine Schranke, eine Grenze, die Frauen hinderte, auf Entdeckungsreisen zu gehen? Meine einsame Heldin war Amelia Earhart. Ich wollte wie sie sein, meinem Stern folgen, ob auf dem Rücken eines Kamels, in einem Segelboot oder in einer Pilotenkanzel.

Was ich damals nicht wusste: Es gab viele Frauen, die wie ich dachten. Es bedurfte Jahre der Lektüre, der Forschung und der Gespräche, um Entdeckerinnen zu finden und zu erfahren, was sie getan hatten. Bevor ich in Büchern, Archiven und in verschiedenen Winkeln der Erde begann, nach ihnen zu suchen, wusste ich nicht,

Die Expedition »Alexander der Große« bei der Durchquerung der Kattarasenke in Westägypten im Jahr 1979.

dass Frauen eine Entdeckergeschichte hatten. Sie zu enthüllen war nicht einfach, denn fast alle Bücher über Entdeckungen drehen sich allein um die Taten von Männern. Frauen, wollte es scheinen, waren keine Entdecker. Heute weiß ich, dass das nicht stimmt – die Welt zu entdecken steht uns allen offen.

Doch bevor ich die Leistung anderer Entdecker würdigen konnte, musste ich in Sachen Entdeckung in die Lehre gehen. Darum saß ich in diesem Wüstenzelt. Mein Ziel war es, den Spuren Alexanders des Großen von der Oase Siwa durch die Kattarasenke zu folgen bis zu den Klöstern von Wadi Natrun nahe dem Nil.

Zwei Jahre hatte es mich gekostet, diese Expedition zu verwirklichen, und die brachten mich erst mal nur an die Startlinie. Vor uns lagen Wochen mit strapaziösem Auf- und Abladen, Ritten, Märschen, der Suche nach Wasser. Wir mussten Salzsümpfe umgehen und die Minenfelder von Rommels Afrikakorps und Montgomerys Achter Armee. Ich erwies meine Reverenz, als ich die bohrenden Sandstürme der Wüste erlebte, die unbeschreibliche Schönheit ihrer Nächte, den köstlichen Geschmack von einem Schluck Wasser aus einer verlassenen Quelle und warmes Feuer in kalter Abendluft.

Die erste Lehre am Ende dieser Reise war, dass Entdecken nicht einfach nur Reisen bedeutet. Es ist ein *Prozess*, der ein Leben lang währen kann und, so glaube ich, auch sollte. Die zweite Lehre: Eine Entdeckungsreise kann überall stattfinden – in der Wüste, im Dschungel, in der Bücherei oder dem Labor. Denn was auch immer das Ziel sein mag, der Prozess ist die Entdeckung des eigenen Selbst. Auf meiner Reise stellte ich mich meinen Ängsten, erprobte Stärken, lotete meine Leistungsfähigkeit aus und entfaltete meine Träume.

Erforschung ist ein innerer und ein äußerer Vorgang. Zumindest sehe ich das inzwischen so. Und was haben andere darin gesehen?

Das erste Mal hörte ich von Entdeckern, als wir in der Schule das »Zeitalter der Entdeckungen« durchnahmen. Die Geschichtsbücher sagen uns, dass Entdecker – Kolumbus, Vasco da Gama, Magellan, Captain Cook – jene Männer waren, die über die Meere segelten, um neue Welten zu finden. Ohne ihre Leistungen und die Gefahren, denen sie sich stellten, schmälern zu wollen, finde ich es traurig, sie (und uns) nach dem zu beurteilen, was sie schwächeren Völkern an Gold, Gewürzen, Sklaven und reichen Ländereien entrissen. Entdeckung war oft nur Synonym für Eroberung, Ausbeutung, Raub und Vergewaltigung.

Mit dieser Art des Entdeckens wollte ich nichts zu tun haben, und sie hatte auch nicht das als Ziel und Inhalt, was für mich Entdeckung definierte.

Für mich geht es bei Entdeckung um die Mehrung von Wissen und Erfahrung. Deshalb kann man auch in Labor und Bücherei auf Entdeckungsreise gehen. Sicher ist es aufregender, sich Gefahren zu stellen, wie ich es in der Wüste tat oder wie es die Frauen, über die ich schreibe, taten; Entdeckungen sind aber nicht allein Abenteuer à la Indiana Jones.

Wir alle kennen die Forscher, deren Entdeckungen aufregend waren: Kolumbus' Landung in Amerika, Pizarros Eroberung des Inkareiches, Spekes und Burtons Suche nach den Quellen des Nils und Scotts Wettlauf zum Südpol. Was aber wissen wir von den Taten der zahllosen anderen, von denen viele Frauen waren? Warum sind uns Mary Kingsleys Reisen mit Fang-Kannibalen zu den Nebenflüssen des Kongos, Lady Mary Wortley Montagus »Entdeckung« des Blatternimpfstoffes in der Türkei des 18. Jahrhunderts oder Alexandra David-Néel, die nach Tibet reiste, nicht ebenso vertraut? Oder Annie Smith Peck, die Berge in Südamerika bestieg? Diese und zahlreiche andere Frauen erschlossen uns einen Teil unserer Welt, den wir nicht kannten, verstanden oder schätzten, bevor sie ihn uns enthüllten. Ihrer Hingabe, ihrem Mut und ihrer Gelehrsamkeit verdanken wir es, dass wir alle mehr an den Wundern der Welt teilhaben.

Warum wissen wir heute so wenig von weiblichen Entdeckern? Vielleicht weil Frauen anders forschen als Männer. Ignoriert von Institutionen, die oft die Reisen männlicher Entdecker subventionierten, mussten Frauen keine Interessen wohlhabender Förderer befriedigen. Folglich genossen Frauen den Luxus der verschlungenen Pfade, während Männer die Suche nach direkten und möglichst schnellen Wegen zum Ziel bevorzugten. Da Frauen von vornherein nicht mit im Rennen waren, bemerkten sie oft, was anderen entging.

Die Geschichte weiblicher Entdecker ist so alt wie die Zeit, alt wie die Mythen, real wie das Gedächtnis. Doch wie in vielen Bereichen kultureller Leistungen und Beiträgen von Frauen liegt die Geschichte im Dunkel. Selbst wenn Frauen zu Lebzeiten für ihre Leistungen gewürdigt wurden – spätere Historiker vergaßen sie oft. Zudem waren Entdeckerinnen oft zur Tarnung gezwungen, sie veröffentlichten anonym oder unter dem Namen eines Mannes. Meist aber wurden ihre Aufzeichnungen einfach vergessen oder anderen zugeschrieben.

Die Geschichte von Entdeckern – Männern wie Frauen – ist auch eine Geschichte der Gesellschaftsschichten und der Rassenzugehörigkeit. Diejenigen, die zu Entdeckern wurden, hatten meist das Glück, eine Bildung erworben zu haben, sie hatten Mittel, um ihre Expeditionen zu finanzieren, und sie veröffentlichten am Ende ihre Funde. Keine einfache Aufgabe. Ich war bestrebt, Entdeckerinnen in das Buch aufzunehmen, die nicht aus Europa stammen, doch sind ihre Geschichten besonders schwer aufzuspüren. Kolonialismus und Unterdrückung haben ihre Biografien in den letzten Jahrhunderten verschleiert.

Dieses Buch erzählt die Geschichten von vierundachtzig Entdeckerinnen. Es gäbe weit mehr zu erzählen – mehr, als selbst bestinformierte Reisefans kennen, und zu viele, als dass ein Buch sie fassen könnte. Deshalb habe ich einige wenige ausgewählt, die ich bewundere.

Es ist meine Hoffnung, dass dieses Buch andere ermutigen möge, nach weiteren Frauen zu suchen, die bemerkenswerte Entdeckerinnen waren, sind und sein werden, und sie zu würdigen. Und dass diese Geschichten die Leserinnen und Leser inspirieren, zu einer eigenen Entdeckungsreise aufzubrechen.

MILBRY POLK
Palisades, New York
September 2001

Die Beduinenführer Belhaq und Meshayt am abendlichen Feuer in der Kattarasenke

Bilder in einem fernen Spiegel

Die Erzählungen der frühen Reisenden

Zu allen Zeiten sehnten sich Frauen danach, zu reisen und zu entdecken, selbst wenn es ihnen fast überall verboten war, weit von ihrem Zuhause umherzustreifen. Die engen Grenzen zu überschreiten, die ihnen gesetzt waren, bedeutete gewöhnlich Ächtung, praktisch das tödliche Verstoßenwerden aus der Gesellschaft. Trotz dieser Einschränkungen setzten sich einige kühne Frauen durch und fanden Wege, ihre Welten zu erkunden. Manche dieser Reisen ins Unbekannte waren unfreiwillig.

Der Zufall verschlug Männer wie Frauen an aufregende und gefährliche Orte, andere wurden als Opfer von Räubern verschleppt oder zu Führer- und Dolmetscherdiensten gepresst. Einige Reisen waren freiwillig: wenn Frauen weite Pilgerfahrten wagten oder in die Kolonien gingen. Und dann gab es diejenigen, die der Zucht ihres Geschlechts entflohen und unerkannt als Männer reisten.

Die meisten Frauen lebten ihr Fernweh als Pilgerinnen aus. Bis zum heutigen Tag ist die Wallfahrt eines der wenigen akzeptierten Mittel für nicht westliche Frauen, sich reisend von ihrer Kultur, ihrem Land und selbst ihren Familien zu entfernen. In allen großen Weltreligionen – Islam, Buddhismus, Hinduismus, Christentum und Judentum – und vielen örtlich begrenzteren Religionen ist das Pilgern Teil der Glaubenslehre. Obwohl die Wallfahrt als Reise der Seele gilt – von jenen, die sie unternehmen, wird angenommen, sie suchten spirituelles Erwachen, Erlösung und Heil –, ist sie per Definition ein physischer Akt. Im Schatten ihres spirituellen Ziels erweitern Pilger ihre Horizonte. Zumindest einige Frauen im Mittelalter waren sich der vielfältigen Funktionen des Pilgerns durchaus bewusst: Erbauung, Erleuchtung und Befreiung. Während die Wallfahrt historisch die akzeptabelste Form und Begründung für weibliches Reisen war, gab es doch auch andere. Als weltliche Gründe sind Handel, Besiedlung oder Erkundung zu nennen. Sie waren zum Beispiel unter den Wikingerinnen verbreitet, obwohl die Sagas, die Wikingerversion der Geschichtsschreibung, von Männern verfasst wurden und selten die Frauen erwähnten.

Tatsache ist jedenfalls, dass wir wenig über die Motive früher reisender Frauen wissen. Es gibt kaum Aufzeichnungen über sie oder von ihnen. Einige lebten schlicht ihren Drang zu reisen aus, andere suchten zweifellos dem harten Leben zu Hause zu entfliehen. Da ihnen Fluchtwege zu Lande oft verwehrt waren oder keine sicheren Ziele boten, ging so manche Frau, trotz des verbreiteten Aberglaubens, ihre Anwesenheit an Bord verursache Stürme, zur See. 1379 etwa gerieten die Schiffe des englischen Kapitäns Sir John Arundel bei einer kurzen Fahrt durch den Ärmelkanal in einen plötzlichen Sturm. An Bord war eine bunte Schar von sechzig Frauen – Prostituierte, Ehefrauen, Witwen, junge Damen von Rang –, die man soeben von Piraten freigekauft hatte. In Panik befahl Arundel, die Frauen über Bord zu werfen. Es brachte ihm kein Glück: Alle 25 Schiffe seiner Flotte liefen auf Grund, und Arundel verlor sein Leben.

Die Sitten vieler Kulturen verlangten, dass reisende Frauen sich vor fremden Blicken verbergen mussten, und so wurden vielfältige Transportmittel für sie erdacht.

Andere Frauen überwanden die Widerstände durch die Verkleidung als Mann. Eine solche gewagte Entscheidung befreite sie nicht nur von den Vorurteilen gegenüber ihrem Geschlecht, sie hatten noch dazu den Vorteil, sich der lästigen, beengenden Frauenkleider entledigen zu können. Die Amerikanerin Ann Johnson etwa heuerte 1848 als »George Johnson« auf dem Walfänger *Christopher Mitchell* an, und Georgina Leonard alias »George Welden« tat 1863 auf dem Walfänger *America* Dienst. Wir wissen von diesen beiden Frauen, weil Johnson später selbst darüber berichtete und Leonard »entlarvt« wurde, als man sie für eine Prügelstrafe auszog.

Manche wurden gar Piratinnen. Eine von ihnen, eine Holländerin aus dem fünften Jahrhundert, die wir nur als Alfhild kennen (es heißt, sie sei als Prinzessin geboren worden), führte, wie es scheint, eine ganze Crew als Männer gekleideter Piratinnen an. Der Legende nach heiratete sie später einen dänischen König. Ob ihn die Beute, die sie gemacht hatte, fesselte oder ihr Feuer, erfahren wir nicht. Besser dokumentiert ist die Schwedin, die als Sigrid die Herrliche bekannt wurde. Sie heiratete tatsächlich einen König. Aber es scheint, als habe er sie betrogen. Denn sie scharte eine Horde seiner unzufriedenen Untertanen um sich und tat, wovon manche verlassene Frau nur träumt: Sie rächte sich und plünderte sein Königreich.

Wo eigener Wille oder Rache einige Frauen zu Abenteuerinnen machte, waren es bei anderen Zufall oder Geschick: Schiffbruch war ein häufiger Grund, oder es war Gefangenschaft. Es gab Gefangene, die sich über ihr Los erhoben und zu Urbildern der Entdeckerin wurden, indem sie über ihre Erfahrungen schrieben oder zwischen feindlichen Gruppen vermittelten.

Nicht zuletzt waren da jene Eingeborenenfrauen, die das Schicksal einfach überrollte. Zu Führer- und Dolmetscherdiensten gepresst, spielten sie eine wichtige, wenngleich oft übersehene Rolle, indem sie männlichen Entdeckern zu ihren berühmten Entdeckungen und Eroberungen verhalfen. Eingeborenenfrauen waren nicht selten Dolmetscher, Führer und Brücke zwischen Kulturen. Ihr Handeln hatte tief greifende Folgen für das eigene Volk und diejenigen, denen sie halfen. Sie spielten, nach unseren Maßstäben, tragische oder zerstörerische Rollen, gleich den Männern, denen sie verbunden waren; aber wie auch immer wir ihre Mitwirkung beurteilen – ihr Mut ist bewundernswert. Über die körperliche Anstrengung hinaus bestanden sie die Herausforderung, sich einer fremden Kultur zu stellen und sie nicht nur zu verstehen, sondern auch ihrem eigenen Volk begreiflich zu machen.

Die wenigen hier zusammengetragenen Geschichten müssen als Beispiele für viele Dutzende mehr genügen, die wir kennen, und für die unerwähnten Tausende, die in der Geschichte auf ewig verloren sind.

Reisen des Glaubens

FRÜHE CHRISTLICHE PILGERINNEN

Die byzantinische Kaiserin Helena aus dem 4. Jahrhundert im Heiligen Land; ihrer Reiseroute folgen christliche Pilger seit jenen Tagen.

Im ersten Jahrhundert des Christentums wagte sich eine Reihe von Frauen auf Pilgerreise fern der Heimat. Obwohl man die Wallfahrt eher als spirituelle Suche denn als weltlichen Streifzug verstand, war sie teuer und verlangte großes organisatorisches Können. Um Raub, Vergewaltigung und Versklavung zu entgehen, die zu Land wie zu Wasser sehr reale Gefahren darstellten, waren bewaffnete

Eskorten nötig. In Regionen, in denen sich die Bevölkerung selbst kaum ernähren konnte, war der Proviantnachschub nicht gesichert; Bekleidung, Ausrüstung und Packtiere waren in den meisten Gebieten ebenso wenig verfügbar. Da Gasthäuser und ähnliche Herbergen selten waren und weit voneinander entfernt lagen, musste jede Gruppe eine Art mobiles Dorf bilden. Das Reisen in großen Gruppen konnte Probleme lösen, zugleich erhöhte es die Gefahr, Ressourcen (etwa Trinkwasser) an einem Ort übermäßig zu beanspruchen.

Wir wissen, dass wohlhabende adlige Damen aus Europa in Nordafrika und im Heiligen Land ausgedehnte Reisen unternahmen und religiöse Zentren stifteten, wo immer sie blieben. Dass diese Praxis verbreiteter war, als die spärlichen Überlieferungen erkennen lassen, enthüllen die Kommentare des zornigen ägyptischen Asketen Abba Arsenius.

Sie kamen dennoch. Genau genommen war es eine Frau, die den Maßstab für spätere Pilger setzte: die byzantinische Kaiserin Helena (gest. 328). Mit ihrem Sohn Kaiser Konstantin (gest. 337) bereiste sie wiederholt Palästina, besuchte Bethlehem, Jerusalem und den Sinai und gründete dort mehrere Kirchen, so auch die Grabeskirche.

Und ungeachtet dessen, was der mürrische Abba Arsenius gedacht haben mag, hat die katholische Kirche viele dieser frühen Pilgerinnen heilig gesprochen. Eine der Bekanntesten war die sehr reiche, hochgeborene römische Matrone und Witwe Paula (gest. 404), die mit ihrer Tochter Eustochium ausgedehnte Reisen in den Nahen Osten unternahm. Aus Jerusalem schrieben sie Briefe an eine Freundin in Rom, die wir als Marcella (veröffentlicht in Hieronymus' *Epistola XLVI*/46) kennen, und schilderten ihre Reise nach Nordafrika im Jahr 385. Nachdem sie der libyschen und ägyptischen Küste gefolgt waren, erreichten sie Jerusalem, wo sie den

Rest ihres Leben verbrachten und den Mönch Hieronymus, der die Bibel aus dem Hebräischen ins Griechische und Lateinische übersetzte, auch finanziell unterstützten.

Es gab Frauen, die in ihre Heimat zurückkehrten. Viele aber waren vom Nahen Osten so gefesselt oder wollten dem entgehen, was sie bei der Rückkehr im kalten, trüben Norden erwartete, dass sie beschlossen, im Ausland zu bleiben. Eine, die sich in Jerusalem niederließ, war Birgitta (1303–1373), die sich 1344 nach dem Tod ihres Mannes mit ihrer Tochter nach Jerusalem aufmachte. Sie wurde die heilige Birgitta von Schweden.

Die Christen waren nicht die Einzigen, die zu Glaubensreisen aufbrachen. Tausende von Mohammedanerinnen aus dem Nahen Osten, aus Zentral- und Südasien und Afrika durchquerten auf ihren Pilgerfahrten nach Mekka Wüsten, Gebirge und Meere. Wie die Christen in Jerusalem blieben so viele, dass sie in Mekka kleine Kolonien von Berbern, Chinesen, Indern und anderen gründeten.

Zum Ende der Welt

DIE DAME WEN-CHI
CHINESISCHE GEFANGENE UND DICHTERIN
(* UM 178 NACH CHRISTUS)

Handschriftenrolle, Achtzehn Lieder einer Nomadenflöte: Die Geschichte der Dame Wen-Chi

Wenige Geschichten über unfreiwillige Reisen sind so ergreifend wie die der Dame Wen-Chi. Von Mongolen aus einem privilegierten Leben voller Luxus gerissen, wurde sie Teil ihrer Gesellschaft und führte jahrelang ein Nomadenleben als Gefangene und Frau eines Mongolenführers.

Wen-Chi war die hochgeborene Tochter eines Gelehrten und Staatsmannes der Han-Dynastie. In jener Zeit durchstreiften Mongolenstämme die Gebiete nördlich der Chinesischen Mauer und griffen chinesische Siedlungen an. Die Chinesen suchten den Angriffen durch Heiratsallianzen mit den Nomaden vorzubeugen. Gelegentlich jedoch plünderten die Mongolenkrieger die chinesischen Dörfer und nahmen sich Frauen mit Gewalt. So wurde auch die Dame Wen-Chi um 190 n. Chr. entführt. Ihre Entführer waren wilde Steppennomaden, die sie in die Innere Mongolei verschleppten. Nach ihrer Ankunft wurde sie zur Heirat mit einem der ranghöheren Stammesführer gezwungen und musste Leben und Sitten der Nomaden übernehmen. Sie reiste mit den Hunnen, lebte in Zelten, suchte nach Nahrung und litt unter Not und Einsamkeit. Die Dame Wen-Chi gebar dem Mongolenführer zwei Kinder. Über ihre Familie schrieb sie später: »Als ich mit einem Barbarenkind schwanger ging, wollte ich mich umbringen. Aber als ich es geboren hatte, entdeckte ich die Liebe zwischen Mutter und Kind.«

Fünfzehn Jahre nach ihrer Verschleppung wurde sie von den chinesischen Behörden ausgelöst und stand vor der herzzerreißenden Wahl, in die ihr einst vertraute Kultur nach China zurückzukehren oder bei Mann und Kindern in der Wildnis zu bleiben. Traurig entschied sie sich zur Rückkehr in die alte Heimat: »Nun muss ich meine Kinder verlassen, um heimzukehren. Nach zehntausend Meilen Gebirge und Flüssen werde ich unsere Grenzstationen erreichen … Ich grämte mich, als ich fortging, nun ist mir die Rückkehr verhasst … Keine Menschen in Sicht, nur das gelbe Steppengras … Ich kehre heim, meine Sippe zu sehen.«

Wieder am chinesischen Hof, verewigte sie ihre Reise in *Achtzehn Lieder einer Nomadenflöte*, einer Reihe ergreifender Gedichte über ihr Nomadenleben, das dem verfeinerten Leben der Chinesen so fremd war. Die Geschichte der Dame Wen-Chi öffnete den Blick für das Leben jenseits der Großen Mauer, ein Leben, das auf ihre Zeitgenossen fremd und Furcht einflößend wirkte.

Eine Fahrt ins Heilige Land

EGERIA

SPANISCHE WALLFAHRERIN

(VIERTES JAHRHUNDERT NACH CHRISTUS)

Palästinareisende

Einer der frühesten und klarsten Augenzeugenberichte einer Pilgerfahrt wurde 1884 zufällig in einem Kloster in Italien entdeckt. Es ist eine Serie von Briefen in Tagebuchform, die Chronik einer dreijährigen Reise nach Ägypten, Byzanz und ins Heilige Land, geschrieben von einer Frau aus dem spanischen Galicien, wie man heute weiß. Sie war eine Pilgerin, wohl eine Nonne mit Namen Egeria, die ihre Reise gegen Ende des 4. Jahrhunderts unternahm. Sie wollte das Land der Bibel mit eigenen Augen sehen, um ihren »Schwestern« zu berichten, was sie sah und erlebte.

Anders als die meisten Reiseberichte ihrer Zeit, die lediglich Ortsnamen auflisteten, ist Egerias Tagebuch außergewöhnlich: Ihr Bericht zeigt Individualität. Sie beschrieb ihre Umgebung und Menschen, die sie traf. Über ihren Besuch am Berg Sinai schreibt sie: »Früh am Sonntagmorgen, in Begleitung des Priesters und der dort lebenden Mönche, erklimmen wir die Berge, einen nach dem anderen. Das Gebirge ist nur unter größter Schwierigkeit zu besteigen, da man nicht langsam rundherum geht, in einer Spirale, wie wir sagen, sondern geradewegs nach oben, als erklettere man eine Wand.«

Aus den Fragmenten des Tagebuchs rekonstruierten Gelehrte, dass Egeria auf den Spuren des Exodus zum Berg Sinai reiste, zum Berg Nebo, wo Moses starb, nach Carneas, um Hiobs Grab zu besuchen, und nach Edessa zum Grab des Apostels Thomas. Sie erwähnt vorangegangene Fahrten nach Oberägypten und Alexandria, aber auch nach Syrien und Konstantinopel. Sie fügt eine amüsante Anekdote ein über ihre Suche nach Lots Weib, die in eine Salzsäule verwandelt wurde. Ihre Führer, die wie Reiseführer von heute klangen, versicherten ihr, sie sei bis vor kurzem noch da gewesen.

> *Man zeigte uns die Stelle – dieser Ort wird auch in der Schrift erwähnt –, an dem die Säule von Lots Frau stand. Glauben Sie mir, ehrwürdige Damen, die Säule selbst ist nicht mehr sichtbar, obwohl die Stelle gezeigt wird. Aber es heißt, das Tote Meer verdecke sie. Wir sahen den Ort. Doch sahen wir keine Säule, und ich möchte Sie in dieser Sache nicht täuschen. Der Bischof des Ortes, das heißt von Segor, sagte uns, die Säule sei schon seit einigen Jahren nicht mehr sichtbar. Die Stelle, wo die Säule stand und die jetzt gänzlich von Wasser bedeckt ist, liegt etwa zehn Kilometer von Segor entfernt.*

Die Details über die Orte, die sie besucht, ergänzt sie mit interessanten Beobachtungen, wie die folgende, die beschreibt, wie Stämme durch die Wüste finden.

> *Es gibt überhaupt keine Straße, nur den Sand der Wüste ringsum. Die Pharaniten, die es gewohnt sind, dort mit ihren Kamelen umherzuziehen, stellen hier und dort Markierungen auf. Bei Tag reisen sie, indem sie diese Zeichen ansteuern. Des Nachts jedoch folgen die Kamele den Zeichen. Kurz gesagt, kraft Gewohnheit bewegen sich die Pharaniten bei Nacht hier gewandter und sicherer, als andere Männer es an Orten mit freien Straßen könnten.*

Den Beschreibungen der Wüste folgt eine detaillierte Erörterung der Fasten- und Osterbräuche in Jerusalem. Bedauerlicherweise bricht Egerias Tagebuch hier abrupt ab, und von der weit gereisten Dame ist nichts weiter bekannt.

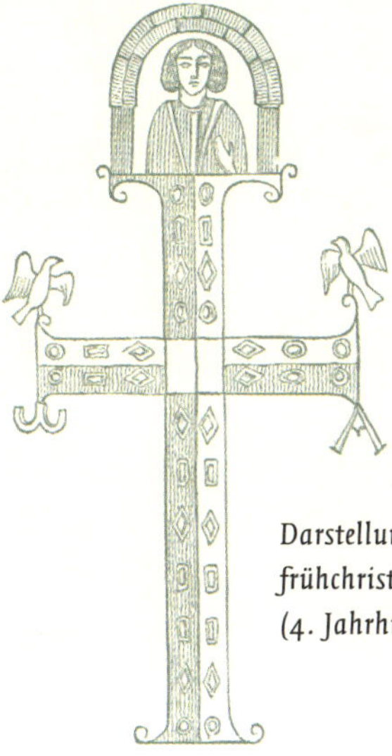

Darstellung eines frühchristlichen Kreuzes (4. Jahrhundert)

Die Brücke der Träume überschreiten

DIE DAME SARASHINA

JAPANISCHE PILGERIN UND DICHTERIN (1008–?)

Damen pilgerten im mittelalterlichen Japan häufig zu den buddhistischen Tempeln und Schinto-Schreinen.

Die japanische Heian-Periode (950 bis 1050 n. Chr.) ist heute für Romane, Gedichte und Tagebücher von außergewöhnlich talentierten und kultivierten Frauen des Großbürgertums bekannt. Die berühmtesten unter ihnen sind Die *Geschichte von Genji* von der Dame Murasaki und Sei Shonagons *Das Kissenbuch*. Ebenfalls aus der Heian-Periode stammt das Tagebuch einer Frau, deren Name unbekannt ist. Obwohl es sich um private Aufzeichnungen handelt, wurde ein Jahrhundert später eine Manuskriptkopie unter dem Titel *Sarashina nikki*, auch als »Tagesaufzeichnungen« von Sarashina, einer Bergregion in Zentraljapan, in die kaiserlichen Archive aufgenommen. Die Autorin wird allgemein Sarashina genannt; das Tagebuch ist ihr persönlicher Bericht über Reisen und Pilgerfahrten, die sie in Japan unternahm.

Von der Schreiberin wissen wir, dass Vater, Gatte und Sohn als Provinzgouverneure dienten. Die Ernennung zum Provinzgouverneur war lukrativ, da sie aber lange Perioden der Abwesenheit vom Hof in Kyoto mit sich brachten, waren solche Ämter unter den Adligen eher unbeliebt. Das verraten die ersten Seiten von *Sarashina nikki*: »Ich wuchs«, schreibt Sarashina, »in einem so entlegenen Landesteil auf, dass er jenseits der Großen Oststraße liegt. Was für ein ungehobeltes Geschöpf muss ich in jenen Tagen gewesen sein! Doch selbst eingesperrt in der Provinz, geschah es, dass mir zu Ohren kam, die Welt enthielte Dinge, die als Geschichten bezeichnet werden, und von diesem Moment an war es mein sehnsüchtigster Wunsch, sie selbst zu lesen.«

In diesen Zeilen verrät sie viel über das Japan ihrer Zeit: Das Leben am kaiserlichen Hof in Kyoto war höchst erstrebenswert, die Überwindung selbst kurzer Distanzen war mühsam und zeitaufwändig, und es war nicht ungewöhnlich, dass Frauen nicht nur lesen konnten, sondern auch in der feinen und komplexen Literatur ihrer Zeit beschlagen waren.

Sarashina beginnt ihr Tagebuch im Alter von zwölf Jahren mit der Beschreibung einer Reise von der Provinz, wo ihr Vater seinen Posten innehatte, nach Kyoto. Trotz der Kürze der Strecke brauchte die Gruppe drei Monate für die Reise: Man marschiert, durchwatet Flüsse, und kampiert im Freien, da es weder Gasthäuser noch Hotels gibt. Über ein Lager schreibt sie: »Am Abend blieben wir am

Strand von Kuroto, wo sich die weißen Dünen in die Ferne erstrecken. Ein heller Mond hing über dichten Kiefernhainen, und der Wind seufzte einsam in den Zweigen.« Als sie den Fudschijama passieren, schreibt sie: »Seine dichte Decke aus ewigem Schnee erweckt den Eindruck, als trage der Berg eine weiße Jacke über einem Gewand aus tiefem Violett.«

Sarashina mischt in ihrem Tagebuch, wie andere Autoren der Heian-Periode, poetische Beschreibungen der dramatischen japanischen Landschaft mit Andeutungen romantischer Gefühle und sentimentaler Betrachtungen. Natürlich verliert ihr Werk in der Übersetzung viel von seiner Kraft. Aber wie bei den romantischen Schriftstellern des 19. Jahrhunderts in Westeuropa ist es die eigene Reaktion auf den Reiz der Natur, die sie interessiert. Fast nie erwähnt sie die Vielzahl politischer, familiärer oder sozialer Ereignisse, die ihr Leben berührt haben müssen.

Das Thema Abschied, ob durch Verlust, Tod oder Distanz, durchzieht das Tagebuch. »Da ich mir die Langeweile mit düsteren Gedanken vertrieb, fiel mir ein, dass ich auf Wallfahrt gehen könnte … ›Wie Furcht erregend!‹, sagte Mutter, die eine sehr altmodische Frau war. ›Wenn wir nach Hase [ein Wallfahrtsort] gehen, könnten uns in der Nara-Senke Banditen angreifen – und was wird dann aus uns? Auch Ishiyama ist sehr gefährlich, weil man einen Berg überqueren muss. Und der Berg Kurama – oh, wie mich das ängstigen würde!‹« Sarashina geht trotzdem. »Wir überquerten den Berg Ashigara bei Tagesanbruch. Wenn mir der Berg am Fuß schon Furcht einflößte, um wie viel erschreckender wurde er, als wir in die Tiefen des Waldes drangen und höher und höher stiegen, bis wir auf die Wolken selbst traten!«

Bei der Rückkehr von ihrer Wallfahrt nach Izumi wird sie in der Bucht von Otsu von einem Sturm überrascht. »In unserer ersten Nacht fiel schwerer Regen, und der Wind war wütend genug, um sogar Felsen loszureißen. Das Rauschen der gegen die Küste brandenden Wellen und das wilde Heulen des Windes versetzten mich in solche Angst, dass ich dachte, mein letzter Tag sei angebrochen. Die Männer zogen unser Boot in die Dünen, und dort verbrachten wir die Nacht.«

Abgesehen von den Wallfahrten bleibt Sarashina zu Hause bei ihrem Vater, bis sie als Hofdame an den kaiserlichen Hof geht. Im damals als fortgeschritten geltenden Alter von 36 Jahren heiratet sie. Nach drei Kindern zerbricht die Ehe: »Nun, da ich genau das tun konnte, was ich wollte, ging ich auf eine weite Pilgerreise nach der anderen. Einige waren herrlich, manche schwierig, aber ich fand auf allen großen Trost in dem Zutrauen, dass sie mir künftig Nutzen bringen würden.«

Sieht man von diesem künftigen Nutzen ab, so scheint Sarashina ihre späten Jahre einsam und in Trauer verbracht zu haben.

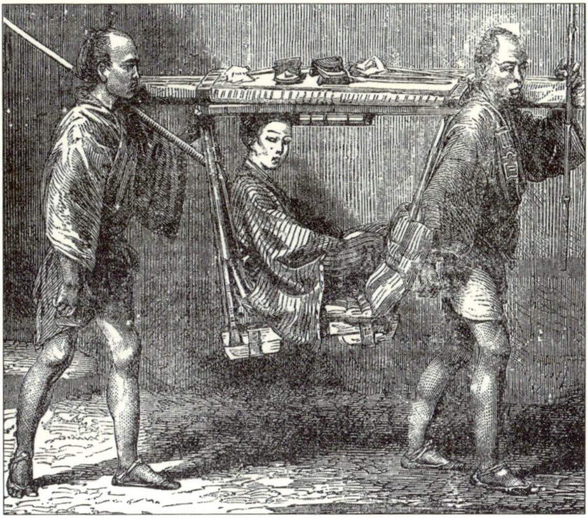

Heldensagen

FAHRENDE WIKINGERINNEN

Dieser Stich aus dem 18. Jahrhundert zeigt Seeungeheuer und Gletscher auf Island, dem Land aus Feuer und Eis.

Jahrhundertelang beschwor das Wort Wikinger Furcht erregende Visionen von mit Drachen gezierten Segelschiffen herauf, mit Kriegern aus den rauen nordischen Heimatländern an Bord, darauf aus, die Klöster und Städte an Europas Küsten zu plündern. In ihrer Blütezeit zwischen 800 und 1100 n. Chr. waren sie überlegene Entdecker, ihre Kolonien erstreckten sich von der Wolga bis

Konstantinopel. Wikingerfrauen reisten oft mit ihren Männern, gelegentlich führten sie eigene Expeditionen an. Die Geschichten über die ersten Wikingersiedler, die mit ihren kleinen Schiffen nach Amerika in See stachen, wurden von Generation zu Generation weitergereicht, bis sie schließlich niedergeschrieben wurden.

In die Neue Welt

FREYDIS EIRÍKSDOTTIR • NORDISCH-ISLÄNDISCHE ENTDECKERIN (UM 1000 NACH CHRISTUS)

Unter den Helden der nordischen Sagen nimmt Erich der Rote eine überragende Stellung ein. Weniger bekannt ist seine gefürchtete Tochter, Freydis Eiríksdottir. Ihre legendären Entdeckungsreisen in offenen Schiffen werden zum Teil in den Sagen *Groenlendinga* und *Eiríks saga* aus dem 12. Jahrhundert beschrieben. In ihnen wird ihr die Leitung einer Expedition über die weiten, eisbedeckten Meere nach Grönland und weiter nach »Vinland«, vermutlich einem Teil von Nordamerika, zugeschrieben – eine der überragendsten entdeckerischen Leistungen aller Zeiten, Jahrhunderte vor Kolumbus' »Entdeckung« der Neuen Welt. Freydis selbst hätte sie wohl für die kleinere neben zwei ihr wichtigeren Taten gehalten: Die erste bestand in einem ihr zugeschriebenen verräterischen und blutigen Massaker an ihren Brüdern und deren Gefolge, als sie ein besseres Schiff brauchte; ihr zweites Abenteuer schildert sie als die Retterin ihrer Leute, als sie einen Gegenangriff gegen die *skraelingar* oder Eingeborenenvölker führte. Diese Taten zementieren ihren Anspruch auf die einzige Rolle, dic in ihrem Volk zählte – die des Kriegers.

Durch die Eismeere

Unn die Tiefsinnige (um 900 nach Christus)

Die Besiedlung Islands war eines der großen Wikingerabenteuer; die Geschichten über jene, die auf dieser Fahrt die arktischen Gewässer bezwangen, wurden an den Lagerfeuern immer wieder erzählt, während die Krieger sich bei Met an gebratenem Wildfleisch labten. Wie die meisten nordischen Sagen schildert die *Laxdaela saga* aus dem 13. Jahrhundert durch die Taten seiner Heldinnen und Helden die Geschichte Islands.

Sie beginnt mit Unn der Tiefsinnigen, der Tochter des Wikingerhäuptlings Ketill Flachnase und der Großmutter von Thorstein dem Roten, der später über einen Teil von Schottland herrschte. Thorsteins Herrschaft über seine schottischen Gebiete währte nicht lange – er war in eine Fehde verwickelt, die zu seiner Ermordung führte –, und seine kluge Großmutter Unn begriff, dass sie und ihre Sippe in Schottland nicht mehr sicher waren. Sie mussten fliehen – schnell. Heimlich ließ sie ein Schiff für ihre Kinder, Enkel, Diener und Gefolgsleute bauen, um über die Nordsee zu segeln und auf den Färöer-Inseln Zuflucht zu suchen. Aber auch dort waren sie nicht sicher, so segelten sie weiter zum fernen Island.

Zwischen dem weitgehend unbewohnten Island und der groben Zivilisation der Wikinger lagen Welten. Bevor sie an Land gingen, segelte Unns Gruppe an der Küste entlang, um das Gelände zu erkunden und es in Besitz zu nehmen. Als sie einen Fjord hinaufsegelten, fand Unn einen Ort, der zur Besiedlung geeignet schien. Kurz darauf starb sie und wurde getreu der legendären Wikingerzeremonie in ein Schiff gelegt und unter einem Hügel begraben. So wurde Unn die Stammmutter der ersten isländischen Kolonie und zur Heldin der *Laxdaela saga*.

Zwischen zwei Welten

MALINCHE/MALINTZIN/DOÑA MARINA
MEXIKANISCHE FÜHRERIN (1508–1528)

Dieses Blatt eines Manuskriptes aus der Mitte des 16. Jahrhunderts zeigt Malinche als Dolmetscherin für Hernando Cortez im Palast von Tlaxcala, dessen Herrscher Xicotencatl war.

Als der spanische Eroberer Hernando Cortez im März 1519 an der Küste des mexikanischen Tabasco landete, versuchten die verängstigten Einheimischen, ihn versöhnlich zu stimmen, und sandten ihm wunderbare Geschenke. Eines der Geschenke war eine schöne Frau, deren eigentlicher Name Malintzin war. Cortez latinisierte den Namen und verlieh ihr den Titel Doña Marina, bei den Azteken war sie als Malinche bekannt.

Malinche diente Cortez anfangs als seine Geliebte, später als Dolmetscherin, Unterhändlerin und Diplomatin. Er bedurfte ihrer Hilfe dringend: Seine Aussichten waren so schlecht, dass er seine Schiffe verbrennen musste, um eine Meuterei seiner Soldaten zu vereiteln. Malinches Rat und kluger Diplomatie war es teilweise zu verdanken, dass Cortez 200 000 indianische Verbündete für seinen Angriff auf das Aztekenreich gewann. Malinche war ihm zehn Jahre treu ergeben, gebar ihm einen Sohn und teilte seine Triumphe und Niederlagen.

Malinche hat, wie die besser bekannte Pocahontas, eine eigene Geschichte, in der sich Dichtung und Wahrheit mischen. Wir wissen, dass sie aus einer adligen Familie der Nahuan-Indianer aus Zentralmexiko stammte. Aus ungeklärten Gründen, vielleicht um diplomatische Beziehungen zu festigen, wurde sie den Chontal Maya in Yukatan übergeben, die sie später zusammen mit zwanzig anderen Frauen Cortez schenkten. Dass sie aus einer Adelsfamilie stammte, beweist die Tatsache, dass sie mit dem Aztekenherrscher Moteuccoma (Montezuma) in der »vornehmen Sprache« des Hofes sprach, die das gemeine Volk nicht beherrschte.

Malinche sollte später beeindruckendes Sprachtalent beweisen. Es waren nicht nur Dutzende von Kulturen, die Mexiko teilten, sondern auch Sprachen und Dialekte dieser Hauptsprachen. Malinche verstand sie und dolmetschte; sie übersetzte sogar die Ansprachen von Gesandten aus so entfernten Orten wie Honduras. Kurz nachdem sie auf die Konquistadoren getroffen war, sprach sie bereits fließend Spanisch.

Diese Fähigkeiten waren es, die einen großen Teil des Hasses verursacht haben, den viele Indianer ihr später entgegenbrachten. Zu ihren Lebzeiten sah ihr Volk sie als Mittlerin zu dem gefürchteten Cortez, während die Spanier sie als kluge Diplomatin und Dolmetscherin schätzten. Von denen, die 1821 gegen Spanien und für die mexikanische Unabhängigkeit kämpften, wurde Malinche allerdings als Verräterin und Sexsklavin angesehen. Heute können wir sie als begabte Frau begreifen, die unter schwierigen Bedingungen lebte und sie, so gut sie konnte, überlebte. Sie starb, soweit man weiß, im Alter von nur 20 Jahren.

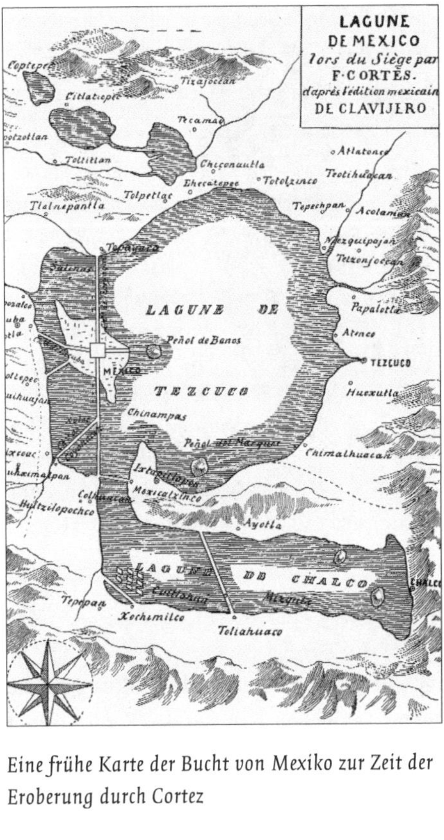

Eine frühe Karte der Bucht von Mexiko zur Zeit der Eroberung durch Cortez

Eine Frau wird Soldat

CATALINA DE ERAUSO

SPANISCHE REISENDE (1585–1650)

Porträt von Catalina de Erauso als Konquistador nach einem Gemälde von Pacheco. Einer ihrer Zeitgenossen, der italienische Reisende Pietro della Valle, beschreibt sie so: »Am 5. Juli wurde ich erstmals von Fähnrich Catalina de Erauso aufgesucht … Sie ist eine Frau von nun zwischen 35 und 40 Jahren … Sie ist gross von Statur, und jeder würde sie für einen Mann halten; sie hat keine Brüste. Man habe sie ihr als Mädchen durch eine Behandlung entfernt, erklärte sie mir … Ihr Gesicht ist weder hässlich noch schön, aber verbissen. Ihr Haar ist schwarz und kurz wie das eines Mannes und nach der Mode pomadisiert. Sie trägt spanische Männerkleidung, trägt ihr Schwert eng gegürtet und … hat das Gehabe eines Soldaten.

Wie viele junge Frauen ihrer Zeit wird Catalina de Erauso als Tochter einer adligen baskischen Familie der Kirche versprochen. Die Aussicht auf das klösterliche Leben einer Nonne macht sie jedoch furchtbar unglücklich, und sie beschließt fortzulaufen. Der Konvent wurde jedoch scharf bewacht, und ihre Jugend war so behütet, dass sie fast nichts über das Leben draußen wusste.

Die Gelegenheit zur Flucht bietet sich zufällig. In der Nacht, bevor sie ihr Gelübde ablegen soll, sieht sie, dass die Schlüssel für das Tor erreichbar an einem Nagel hängen. Von Angst erfüllt, aber mit dem Mut der Verzweiflung stiehlt de Erauso Nadel, Faden, Schere und etwas Geld, nimmt den großen Schlüsselring vom Haken und öffnet das Tor zur Straße. In einem späteren Bericht beschreibt sie den Schrecken der Situation:

> *Ich ging hinaus auf die Landstraße, die ich nie zuvor gesehen hatte, ohne zu wissen, wohin ich mich wenden sollte. Ich ging aufs Geratewohl ... Ich versteckte mich, und drei Tage lang entwarf ich [Männer-] Kleidung, schnitt sie zu und passte sie an [denn sie besaß nur ihr Nonnengewand]. Ich schnitt mein Haar ab und warf es fort, und in der dritten Nacht brach ich auf, ohne zu wissen, wohin, eilte über Straßen, umging Dörfer, um Distanz [zum Kloster] zu bekommen.*

Wie wir aus den Edikten der spanischen Regierung aus den Jahren 1600, 1608, 1615 und 1641 wissen, ist ihre Flucht in Männerkleidung kein Einzelfall. Die Edikte bedrohten diese Verkleidung mit der Todesstrafe. Doch selbst wenn ihr die Strafe bekannt war, sie hielt sie nicht auf. Als Junge verkleidet, schlägt sie sich mit Gelegenheitsarbeiten und als Stallbursche durch. Entschlossen, einen ganzen Ozean zwischen sich und das Nonnenkloster zu legen, heuert sie 1605 als Kabinensteward auf einem Schiff nach Südamerika an. Da der Hafen, an dem sie in Südamerika anlegen, ihr zu exponiert erscheint, schleicht sie sich von Bord und schließt sich einer Reisegruppe an, die über Land nach Peru will. Inzwischen ist sie zu alt, um als Junge durchzugehen. Sie lässt sich zum Fechter ausbilden und als Soldat von der spanischen Armee anwerben. So getarnt, ist sie in den nächsten dreizehn Jahren in chilenischen Grenzgarnisonen stationiert, wo sie gegen die Araukaner kämpft. Das zurückgezogene und harte Leben scheint ihr kaum besser als das Klosterleben, dem sie entkommen ist, und schließlich verlässt sie die Armee und wird Bergarbeiter. Da der Bergbau in Nordchile wenig Erfolg verspricht, macht sie sich erneut auf den Weg. Mit einigen Gefährten kommt sie überein, die Berge nach Argentinien zu überqueren. Aber es gibt von Chile aus keine Straße, und die Pfade durch die Berge sind gefährlich. Ihre Gefährten erfrieren.

Argentinien erweist sich als Enttäuschung, 1620 verpflichtet sich de Erauso erneut als Soldat. Bei einem Fechtkampf sucht sie Zuflucht in einer Kirche, wo sie ihre Geschichte beichtet. Ironischerweise wird sie nicht bestraft, sondern erhält eine Pension von der spanischen Armee.

So seltsam wir ihr fahrendes Leben finden mögen, ihre Zeitgenossen fanden es höchst rätselhaft; sie konnten ihre eigene banale Erklärung »Ich wollte reisen und ein bisschen von der Welt sehen« nur schwer akzeptieren.

Unter den Soldaten zu so etwas wie einer Heldin geworden, entschließt sie sich, nach Spanien zurückzukehren. Dort befällt sie jedoch die alte Unruhe: Weder kann sie sich den Konventionen ihres Geschlechts beugen, noch kann sie als Mann verkleidet fliehen. Sie sieht nur einen Ausweg: Sie wird Wallfahrerin.

Als Pilgerin verlässt sie Spanien in Richtung Rom. Ihr Weg führte sie durch Frankreich, wohin ihr die Geschichten ihrer wilden Eskapaden wohl vorausgeeilt sind. Die Franzosen zeigen sich wenig amüsiert von ihrer seltsamen Geschichte und verhaften sie als Spionin. Als sie endlich wieder in Freiheit ist, wird sie ausgeraubt. Verwahrlost und erschöpft erreicht sie Rom, wo ihr der Papst eine Audienz gewährt. Was in dieser Audienz geschieht, ist nicht bekannt, aber es scheint, sie beschert de Erauso keinen Trost, denn sie entschließt sich zur Rückkehr in die Neue Welt. Da sie dort weder Soldat sein kann, noch als Dame akzeptiert wird, sucht sie sich eine eigenwillige Nische als Treiber einer Mulikarawane, die ihr Vieh zwischen Mexiko und Südamerika hütet, bis sich ihre Spur verliert.

Südamerika war zu der Zeit, als Catalina de Erauso nach Reichtümern suchte und ihr Vagabundenleben führte, unerforschtes Gebiet.

Abenteuer hat seinen Preis

ELIZABETH VAN DER WOUDE
HOLLÄNDISCHE REISENDE (1657–1694)

Als Guayana im 16. Jahrhundert entdeckt wurde, glaubte man »El Dorado«, der legendären Stadt aus Gold, auf der Spur zu sein. Jahrzehnte rangen Holland, Portugal und Frankreich um die Vorherrschaft über die südamerikanische Kolonie, und 1676 entschied die holländische Regierung, ihre Ansprüche durch die Gründung einer Kolonie geltend zu machen. Man startete eine Kampagne, um Siedler anzuwerben und zu Investitionen in die, wie man hoffte, bald aufblühende Siedlung am Fluss Oyapock zu ermutigen.

Einer der Siedler war Harman van der Woude, Amtmann von Nieudorp. Er beschloss, sich auf der Suche nach Reichtum mit seiner ganzen Familie nach der Neuen Welt einzuschiffen. Auf dieser Reise führte seine Tochter Elizabeth, eine gebildete und aufmerksame junge Frau von 21 Jahren, ein Tagebuch, in dem sie ihre Erlebnisse festhielt. Mehr als zweihundert Jahre blieb das Tagebuch unentdeckt, aber es liest sich heute so eindringlich, als wären die Erlebnisse unmittelbare Gegenwart.

»Wir brachen von Colhorn auf«, beginnt sie am 5. Dezember 1676, »an Bord von zwei oder drei Barken, um zum Schiff zu gelangen. Unsere Zahl war wie folgt: mein Vater, ich, mein Bruder und meine Schwester, mit fünf Mägden und 45 Männern in unseren Diensten. Des Weiteren drei Pferde, zwei Kühe, ein paar Schafe und eine Anzahl Hühner und Tauben. Wir waren wohl ausgestattet mit Leinen- und Wollwaren, Zinn- und Kupfergerät, allerlei Gerätschaft für den Haushalt, und führten Vorräte für ein ganzes Jahr für all unsere Leute und Tiere mit uns.«

Natürlich war die Überquerung des Atlantiks ein gefährliches Unterfangen. Es fehlten genaue Karten, Möglichkeiten, den Längengrad zu bestimmen, und Leuchttürme; und die Gefahr, auf Riffe und Sandbänke aufzulaufen, war allgegenwärtig. Die Schiffe ließen sich schwer steuern, ihr einziger Antrieb war launischer Wind. Leicht konnten sie von Stürmen oder Flauten getroffen werden. Ohne Kühlung verrotteten die Lebensmittel. Passagiere litten an Skorbut, weil es an frischem Obst und Gemüse mangelte.

Elizabeths Tagebuch legt von all diesen Gefahren Zeugnis ab. Schiffe im Konvoi stießen zusammen, wurden von Eisstürmen beschädigt, beim Umsegeln der Biskaya entkamen sie nur knapp französischen Kaperschiffen. Die Matrosen waren so entmutigt, dass die Schiffe mit den Vorräten und dem bewaffneten Geleitschutz nach Holland zurückkehrten. Dieser Treuebruch war ein vernichtender Schlag, wenn er auch verständlich war; man war vor Madeira in einem verheerenden Sturm nur knapp der Gefangennahme durch Piraten entronnen.

Am 8. Januar 1677 schreibt van der Woude über den Tod ihres Vaters: »Heute, Freitag, ist mein lieber Vater, Harman van der Woude, in die Ruhe des Herrn eingegangen, nachdem er 12 bis 14 Tage krank gewesen war, mich, meinen Bruder und meine Schwester auf der Reise in ein fremdes Land in großer Bedrängnis zurücklassend, unseres besten Freundes beraubt.« Einen Monat darauf – noch immer ist kein Land in Sicht – stirbt auch ihre Schwester.

Einige Tage später, zwei Monate nach der Abreise aus Holland, sichtete der Konvoi Land, und sie fanden kurz darauf eine Stelle, wo sie eine Siedlung gründen würden. Elizabeths Erleichterung spricht aus ihrem Tagebucheintrag:

Indianer kamen zu uns in ihren Kanus und bezeugten ihre Freundschaft. Wir gingen mit den Indianern an Land, diese zeigten uns eine sehr geeignete Stelle für unsere Siedlung; diese ist ... eine natürliche Festung. Es war eine Klippe an einer Flussbiegung mit gutem Lehm darauf, obwohl dort viele junge Bäume wuchsen ... Wir schlugen die Zelte auf für unsere Leute und für unsere Güter, damit sie nicht im Freien blieben, denn es war Regenzeit. Beschlossen dann, welche Bäume wir fällen oder welche wir verbrennen wollten. Dann würden wir das Vieh und unsere Habe an Land bringen und uns an die Arbeit machen, unsere Häuser zu bauen. Das Land war mit Bäumen und dichtem Unterholz bedeckt und reichem lehmigem Boden, stellenweise etwas morastig.

Es gab wilde Tiere im Überfluss wie Hirsche, Schweine, Tiger, Leoparden, Paviane, Affen, Faultiere, langschwänzige Äffchen, Krokodile, Walrosse [vermutlich sind Seekühe gemeint] und Schildkröten, auch viel gefiedertes Getier, wilde Hühner, Truthähne, Pfauen, Papageien, Rotfalken, Indianische Raben, Kakadus und viele andere Vögel und zahllose wilde Tiere. Auch viele Früchte wuchsen dort: Bananen, Pisang, Ananas, Acajou, Äpfel, Kokosnüsse, Zuckerrohr, Maniok, Kartoffeln, Fenchel und allerlei Arten mir unbekannte Früchte. Es gab fliegende Drachen [Flugechsen], Schlangen, Ameisenfresser, Skorpione und andere Reptilien ... In der Flussmitte war eine Zahl Inseln, bedeckt mit Bäumen, die im Wasser wuchsen. Bei Ebbe sahen wir Austern in den Zweigen hängen.

Trotz der exotischen Schönheit ihrer Umwelt war van de Woude bald enttäuscht. Zu der Einsamkeit, die sie nach dem Tod von

Vater und Schwester empfand, kam ständiger Regen. Um sie her fielen die Menschen unbekannten tückischen Tropenkrankheiten zum Opfer. Als ihre Hoffnungslosigkeit wuchs, bat sie, an Bord des zurückkehrenden Schiffes gehen zu dürfen. Als man ihr die Erlaubnis verweigerte, ging sie trotzdem an Bord.

Die Rückkehr war um nichts weniger unangenehm als die Hinreise, wurde aber noch traumatischer, als französische Piraten das holländische Schiff kaperten. Elizabeth schrieb am 1. Januar in ihr Tagebuch:

> *Um etwa zwei Uhr in der Früh sahen wir drei Schiffe auf uns zukommen. Ohne Aussicht auf Flucht machten wir alles zum Kampf bereit. Die Männer der Besatzung schworen einander, bis in den Tod zusammenzustehen. Dann fielen alle auf die Knie, um zu beten, und sangen einen Bußpsalm und erwarteten so den Feind. Unser Kapitän hatte solche Angst vor dem Feind, dass er mit sechs Männern in ein Boot sprang, in der Hoffnung, das Schiff verlassen zu können und dem Kampf zu entgehen. Denn wir hatten nur 20 Kämpfer, während drei Kaperer mit mindestens 100 Männern an Bord auf uns zukamen. Als Kapitän Jean Bart, der das größte Kaperschiffe befehligte, sah, dass unser Kapitän fliehen wollte, setzte er Kurs auf das Boot, um es zu rammen. Unser Held bemerkte das und kehrte in aller Eile zurück … Die Franzosen schrien »Angriff! Angriff!« und enterten unser Schiff mit Kurzsäbeln in den Händen, mit Pistolen und Beilen in ihren Gürteln, aber als sie die eingeholte Flagge sahen, taten sie niemand ein Leid.*

Der französische Kommandant der Piraten, bekannt als »Black Bart«, beschloss, van de Woude leben zu lassen. Dafür mag sie dankbar gewesen sein, aber sie blieb noch drei Wochen, in denen er an der Westküste Europas sein Unwesen trieb, seine Gefangene. Als er zu guter Letzt Norwegen erreichte, übergab er sie einem

Schiff nach Holland. Ihr großes Abenteuer war fast vorüber, aber das Ausmaß ihrer Trauer spricht aus dem Eintrag vom 23. Juni: »Ich kehrte nach Nieudorp zurück, von dem aus ich letzten Dezember mit Vater, Bruder, Schwester und so vielen Dienern und Besitztümern aufgebrochen war. Man kann sich vorstellen, wie schwer mein Herz war.« Bald sollte sie erfahren, dass Franzosen die holländische Kolonie in Guayana überrannt hatten. Ihrem Bruder war die Flucht gelungen; ihr Besitz war verloren. Elizabeths detaillierte Aufzeichnungen offenbaren die Gefahren, denen Siedler ins Auge sahen, wenn sie in fast unbekannte Länder aufbrachen. Sie zeichnen das Bild einer mutigen, kraftvollen jungen Frau, die Verlust und Tragödie erlebte, bevor sie zu einem stillen Leben in die Niederlande heimkehrte.

In die Grüne Hölle

ISABEL GRANDMAISON Y BRUNO GODIN

PERUANISCHE REISENDE (1729–1792)

Anfang des 18. Jahrhunderts entbrannte ein anhaltender akademischer Streit über die Gestalt der Erde. Der englische Wissenschaftler Sir Isaac Newton sah sie an den Polen abgeflacht und am Äquator bauchig. Der französische Astronom Jacques Cassini dachte, sie laufe an den Polen spitzer zu und sei folglich am Äquator schmaler. Um dem Streit ein Ende zu setzen und in der Hoffnung, die französische Ehre zu verteidigen, entsandte man Expeditionen, um die Form der Erde zu bestimmen. Eine Gruppe unter der Leitung von Charles-Marie de la Condamine ging von 1735 bis 1743 nach Peru, um Messungen entlang des Äquators durchzuführen. In der beeindruckenden Gruppe von Wissenschaftlern, Mathematikern und Technikern fand sich ein junger Messkettenträger mit Namen Jean Godin de Odanais; seine nicht sehr beeindruckende Aufgabe bestand darin, während der Vermessung die Messketten zu halten.

In Peru wohnte er im Haus des Generals Grandmaison, des Provinzgouverneurs von Guayaquil, wo er zum Zeitvertreib mit den jungen Töchtern des Generals Quechua, die Eingeborenensprache, erlernte. Nach fünf Jahren in der Familie erhielt er 1742 die Erlaubnis zur Heirat mit der damals dreizehnjährigen Isabel.

Als er 1749 vom Tod seines Vaters erfuhr, beschloss Godin, mit Isabel nach Frankreich zurückzukehren, um sein Erbe anzutreten. Die Reise ostwärts durch den Kontinent über den Amazonas war ein gefährliches, oft tödliches Unterfangen. Das gewaltige Gebiet war noch nicht kartographiert und durchzogen von tückischen Flüssen. Im Dschungel lauerten Gefahren: feindselige Eingeborene, giftige Schlangen und Frösche, Piranhas, Moskitogeschwader und Armeen von Feuerameisen. Hinzu kam die Bedrohung durch tödliche Tropenkrankheiten. Das größte Hindernis aber war der undurchdringliche Dschungel selbst.

Godin war vorsichtig: Er beschloss, den Fluss erst allein zu befahren, um sicher zu gehen, dass die Strecke für seine Frau und die junge Familie sicher genug war. Er brauchte mehr als ein Jahr, um die Amazonasmündung zu erreichen und nach Cayenne in Guayana zu segeln. Sogleich erbat er bei den spanischen und portugiesischen Behörden, deren Territorien er würde durchqueren müssen, Genehmigungen, um den Fluss wieder hinauf zu seiner Frau zu fahren. Doch die hielten ihn für verrückt oder gar für einen Spion und lehnten seine Anträge ab. Es ist unglaublich, aber zwanzig Jahre lang wartete er am einen Ende des Amazonas, während seine Frau am anderen Ende ausharrte.

Sie schrieben einander, jedoch gingen die meisten Briefe verloren, da man sie gelegentlichen Reisenden mitgab. Ein Brief erreichte Isabel mehrere Jahre nachdem er geschrieben worden war; das letzte ihr verbliebene Kind war gerade gestorben. Er veranlasste Isabel, nicht länger zu warten, sondern zu ihrem Mann zu reisen. Sie versammelte zehn Leute für den Marsch flussabwärts, darunter ihre Brüder, einen jungen Neffen und drei Mägde. Nach zwei Jahren der Vorbereitung brach sie am 1. Oktober 1769 auf. Mit 31 indianischen Trägern, die ihre Habe trugen, überquerte die Gruppe das Gebirge und stieg zum Flussdorf Canelos hinab. Dort angekommen, entdeckten sie, dass die Einwohner fort oder tot waren. Pocken hatten die Dorfbewohner dezimiert. Die Überlebenden waren geflohen und hatten alle Kanus mitgenommen, die Isabel für die Weiterreise auf dem Fluss vorgesehen hatte. Schlimmer war, dass Isabels eigene Träger aus Angst vor der Ansteckung davonliefen. Es gelang ihr, zwei Eingeborene zu finden, die sich im Wald verborgen hatten. Sie überredete sie, einen Baumstamm auszuhöhlen und ein Kanu und ein einfaches Floß für den Proviant zu bauen. Obwohl sie viel von ihrem Gepäck zurücklassen musste, fand sie auf dem Floß Platz für ihre Silberteller und -schalen, Samt- und Taftkleider und ihren Schmuckkasten.

Nach der Abfahrt aus Canelos folgte ein Unglück auf das andere. Sie verloren ihren Proviant, als das Floß an einem Baumstamm, der unter dem Wasserspiegel lag, zerschellte. Ein indianischer Führer ertrank, die anderen rannten davon. Die Gruppe ließ das Kanu, das sie ohne einheimische Führer nicht steuern konnte, zurück und schlug sich den Weg durch das dichte Uferdickicht. Als sie versuchten, durch den Dschungel abzukürzen, verirrten sie sich. Tagelang wanderte die Gruppe durch den Wald, einer nach dem anderen verfiel aus Hunger, Durst und Verzweiflung dem Wahnsinn. Eines furchtbaren Morgens wachte Isabel auf und fand ihre letzten Gefährten tot; in der grausamen Tropenhitze hatten die Körper bereits begonnen zu verwesen.

Um ihre verlorenen Schuhe zu ersetzen, musste sie »die Schuhe von den Füßen ihres Bruders schneiden und die Sohlen an den ihren befestigen«. Nachdem sie Tage allein durch den Wald gelaufen war, begegnete sie Indianern, die sie flussabwärts zur Andoas-Mission im heutigen Peru brachten. Dort fertigte ihr eine Indianerfrau einen Rock aus grober Baumwolle, um ihre zerfetzten Kleider zu ersetzen. Isabel war den Indianern, die sie gerettet hatten, so dankbar, dass sie ihnen das Letzte von Wert gab, das sie besaß: ihre goldene Halskette. Sie setzte ihre Reise flussabwärts fort und erreichte schließlich das brasilianische Dorf Loreto, wo ihr Vater, der seiner Familie zur Begrüßung entgegengereist war, sie erwartete. Gemeinsam segelten sie den Amazonas hinunter und um den Kontinent nach Oyapock in Guayana. Am 20. Juli 1770, nach zwanzig Jahren, war sie wieder mit ihrem Mann vereint. Drei Jahre später schifften sie sich nach Frankreich ein, wo Isabel den Rest ihres Lebens verbrachte.

Botanikerin im Pazifik

JEANNE BARET/JEAN BARÉ
FRANZÖSISCHE NATURFORSCHERIN
(1740?–1803?)

Jeanne Baret, als Mann verkleidet. Ein Zeitgenosse beschrieb sie: »Wir hatten ihn [Baré] seinen Herrn auf allen Expeditionen, mitten im Schnee und auf den eisigen Hügeln der Magellanstraße, begleiten sehen, wie er auf diesen anstrengenden Ausflügen Proviant, Arme und Mappen voller Pflanzen mit einem Mut und einer Kraft trug, die ihm den Spitznamen ›Commersons Lasttier‹ einbrachte ... Wie war es möglich, in diesem unermüdlichen Baré, der bereits ein kundiger Botaniker war, die Frau zu entdecken?«

Wenn es einen Ort auf Erden gab, den die Matrosen des 18. und 19. Jahrhunderts für ein Paradies hielten, dann war es Tahiti, wo sie von Bord ihrer schlingernden, lauten, stinkenden Schiffe gingen, Entbehrungen wie Hunger, Durst und Skorbut entkamen, in weichem Sand schliefen, wohlduftende Luft atmeten, frisches Wasser tranken und Früchte und ungesalzenes Fleisch aßen. Und dort erwartete sie der Traum aller Matrosen: mandeläugige, barbusige, ungezwungene Mädchen. Tahiti war nach seiner Entdeckung durch die Expedition des französischen Generals Louis-Antoine de Bougainville 1768 der Magnet, der viele Matrosen wieder aufs Meer zog.

Bougainville war ausgezogen, die Schätze des Südpazifiks zu entdecken, wo heute Inseln, ein Kap, Riffe und selbst Pflanzen seinen Namen tragen. Auf seinen Schiffen reiste eine Anzahl von Wissenschaftlern mit, darunter Botaniker und Astronomen, deren Arbeit für spätere Reisen beispielhaft war. Auch der Botaniker des Schiffes, Philibert Commerson, hatte ernste Studien im Sinn, als er erstmals mit seinem Assistenten Jean Baré an Land ruderte.

Kaum hatte Jean Baré den Strand erreicht, stürmten tahitianische Männer herbei und flüsterten das Wort *aiene*. Nach einigem Umherlaufen griff einer von ihnen den Assistenten und rannte auf den Wald zu, um Jean, wie Bougainville schrieb, »die Ehrungen der Insel zu erweisen«. Erstaunt zog ein französischer Matrose sein Schwert und jagte hinter dem Paar her. Es war eine Sache, dass die Matrosen ihren Spaß mit Eingeborenenmädchen hatten, aber eine ganz andere, wenn die Eingeborenen ein Crewmitglied vergewaltigten. Was der Matrose nicht verstanden hatte, war die Bedeutung des Wortes *aiene*. Es wurde schnell klar, dass die Tahitianer innerhalb von Momenten erkannt hatten, was die Franzosen während einer langen Seereise nicht bemerkt hatten: *aiene* bedeutete »Mädchen«!

Jean Baré hatte die Mahlzeiten, Quartiere und Sanitäreinrichtungen mit den Schiffsoffizieren geteilt und mit dem berühmten Wissenschaftler Commerson Pflanzen gesammelt, präpariert und katalogisiert. So sehr hatte sich Commerson auf sein wissenschaftliches Streben – eine Sammlung, die zuletzt 5000 Arten, darunter 3000 der Wissenschaft unbekannte Arten, umfasste –, konzentriert, dass er gegenüber dem Geschlecht seines Assistenten blind war oder schien.

Nach dem Vorfall am Strand zitierte Bougainville Baré zu sich. Zur Rede gestellt, gestand »Jean Baré«, dass er in Wirklichkeit »Jeanne Baret« hieß. Überrascht, aber höflich, machte Bougainville das Beste aus der Entdeckung, als er ahnungsvoll schrieb: »Sie wird die Erste ihres Geschlechts sein, die den Globus umsegelt.«

Commersons vor der Reise aufgesetztes Testament hat gezeigt, dass er die Wahrheit über sie kannte und dass Baret bereits eine ausgebildete Naturforscherin war. Das Testament sah vor, dass Inhalt und Nutzung seines Hauses für die Dauer eines Jahres »Jeanne Baret, meiner Haushälterin, [übergeben werden soll, um] ihr Zeit zu geben, die naturhistorische Sammlung zu ordnen, die dann an das königliche Cabinet des Estampes gehen soll«.

Commerson und Jeanne nahmen von Bougainville Abschied, um auf Mauritius zu bleiben. Die beiden Botaniker blieben fast fünf Jahre dort, um die Insel und Madagaskar zu erforschen. Commerson starb im Alter von 44 Jahren auf Mauritius, und wie er gehofft hatte, ordnete Baret die gemeinsame Sammlung, ließ sie einpacken und nach Frankreich verschiffen, wo man sie bald als einen der bedeutendsten Beiträge zur Botanik im großen Zeitalter der Entdeckungen würdigte. Auch Jeanne kehrte nach Frankreich zurück.

Immer neue Horizonte

Kühne Entdeckerinnen

Im frühen 18. Jahrhundert war das Reisen komfortabler geworden. Kanäle, privat finanzierte Landstraßen und später die Eisenbahn machten es leichter, günstiger und schneller, sich zwischen Städten zu bewegen. Der wohl größte Segen für reisende Frauen aber war das Aufkommen von Dampfschiffen nach 1800. Diese Schiffe waren nicht nur schneller, sondern auch größer, und erstmals gab es private Kabinen. Dass sie nun endlich mit mehr Privatsphäre reisen konnten, war zweifellos attraktiv für Frauen und trug zur Bereitschaft von Ehemännern und Vätern bei, sie ziehen zu lassen.

Die wichtigste Motivation zu reisen war im 19. Jahrhundert die Idee des Weltreichs. Sie bot Frauen, englischen Frauen im Besonderen, nie da gewesene Freiheit und Gründe, ihre Heimat zu verlassen. Und sie reisten – als Missionarinnen, Lehrerinnen, Schriftstellerinnen, Siedlerinnen, Ehefrauen, Malerinnen und Botanikerinnen. Frauen begannen, sich in der Welt in bisher nicht gekanntem Umfang zu bewegen – und das oft allein. Sie führten Tagebuch, schrieben Fluten von Briefen, Bücher und Artikel, sammelten Proben. Was aber wichtiger war – sie hatten Anteil an der Gründung neuer Wissenschaften wie Geologie, Paläontologie, Botanik und Biologie. Manche dieser Frauen verdienten sich durch ihre Erlebnisse gar ihren Unterhalt, indem sie auf Vortragsreisen gingen oder Journalistinnen wurden.

Trotz des größeren Reisekomforts war es nach wie vor schwierig, als Frau auf Forschungsreise zu gehen. Ohne die den Männern gewährte Unterstützung von Hochschulen, Forschungsgesellschaften oder Regierungen, und nur selten in der Lage, sich offiziellen Expeditionen anzuschließen, mussten Frauen eigene Wege beschreiten. Viele lernten, mit den Eingeborenen zu leben, die ihnen das Überleben sicherten. Den üblichen Ballast der Kolonialzeitexpeditionen – Zelte, Blechbadewannen und Silberbesteck – scheuend, zogen manche die Kleidung und die Behausungen ihrer Gastgeber vor.

»Ein Gefühl der Verwunderung«, so beschreiben viele Entdeckerinnen ihre Empfindungen. Die Fotografin Trudi Blom sprach für viele ihrer Kameradinnen, als sie zu Beginn ihrer Marsches in den mexikanischen Dschungel überlegte: »Die unglaublich musikalischen Geräusche der Insekten schlugen mich in ihren Bann... Der Dschungel hatte mich mit einem Erstaunen erfüllt, das mich nie wieder losließ.«

Obwohl man annehmen müsste, dass Entdeckungsreisen die physische Energie und Kraft junger Menschen voraussetzen, machen die Aufzeichnungen deutlich, dass viele Frauen erst aufbrachen, als sie das mittlere Alter überschritten hatten. Als Töchter, Ehefrauen und Mütter waren sie nicht frei von familiären Pflichten. Erst in ihren Vierzigern und Fünfzigern konnten sie sich so »ju-

Die Johnsons, umgeben von ihren Freunden, den Pygmäen, bei einem Aufenthalt in Belgisch-Kongo während ihrer Flugzeugsafari 1934

gendlichen« und »männlichen« Aufgaben wie dem Bezwingen jungfräulicher Gipfel oder dem Wandern durch dichte Dschungel widmen. Hatten sie erst einmal angefangen, weigerten sich viele von ihnen, sich durch ihr Alter aufhalten zu lassen. Tatsächlich folgten sie ihren Träumen und Ambitionen selbst unter schwierigsten Umständen, und sie unternahmen bis zum Ende ihres Lebens – oft weit in ihre Achtziger und Neunziger hinein – Expeditionen.

Natürlich geht es bei Entdeckungsreisen nicht allein um das Meistern hoher Berge und dichter Dschungel. Aber die körperlichen Erfordernisse dieser Reisen hatten einen unerwarteten Nebeneffekt, für den Frauen heute dankbar sein können: Die Kleidung änderte sich. Einige frühe Forschungsreisende trugen selbst in heißem und feuchtem Klima ihre schweren viktorianischen Kleider, die meisten aber schworen »damenhafter« Kleidung ab. In langen Röcken zu klettern, im Damensattel zu reiten und im Fischbeinkorsett Wüsten zu durchwandern, das war schlichtweg unpraktisch und unbequem. Bergsteigerinnen waren unter den ersten Frauen, die Hosen trugen.

Da das Leben von Frauen traditionell beschränkt war, fanden jene, die ausbrechen wollten, es leichter, das fern von ihrer Heimat zu tun, wo sie entweder neue Gewohnheiten annehmen oder zwischen den Normen ihrer eigenen Gesellschaft und denen der Menschen, unter denen sie sich bewegten, einen Mittelweg suchen konnten. Sie wurden in gewisser Weise Außenseiter. Das heißt, sie setzten sich über die Konventionen ihrer Gesellschaft hinweg, ohne wirklich Teil ihrer Gastgebergesellschaft zu werden. Für die meisten Menschen, ob Männer oder Frauen, symbolisiert der Horizont Gefahr. Aber für einige Unternehmungslustige verspricht der Horizont Möglichkeiten, Abenteuer und Erkenntnisse. Die Entdeckerinnen in diesem Kapitel suchten nach den Grenzen ihrer Welt, um das Unbekannte in sich aufzunehmen.

Auf Reisen ohne Herrenbegleitung

ALEXANDRINE PETRONELLA FRANCINA TINNÉ
HOLLÄNDISCHE ENTDECKERIN (1835–1869)

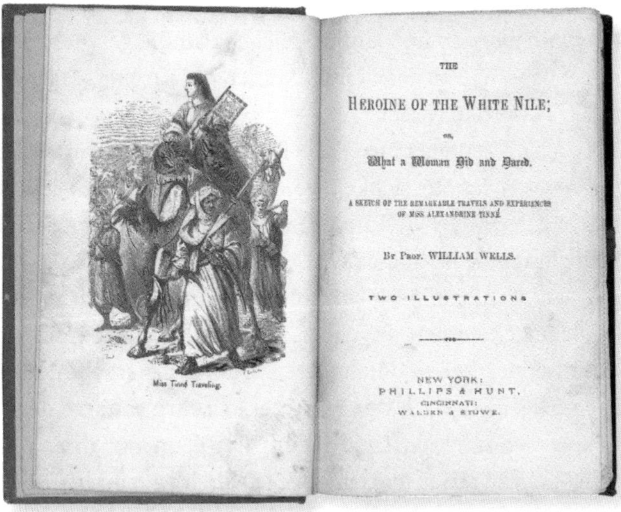

Eine Abbildung Alexandrine Tinnés, in einem Buch mit dem Titel »Heroine of the White Nile« (Die Heldin vom Weißen Nil), das über sie veröffentlicht wurde.

In den Fünfziger- und Sechziger-Jahren des 19. Jahrhunderts fesselten Entdeckerberichte aus Afrika die Europäer ebenso wie die Amerikaner. Man feierte Persönlichkeiten wie Sir Richard Francis Burton, Dr. David Livingstone, Sir Henry Stanley, John Speke oder Florence und Samuel Baker wegen ihrer Leistungen. Diese Helden inspirierten Alexandrine Tinné dazu, sich an der größten »Jagd« ihrer Zeit zu beteiligen: an der Suche nach den Quellen des Nils. Sie war erst neunzehn, als ihr Abenteuer begann, und fünfzehn Jahre lang, bis zu ihrer Ermordung in der Sahara, arbeitete sie daran, eine fähige Fotografin, botanische Zeichnerin und Naturforscherin zu werden.

Alexine, wie man sie nannte, wird 1835 in Den Haag als Tochter einer wohlhabenden und einflussreichen Familie geboren. Bereits in jungen Jahren geht sie mit ihrer Mutter, der Baroness Harriet von Capellen Tinné, auf Reisen.

Das große Abenteuer bietet sich ihnen in Venedig. Dort erfahren die beiden von der Möglichkeit, vom nahen Triest nach Alexandria zu segeln. Den Bitten von Familie und Freunden zum Trotz schiffen sie sich ein. Tinné ist hingerissen von Ägypten. Sie segelt mit ihrer Mutter den Nil hinauf nach Luxor und beginnt, Arabisch zu lernen. In Luxor angekommen, beschließen sie, mit Kamelen die Wüste bis zum Roten Meer zu durchqueren. Die Wüste fesselt Alexine so sehr, dass sie nicht nach Den Haag zurückkehrt, sondern den Rest des Jahres im Heiligen Land bleibt, um dann mit ihrer Mutter nach Ägypten zu reisen und eine zweite Nilreise anzutreten. Ziel der zweiten Fahrt ist der Sudan. Aber die berüchtigten Nilkatarakte, die trüben Stromschnellen oberhalb von Assuan, halten sie wie alle Reisenden auf. Die Frauen begreifen, dass sie mehr Ausrüstung und bessere Boote benötigen, und kehren nach Den Haag zurück, um sich für die lange Fahrt in den Sudan, wo sie nach der Quelle des Nils forschen wollen, auszustatten.

Tinné und ihre Mutter, begleitet von Alexines Tante und ihren Dienern, kommen 1861 wieder nach Kairo. Als Vorbereitung für die lange Fahrt statten sie die Boote mit Porzellan, Silber, einer Bibliothek, einem Fotoatelier und Utensilien zum Sammeln von Pflanzen aus.

Die kleine Gruppe hat nur vage, skizzenhaften Reiseberichten entnommene und von ihren romantischen Ideen gefärbte Vorstellungen von dem, was vor ihnen liegt. Die Realität ist abschreckend – wüstes, gefährliches Gebiet, Wasser- und Nahrungsmangel, unhygienische Bedingungen, aber auch Europäern feindlich gesonnene Sklavenhändler und Stämme. Alexine aber ist entschlossen, an Orte vorzudringen, wo niemand zuvor gewesen ist. Nachdem man ihre Boote über die Stromschnellen gezogen hat, segeln die Frauen nach Süden in das Dorf Lorosko. Dort laden sie ihren Besitz für einen siebenwöchigen Treck durch die Wüste nach Khartum von den Booten auf 102 Kamele um.

In Khartum kauft Tinné ihren ersten Sklaven, ein Mädchen, das sie Rosa nennt und sofort freilässt. Im Lauf der Zeit kauft sie weitere Sklaven, um ihnen die Freiheit zu schenken. Um von Khartum aus die nächste Station, Dschebel Dinka, anzusteuern, heuern die Frauen mehrere Boote an. Sie stellen fest, dass Dschebel Dinka nicht nur ein Flusshafen, sondern auch ein Vorposten des Sklavenhandels ist. Der erbarmungswürdige Zustand der angsterfüllten, hungernden und angeketteten Afrikaner entsetzt die Frauen so sehr, dass Alexine keine Gelegenheit versäumt, die Sklavenhändler bei den sudanesischen Behörden zu denunzieren.

Die Frauen lassen Dschebel Dinka hinter sich und segeln den Weißen Nil hinauf, bis sie auf einen gewaltigen Sumpf, den Sudd, stoßen, der so von Vegetation überwuchert ist, dass sogar große Tiere ihn teilweise überqueren können. Von dort schickt Tinné Berichte an ihren Bruder John in London, der sie bei der Royal Geographical Society einreicht. Darin schreibt sie unter anderem, dass »dieser Teil der Reise ausgesprochen ermüdend war, denn der Fluss glich einem schmalen Kanal, voller Krümmungen und Biegungen, eingeschlossen von undurchdringlichem Schilfdickicht oder Schlammbänken. Wir passierten große Herden von Elefanten,

Flusspferden, Büffeln und anderen wilden Tiere, aber die Bodenbeschaffenheit macht die Jagd unmöglich«. Fünf Monate braucht sie, um Gondokoro zu erreichen; dort bleiben die Boote im Schlamm stecken, und sie kommen nicht weiter.

Enttäuscht segeln sie nach Khartum zurück, wo Alexine ihre Boote für einen erneuten Versuch ausrüstet. Diesmal haben die Tinnés eine Flottille von sechs Booten mit bewaffneten Wachen, Dienern, Mägden, einem Botaniker, einem Ornithologen und genügend Vorräte für ein Jahr dabei. Sie kommen überein, sich westwärts nach Bahr al-Ghazal zu wenden. Von dort planen sie einen Überlandtreck in das unerforschte Gebiet der gemeinhin als Kannibalen geltenden Nyam-Nyam im Nordkongo.

»Ich schreibe in diesem Moment von einem der einzigartigsten Orte auf dem Erdball«, berichtet Alexine, »zu dem man nur über einen ebenso einzigartigen Weg gelangt. Wir stießen drei oder vier Tage auf dem Ghazal vor, wobei der Fluss vor uns stets aussah, als ende er in einem Meer aus Pflanzen.« Als das Boot im Sumpf stecken bleibt, heuert Tinné Träger an und reist über Land weiter. »Wieder auf dem Weg«, schreibt Harriet, »vertraue ich darauf, dass wir den Berg Casinka, wo wir bleiben wollen, bis das Wetter besser und die Erde trocken ist, sicher und wohlbehalten erreichen werden ... Kein Europäer ist je dort gewesen.«

In London entbrennt in der Royal Geographical Society Streit, als John Tinné einen Expeditionsbericht seiner Schwester vorträgt. Die Nilforscher John Speke und James Grant versuchen ihren Bericht über die Überlandreise über Bahr al-Ghazal hinaus herunterzuspielen, doch der Präsident der Gesellschaft verteidigt ihre Bemühungen mit den Worten: »Die Damen sind wirklich auf dem richtigen Weg, um dieses Wissen zu erlangen; denn ihr größeres Ziel ist es, die Bergregion zu erreichen, dem der Bahr al-Ghazal entspringt ..., ungeachtet der Diskussionen der Captains Speke und Grant – sollten sie entdecken, dass seine Wasser auf der einen Seite in den Nil münden und auf der anderen in den Tschadsee und die großen Seen im Westen, wäre das ein höchst bedeutsamer geographischer Erfolg.«

Währenddessen ziehen die Tinnés im Sudan weiter auf ihr Ziel zu. Weil sie mehr Träger und Proviant brauchen, machen sie am einzigen vorhandenen Nachschubposten Halt: einem Sklavenhändlerdorf. Tinné erkundet mit einem kleinen Team die Strecke und entdeckt, dass die alljährlichen Überschwemmungen ihre Route blockieren. In ihrer Abwesenheit erkrankt die fünfundsechzigjährige Harriet an Fieber und stirbt nach wenigen elenden Tagen.

Es ist ein trauriges Lager, das Tinné vorfindet. Der Verlust der Mutter trifft sie schwer und zerschlägt ihren Traum, unerforschtes Gebiet zu kartographieren. Mit dem Sarg der Frau kehrt die Expedition nach Khartum zurück. Unterwegs gelingt es ihnen nicht, Nahrung einzutauschen, denn die Einheimischen fliehen, sobald sie sich nähern, aus Angst, sie könnten Sklavenhändler sein. Die Träger, die fürchten, sie würden am Ende der Reise in die Sklaverei verkauft, sind unwillig.

Nach Monaten voller Schwierigkeiten und Sorgen erreicht Tinné Khartum, nur um zu erfahren, dass auch ihre Tante, die zurückgeblieben war, tot ist.

Nach ihren sudanesischen Expeditionen lässt sich Alexine für eine Weile in Kairo nieder. Als sie der Stadt Kairo überdrüssig wird, erwirbt Tinné 1864 eine Jacht und segelt mit ihrer sudanesischen Dienerschaft nach Algier. Eine Zeitung beschreibt später die Aufregung, die ihre Ankunft auslöste:

Wer vor einigen Jahren Algier besuchte, wird sich an die von Geheimnissen umwitterte Jacht erinnern, die vor dem Hafen lag. Das Gerede der Leute verbreitete allerlei Geschichten über die Herrin der bunt zu-

sammengewürfelten Mannschaft – Europäer, Schwarze und würdevolle Nubier. Manche sagten, sie sei eine orientalische Prinzessin, einer erfand eine Liebesgeschichte, um die einsamen Wanderungen dieses weiblichen Odysseus zu erklären ... Tatsächlich gehörte die Jacht einer Dame, jung, schön und im Besitz eines königlichen Vermögens, die ihr Leben, fast von Kindheit an, im Osten verbracht und bereits eine Reihe von Forschungsreisen nach Zentralafrika vollbracht hatte und die, unbeeindruckt von den Missgeschicken der Pioniere mit demselben Ziel vor ihr, nun eine Unternehmung plante, die sie, wenn sie von Erfolg gekrönt war, in die vorderste Reihe der Afrikaentdecker bringen würde.

Alexines neuer Plan besteht darin, die Sahara von Norden nach Südwesten, von Tripolis nach Timbuktu, zu durchqueren und mit den wenig bekannten Nomaden der Wüste, den Tuareg, zu reisen. Zur Vorbereitung lernt sie deren Sprache, das Tamaschek. 1869 verlässt sie Tripolis Richtung Süden auf dem Weg durch die Wüste zum Tschadsee. Nach einem Monat erreicht sie die Oase Marzuq. Sie beschreibt sie als »einen kuriosen, kleinen, aus Schlamm oder vielmehr Salz errichteten Ort. Er sieht aus, als hätte ein grausames Erdbeben stattgefunden, so krumm und eingestürzt sahen die Häuser aus.« Außerhalb von Marzuq begegnet sie dem Tuaregführer Ichnuchen, der sie stark beeindruckt. Sie schreibt:

Ich kann Ihnen nicht sagen, welchen Eindruck Ichnuchen in seinem seltsamen, würdevollen Gewand mit all seinen Gefolgsleuten auf mich alte, erfahrene Reisende, die ich bin, machte. Ich kann sagen, mit dem finsteren Tal ...als Szenerie bot sich mir nie ein großartigerer und stattlicherer Anblick: diese vielen Farben, das kriegerische Auftreten, einzigartige Geschirre und elegante Dromedare mit langen Schlangenhälsen. Man kann das nicht beschreiben! Aber es war eine Szene, die das Blut in Aufruhr brachte.

Um ihr Blut geht es dann auch tatsächlich: Unbeabsichtigt gerät Tinné in eine Tuaregfehde zwischen Ichnuchen und seinem Neffen und wird zum Faustpfand. Die Fehde erreicht ihren Höhepunkt, als der Neffe Alexine bei einem Überfall auf ihr Lager tötet, um seinen Onkel zu verhöhnen.

Die junge, schöne, intelligente und reiche Tinné opferte viel für ihre Suche nach dem Unbekannten. Ihre Sammlungen wurden in späteren Kriegen zerstört, ihr Leben endete, bevor sie ihre Entdeckungen dokumentieren konnte. Das einzige Denkmal, das noch an sie erinnert, ist ein Obelisk im sudanesischen Juba, der sie unter den Afrikaforschern nennt, die nach den Quellen des Nils suchten.

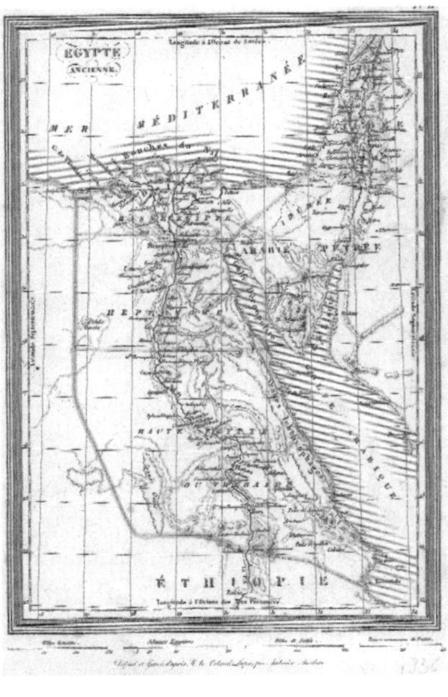

Das Niltal zur Zeit von Tinnés Reisen. Die New York Times schreibt am 30. August 1869: »Die Gefahren, denen Fräulein Tinné begegnete, hielten sie nicht davon ab, zu beharren. Sie brach am 28. Januar in Tripolis auf ... und erreichte Marzūq in Fessan nach einer zweimonatigen Fahrt ... Sie kleidete sich wie eine arabische Dame ... Sie nannten sie die Königstochter ...«

Der Vorteil eines dicken Rocks

MARY HENRIETTA KINGSLEY
ENGLISCHE ENTDECKUNGSREISENDE (1862–1900)

Eine Atelieraufnahme von Mary Kingsley. Sie verlieh ihrer Ansicht über das »zivilisierte« Leben in England mit dem Satz Ausdruck: »Ich würde lieber bis zum Hals im Schlamm durch einen Sumpf waten oder den Gipfel des Kamerun besteigen, als das Leben [einer Dame der Gesellschaft in London] in der Tretmühle zu führen.« Ein 1896 veröffentlichter Artikel beschreibt Kingsley: »Die Forscherin selbst ist eine schmächtige blonde Frau; sie wirkt nicht sehr robust, aber jede ihrer Bewegungen offenbart Energie und Zielstrebigkeit. Sie nimmt die Dinge philosophisch, stört sich nicht an Kleinigkeiten, hat von der Eigenschaft, die man Sinn für Humor nennt, im Überfluss, und vor allem anderen den Geist zur Anpassung.«

Mary Kingsley – eigenen Beschreibungen nach ein ungebildetes Mädchen aus London – wurde im 19. Jahrhundert die herausragende Autorität in Sachen Westafrika. 1893/94 und 1895 unternahm sie zwei sehr lange, einsame Expeditionen in die Sümpfe und zu den Nebenflüssen des Kongo, um Süßwasserfische für das Britische Museum zu sammeln. Die Bücher, die sie über ihre Reisen zu den kannibalischen Fang schrieb, fanden breite Anerkennung, und ihre Vorträge waren sehr gefragt. Nach ihrem Tod – sie erlag im Alter von achtunddreißig Jahren in Südafrika einem Fieber – wurde ihr zu Ehren die Mary-Kingsley-Gesellschaft gegründet, die später zur Royal African Society wurde. Obwohl ihre Beiträge von Zeitgenossen als wertvolle Studien über die Geographie und die Fauna der Kongoregion geschätzt wurden, sind es heute ihre aufschlussreichen Berichte über die Gültigkeit der Glaubenssysteme afrikanischer Stämme, deretwegen man sich an sie erinnert.

Über ihre Jugend sagte sie: »Ich weinte bitterlich, weil man mir nichts beibrachte.« Der einzige formale Unterricht, den sie genoss, waren Deutschstunden, die ihr Vater bezahlte, damit sie in der Lage wäre, ihm Artikel zu übersetzen. Seiner entmutigenden Haltung zum Trotz erbte sie die Abenteuerlust ihres Vaters und sein Interesse an fremden Kulturen. Nach dem Tod ihrer Eltern verwendete sie einen Teil ihres schmalen Erbes auf eine Reise zu den Kanaren. Dort hörte sie von Weißen, die ihren Lebensunterhalt durch Handel mit den Eingeborenen Westafrikas bestritten. Wenig wohlhabend und ungebunden, wie sie war, dachte sie, dass das nach einer Sache klänge, die auch sie in Angriff nehmen könnte. Mary schrieb später, der wahre Grund für ihre Reise sei gewesen, dass sie sich »nicht mehr gebraucht fühlte, nachdem Vater und Mutter 1892 verstorben waren, also ging ich nach Westafrika, um zu sterben«.

Die Gegend, die Kingsley zu erkunden beschließt und lieben lernt, wird wenig später von Joseph Conrad in seinem Roman über

Wahnsinn und Angst, *Heart of Darkness (Herz der Finsternis)*, verewigt. Der Kongo gilt als schrecklicher Ort; man nennt ihn wegen seiner tödlichen Krankheiten »das Grab des weißen Mannes«. Man empfiehlt Mary, sich mit den Missionaren bekannt zu machen, die ihr zumindest ein Begräbnis bereiten würden. Sie wird auch vor der mörderischen Natur der Afrikaner gewarnt, und ist darauf vorbereitet: Sie trägt einen kleinen, scharfen Dolch bei sich, um sich im Falle eines Falles selbst zu töten.

Kingsley reist allein und ohne Schutz im Vertrauen auf den guten Willen der Einheimischen, und sie erkennt schnell die Vorzüge des Händlerdaseins. Händler sind Bindeglieder zwischen unvereinbaren Welten, denn Tausch ist etwas, das jeder versteht und schätzt. Mary gelangt zu der festen Überzeugung, dass die Engländer sich in Afrika nicht als Kolonialherren, sondern als Händler engagieren sollten.

Mittels Tauschgeschäft will sie Fische, Insekten und Reptilien für das Britische Museum sammeln. »Das Ziel«, erklärt sie nachher, »meines Westafrikabesuches ... war es, eine allgemeine Sammlung von Fischen aus einem westafrikanischen Fluss nördlich des Kongo zusammenzustellen, da die spezielle Strömung dieses Flusses große Wirkung auf die Verteilung hat.« Sie sammelt mehrere neue Arten, von denen drei nach ihr benannt werden: *Ctenopoma kingsleyae, Mormyrrs kingsleyae* und *Alestus kingsleyae*.

Obwohl sie in der Wahl ihrer Reiseziele und -mittel unorthodox ist, bleibt Mary, wenn es um Kleidung geht, ausgesprochen konventionell. Selbst in den Sümpfen trägt sie stets ein langes, schwarzes Wollkleid und Korsett und erklärt: »Du hast kein Recht, in Afrika in Sachen herumzulaufen, für die du dich in England schämen würdest.« Ihr viktorianischer Anstand rettet ihr das Leben. Als sie eines Tages einem Dschungelpfad folgt, stürzt sie in eine viereinhalb Meter tiefe Grube gespickt mit vergifteten, angespitzten

Pfählen. Von einigen blauen Flecken abgesehen bleibt sie unversehrt, was sie dazu veranlasst, »die Segnungen eines guten, dicken Rockes« zu preisen.

Kingsley genießt die Schönheit, Spannung und Gefahr der Dschungelreisen. Über die Schwierigkeiten, auf Elefantenpfaden zu reisen, sagt sie:

> *Mehrfach stießen wir auf flache Sümpfe, wo Elefanten sich gewälzt und gebadet hatten ... Diese Stellen zu passieren war schwierig, da ihre großen Fußspuren, in die man einen Bambussessel hätte stellen können, mit Wasser gefüllt waren und der restliche Boden festgestampft und rutschig war. Vor allem ließen diese Elefanten ihre Zecken zurück. Ich werde das Thema nicht ausweiten, auch nicht, was die Blutegel angeht, aber beide bleiben mir unvergesslich ... Eine Erfahrung, die wir im großen Gezeitensumpf südwestlich vom Ndorko machten: Wir durchwateten ihn zwei Stunden lang, die ganze Zeit bis zum Kinn im Wasser, und entstiegen ihm mit einer Art Astrachankragen aus Blutegeln, die wir mit eingetauschtem Salz entfernten.*

Fische in Gezeitentümpeln zu sammeln ist gefährlich: Die von Krokodilen bewohnten Tümpel können bei Niedrigwasser zu Fallen werden. Im folgenden Bericht erzählt sie von einer solchen Falle:

> *Man kann nicht einfach aussteigen und sein Kanu über die Schlammstreifen ziehen, die einen von ihm [dem Fluss] trennen, weil der Schlamm von Natur aus unbeständig ist und zu tief ... Man richtet seine Aufmerksamkeit hauptsächlich auf die Krokodile und die Mangrovenfliegen, und bei dem fürchterlichen Gestank des Schleims, der einen umgibt ... Einmal ... [als] ... ein mächtiger Wels beschloss, seine Brustflossen über das Heck meines Kanus zu legen und unsere Bekanntschaft zu vertiefen, musste ich mich in den Bug zurückziehen, um die Balance zu halten, und ihm mit dem Paddel eins auf die Nase*

geben, damit er sich zurückzog, und ich paddelte in die Mitte der Lagune in der Hoffnung, das Wasser dort würde zu tief für ihn oder einen seiner Freunde sein.

Kingsley verfertigt die ersten ethnographischen Studien über die Fang oder »Fan«, wie sie den Stamm in dem Bestreben, ihren schrecklichen Ruf zu mildern, nennt. Über den ersten Kontakt schreibt sie: »Ich muss sagen, dass ich nie zuvor – noch nicht einmal in Bilderbüchern – eine Gruppe wilderer, gottloser aussehender Primitiver gesehen hatte als die in jener Nacht, mit der es in den längsten zwanzig Minuten meines Lebens auf Messers Schneide stand.« Schnell aber betont sie: »Eine nach der anderen nahm ich meine alten Vorstellungen aus Büchern und Gedanken, die auf Halbwahrheiten gründeten, wägte sie gegen das wirkliche Leben um mich herum ab und befand sie als wertlos oder unzulänglich.« Sie beschreibt den Fang als »voller Feuer, Temperament, Intelligenz und Unternehmungslust, ... aber ich sollte gestehen, Leute, die ihn besser als ich kennen, sagen, er sei ein hinterhältiger, diebischer, mörderischer Kannibale. Ich habe ihn nie hinterhältig oder diebisch gesehen, und als Stamm mag ich ihn lieber als jeden anderen Afrikaner, den ich bis jetzt getroffen habe. Er ist ein Kannibale, nicht aus Aberglauben wie die Negerstämme; er tut es allein aus dem ihm eigenen gesunden Menschenverstand heraus. Menschenfleisch, so versichert er mir, ist sehr gut, und er wünschte, ich würde es versuchen.«

Ihre erste Nacht in einem Fang-Dorf verbringt sie in der Häuptlingshütte, wo sie bemerkt, dass »in jedem Loch in den Seitenwänden ein menschliches Auge saß, und ich hörte, wie von allen Seiten neue Löcher gebohrt wurden. Ich fürchte sehr, dass der Häuptling, mein Gastgeber, sein Heim letztlich bedauerlich zugig gefunden haben muss.«

> *[Später am gleichen Abend] rollte [ich mich] auf den Kisten zusammen, den Kopf auf einem Tabaksack, und döste. Beim Aufwachen merkte ich, dass der Geruch in der Hütte heftig war, ... und indem ich die Asche von einem glühenden Strauchfeuer schlug, das am Boden brannte, forschte ich nach und fand ... einige Beutel ... Ich schüttelte ihren Inhalt in meinen Hut aus Angst, etwas Wertvolles könne verloren gehen. Da lagen eine menschliche Hand, drei große Zehen, vier Augen, zwei Ohren und andere Teile des menschlichen Körpers. Die Hand war frisch, die anderen Teile gewiss nicht mehr, sondern verschrumpelt. Ich legte sie zurück, verschnürte den Beutel und hängte ihn auf. Ich erfuhr nachher, dass die Fan, obwohl sie ihre freundlichen Bruderstämme verspeisten, ... dennoch gerne etwas zur Erinnerung an sie behielten. Von diesem rührenden Zug in ihrem Wesen erfuhr ich durch Wiki (ihren Führer) ... Trotzdem ist es eine unangenehme Angewohnheit, solche Überreste in dem Schlafzimmer aufzubewahren, das man bewohnt.*

Sie fasst ihre Eindrücke zusammen:

> *Es ist unmöglich, ... die immense Vielfalt an Zeremonien zu beschreiben, die Seelendinge umgeben, in diesem ... »Land der von Toten umgebenen Lebenden«; und man darf nicht vergessen, dass in der Schar von Geistern die Seelen der toten Männer nur einen sehr kleinen Teil ausmachen, denn fast alles in Westafrika hat eine Seele: Bäume, Flüsse, Waffen usw., folglich ist man bei den Stämmen in Französisch-Kongo der Meinung, dass in der Heilung die Seele der Medizin mit der Seele der Krankheit ringt, und so fort.*

Marys Ablehnung all der Bemühungen christlicher Missionare, die Eingeborenen zu bekehren, stößt in der Heimat nicht auf Gegenliebe. Die meisten Europäer jener Zeit glauben, die Afrikaner seien eine Rasse, die sich nicht über das Kinderstadium hinaus entwickelt habe. Kingsley präsentiert Afrikaner als dem Europäer gleiche Menschen mit gleichermaßen gültigen – und ethischen – Wertesystemen, die noch dazu weniger materialistisch und spiritueller als die der Europäer sind. Die Missionare, sagt sie, verhalten sich, als seien die Afrikaner leere Krüge, die sie mit ihrer »wertlosen weißen Kultur aus zweiter Hand« füllen können. Sie erkennt, dass ihre Lehren eine verheerende Wirkung auf das Leben und die Kultur der einheimischen Afrikaner haben.

1900 unternimmt Mary ihre dritte Fahrt nach Afrika in dem Bewusstsein, dass es wohl ihre letzte sein würde. Sie meldet sich freiwillig, um Buren zu pflegen, die von den Briten in verwahrlosten Straflagern gefangen gehalten werden. Vier Monate später erkrankt sie an einem tödlichen Fieber. Sie wird auf See bestattet.

Arabische Nächte

LADY ANNE BLUNT

ENGLISCHE ARABIENFORSCHERIN (1837–1917)

Lady Anne Blunt auf einer Araberstute

Lady Anne Isabella Noel war die erste Frau aus dem Westen, die mit den Shammarstämmen durch das Mesopotamien ihrer Zeit und mit den Anazehstämmen durch die Syrische Wüste zog. Lady Anne, wie man sie nannte, war die einzige Tochter von William, Earl of Lovelace, und der Ehrenwerten Ada Byron, der Tochter des Dichters Lord Byron. 1869 heiratete Anne Wilfrid Scawen Blunt, einen exzentrischen Dichter, Diplomaten und Tagebuchschreiber. Sie teilten die Liebe zu Pferden und zu Wüstenreisen, und 1875, »des ereignislosen Lebens daheim müde, begannen sie, einer plötzlichen Eingebung folgend, mit einer Reihe romantischer Reisen zu Pferd in Spanien, Algerien und Kleinasien und schließlich mit dem wilderen Umherstreifen in Mesopotamien, Persien und den bis jetzt kaum bekannten Regionen Zentralarabiens«.

Anne Blunt schrieb zwei Bücher, in denen sie die Reisen mit ihrem Mann zu Pferd und Kamel auf zwei langen Expeditionen durch die arabischen Wüsten zwischen 1877 und 1880 und ihre Suche nach den schwer zu fassenden Beduinenstämmen dokumentierte. Ihre Bücher sind reich an informativen Einzelheiten über die Stämme und detaillierten geographischen Beschreibungen der durchquerten Länder. Auf ihrer ersten Reise schlossen sich die Blunts den Anazeh auf ihrer jährlichen Wanderung durch Zentralarabien an, um Zuchtpferde für ihr berühmtes Arabergestüt Crabbet in England zu erwerben. Anne schrieb, dass sie reisen wollte, »weil die Beduinen auf ihren Wanderungen recht langsam sind – fünfzehn oder zwanzig Kilometer pro Tag –, und wir so die Möglichkeit haben würden, das zu sehen, was mich schon immer interessiert hat: die Heimat unserer Araberpferde«. Außerdem schrieb sie: »Tatsache ist, der Euphrat ist der Allgemeinheit ein größeres Rätsel als jeder andere Fluss. Seit den Tagen von Xenophon ist er kaum wieder – und gemeinverständlich eigentlich nie – beschrieben worden.«

Arabienreisen waren zu jener Zeit gefährlich, da die Wüstenstämme fast dauernd in Kriege verwickelt waren. Folglich griffen die Blunts zu unorthodoxen Methoden: Sie kleideten sich als Beduinen. Sie lernten Arabisch. Sie schliefen auf dem Boden und aßen wie die Beduinen, was es vor Ort gab: Geröstete Grashüpfer und wilde Hyänen waren Teil der Kost. Ab und an hielt man das Paar für Araber. Sie reisten ohne Eskorte, ohne Dolmetscher, und wenn sie sich gelegentlich der Stammesgastlichkeit anvertrauten, auch ohne Führer.

Über ihre Freude beim Verlassen einer kleinen Wüstenoase schrieb Lady Anne: »Wir haben Deyr verlassen und sind in der Wüste – in unserer Wüste ... Denn in der Tat sind wir in ihr heimischer als in den Städten.« Am Tag darauf wurden sie verhaftet; ein einheimischer Anführer, der nicht nachvollziehen konnte, weshalb Fremde nach Wüstenstämmen suchen sollten, hielt sie für Spione. »Wir verbrachten eine miserable Nacht voller düsterer Vorahnungen, deren harmloseste uns sofort unter Bewachung nach Deyr zurückbrachte und deren schlimmste eine Schnellhinrichtung als russische Spione war, und gelegentlichen wilden Fluchtträumen auf unseren Pferden.« Nach langen Debatten gelang es ihnen, den Anführer davon zu überzeugen, sie ziehen zu lassen.

Ihr spartanisches Wüstenleben ließ den Blunts das Leben in der europäischen Gesellschaft zunehmend unbehaglich werden. Lady Anne sprach für viele Entdecker, als sie ein Zusammentreffen mit Landsleuten beschrieb:

> *Wir waren auf die tief greifende Wirkung nicht vorbereitet, die ein Winter unter Arabern auf unsere Neigungen, Vorurteile und Meinungen haben würde ...Wir saßen auf einem Diwan am Ende des Speisesaals und tranken unseren Kaffee mit all dem feierlichen Ernst asiatischer Gelassenheit, als das Haus von plötzlichem Stimmengewirr und lautem Gelächter erscholl ... eine lärmende Schar von Männern und Frauen in Mänteln und Hosen oder unzureichenden Röcken und Jacken ... alle unbedeckten Hauptes und seltsam nackt aussehend ... stürmten über das Parkett ... sie gingen grußlos und ohne stehen zu bleiben an uns vorüber ... Die Kleidung, die Stimmen, Gesten und Haltungen dieser Männer und Frauen kamen uns nicht nur grotesk, sondern auch ungehöriger vor, als wir es je erlebt hatten ... Diese Reisenden sind englische Nobelleute von Rang.*

Ihre zweite Expedition, eine 1600 Kilometer lange Reise, auf der sie die Große Nafud-Wüste durchqueren mussten, führte nach Njed in Zentralarabien. Zweck der Reise war es, den Herrscher der Oase Hail, Prinz Ibn Rashid, zu besuchen, bei dem sie hofften, Pferde für ihr Gestüt in England kaufen zu können. Als sie sich Hail näherten, bekamen die Blunts Bedenken: Wie würden diese isoliertesten aller Wüstenaraber sie aufnehmen? Sie hatten nur wenig Kontakt zu Christen gehabt und sicherlich keinen zu einer relativ freien Frau aus dem Westen. Tatsächlich war Lady Anne Blunt die erste Frau aus dem Westen, die Hail besuchte, und noch ein Jahrhundert später sprachen die einheimischen Araber über den lebhaften Eindruck, den sie hinterlassen hatte.

Auf ihrer zweiten Expedition lagerten die Blunts in den Dünen vor einem Wadi, als sie angegriffen wurden. Sie ruhten neben ihren Kamelen, als die Stille plötzlich von den Schreien der Reiter zerrissen wurde, die sich ihnen rasch näherten. Sie stürzten sich auf die kleine Gruppe, eine Beduine schlug Wilfrid bewusstlos, ein anderer traf Lady Anne mit seinem Speer. Sie hob ihre Arme, um sich zu schützen, und schrie auf Arabisch: »Wir bitten um euren Schutz!« Überrascht von der Frauenstimme zog der angreifende Beduine sich zurück. Noch überraschter waren die Beduinen, als sie erkannten, dass es eine Fremde war, die sie auf Arabisch ansprach. Nachdem die Beduinen das Paar genauer untersucht hatten, ritten die Beduinen davon; die Blunts versorgten ihre Wunden und zogen weiter durch die Wüste nach Hail und Dschebel Shammar, wo sie auf den arabischen Prinzen Ibn Rashid trafen. Auf dem Rückweg schlossen sie sich einer Gruppe Pilger auf dem Weg nach Damaskus an.

Nach ihren Streifzügen verbrachten die Blunts ihre Zeit teils in Kairo, teils in England, wo Lady Anne alte arabische Gedichte übersetzte, die ihre so geliebte Wüste beschworen. 1906 trennte sie sich von Wilfrid; 1917 starb sie in Kairo.

Bebe Bwana

MAY FRENCH SHELDON

AMERIKANISCHE FORSCHUNGSREISENDE (1847–1936)

May Sheldon in einem Reiseumhang, den sie mit entworfen hatte

In der zweiten Hälfte des 19. Jahrhunderts war Afrika mit seinen großen, nicht kartographierten Gebieten »der dunkle Kontinent«. Die Stämme vieler Regionen waren nicht unterworfen, und erste Kontakte mit arabischen Sklavenhändlern und westlichen Entdeckern hatten sie oft (und klugerweise) feindlich gegen Fremde gestimmt. Für Krankheiten, gegen die Ausländer nicht immun waren, gab es Namen, aber noch keine Heilung. Straßen und selbst

Pfade bestanden fast nicht. Doch gerade diese Hindernisse machten Afrika für Entdecker zur unwiderstehlichen Herausforderung. Natürlich waren die meisten von ihnen Männer, aber eine der bemerkenswerteren, unkonventionelleren und mutigeren unter ihnen war eine Amerikanerin mittleren Alters mit Namen May French Sheldon, die 1891 eine Expedition nach Ostafrika vorbereitete und leitete. Ihr Ziel war es, zu beweisen, dass Frauen all das konnten, was Männer taten.

Für ihren Treck vom Hafen von Mombasa durch die Gebiete von rund 35 Stämmen bis zum hohen Gipfel des Kilimandscharo engagierte May 138 Träger. Die britischen Behörden hielten sie bestenfalls für exzentrisch, wahrscheinlich aber eher für verrückt und suchten ihre Abreise zu verhindern. Wahrscheinlich hatten sie gute Gründe dafür, aber der, den sie vorbrachten, machte sie nur zornig: Sie erklärten, Ostafrika sei kein Ort für eine Dame. Das war schlimm genug, aber es kam noch schlimmer. Was sie auf ihrer Reise landeinwärts von den Beziehungen zu den Eingeborenen sah, veranlasste sie zu dem Kommentar, die britische sei wie die deutsche Politik »unnötig, abscheulich und ohne einen Funken Menschlichkeit«.

Sie hatte Recht, aber selbst der unvoreingenommene Betrachter musste zugeben, dass die Briten zumindest nicht ganz falsch lagen, sie für exzentrisch zu halten. Sheldon hatte sehr eigene Vorstellungen davon, wie der Respekt, den sie Eingeborenen gegenüber empfand, auszudrücken war. So entwarf sie ein Zeremonialgewand, das unter anderem aus einem paillettenbesetzten Ballkleid und einer voluminösen blonden Perücke bestand.

Die erstaunten (und vielleicht amüsierten) Eingeborenen nannten sie ihre Bebe Bwana, »Frau Häuptling«. Aber ihre Reisen hatten einen ernsten Hintergrund. Von den Zeitungen unbemerkt, schrieb sie Beiträge für wissenschaftliche Blätter über die Seefahrt auf dem

Chalasee, und sie verfertigte einige der ersten Studien über Frauen und Kinder in Afrika. Es ist ihre spätere Arbeit, die heute als große Leistung herausragt. Neben ihrer Zeitgenossin Mary Kingsley gehörte Sheldon zu den ersten Weißen, die Afrikaner und afrikanische Kultur einfühlsam beschrieben.

May baute auf ihren ersten Erfolgen auf, als sie 1894 eine zweite Expedition nach Belgisch-Kongo organisierte und 1905 eine dritte nach Liberia. Sie mache weiter, erklärte sie, weil die Forschungsreise ihr »Gedanken und Ideen [eingab], die ihren Verstand mit dem unbeschreiblichen Vergnügen entzückten, nach dem ich mich jahrelang gesehnt, das ich gesucht hatte, einen Ort als Erste zu besuchen, der noch nicht von der Gegenwart des Menschen besudelt war«.

Anerkennung für ihre Pionierarbeit wurde ihr 1892 zuteil, als sie durch Wahl – für eine Frau damals eine sehr seltene Ehre – Mitglied der Royal Geographical Society wurde.

Nordlandwanderungen

GERALDINE FITZGIBBON MOODIE
KANADISCHE FOTOGRAFIN (1854–1945)

Porträt von Geraldine Moodie, 1910, aufgenommen in Ottawa

Geraldine war die erste Fotografin, die jenseits des Nordpolarkreises arbeitete, und die erste professionelle Fotografin, die das Leben der Inuit (Eskimos) festhielt. 1904 segelte sie in die Arktis, um ihren Mann zu treffen, der damals Chef der Northwest Mounted Police Kanadas in der Hudson Bay und den östlichen arktischen Gebieten war.

1878 heiratete Catherine Moodie ihren Vetter, John Moodie, und bekam in den folgenden Jahren sechs Kinder. Während sie von einem Grenzposten zum anderen zogen, sammelte und malte Geraldine Blumen und brachte sich das Fotografieren bei. 1895 begann Moodie in den Prärien von Saskatchewan mit einer Serie von Porträts der einheimischen Cree-Indianer und ihrer Zeremonien.

Als Geraldines Mann 1904 in die Arktis versetzt wurde, zogen sie zunächst nach Fullerton auf der Insel Southampton und anschließend nach Fort Churchill an der Hudson Bay. Wieder baute sie ihr Atelier auf und fotografierte einheimische Inuit und Wildpflanzen. Sie sagte später: »Ich verbrachte drei sehr einsame Jahre, in denen ich über Felsen und Hügel kletterte, um Pflanzen zu sammeln und sie zu fotografieren.« Begeistert vom Pionierleben, baten die Moodies um Versetzungen noch weiter nordwärts. 1912 zogen sie für mehrere Jahre an den Yukon nach Dawson. Am Ende ihres abenteuerlichen Lebens ließ sich Geraldine auf einer kleinen Farm in Maple Creek in Westkanada nieder.

Nach ihrem Tod geriet ihre Arbeit in Vergessenheit, und erst heute wird die Bedeutung ihres Werkes als Fotopionierin der Prärie und der Arktis gefeiert – mit ihren Bildern hat sie das Ende der traditionellen Lebensweise der Cree und Inuit auf Film festgehalten.

Im Rahmen ihrer Arbeit in der Arktis fotografierte Moodie am Strand in der Nähe von Churchill, Manitoba, zwei Inuitfrauen. Eine trägt ein Kind, die andere einen Seehund.

Quer durch Labrador

MINA BENSON HUBBARD

KANADISCHE ENTDECKERIN (1870–1956)

Hubbard im Lager auf ihrer Erkundung der Flüsse Nascaupee und George in Labrador

Mina Hubbard half, unterstützte und lauschte ihrem Mann Leonidas, der als Redakteur der populären Zeitschrift *Outing Magazine* 1903 seine Traumexpedition plante, um die letzte unerforschte Region Amerikas zu vermessen und zu kartographieren: das Landesinnere von Labrador von der nordwestlichen Flussregion bis zur Ungavabucht. Sie brach mit ihm nach Norden zu einer Fahrt auf, die seine letzte sein sollte: Er verhungerte weit vom Ziel entfernt neben einem kleinen Fluss.

Angespornt von dem Wunsch, die Arbeit ihres Mannes zu Ende zu führen, begann Mina, ihre eigene Expedition zu planen. Zwei Jahre trainierte sie, lernte navigieren, vermessen und Kanufahren. 1905 brach Hubbard nach Labrador auf und bewältigte die 920 Kilometer weite Reise in weniger als zwei Monaten. Somit wurde sie die erste weiße Frau, die Labrador durchquerte. Sie war auch der erste Mensch, der das Nascaupee-George-Flusssystem kartographierte, die Erste, die die einheimische Flora und Fauna erfasste, die Erste, die die großen Karibu-Wanderungen beobachtete, und die Erste, die die einheimischen Inuit beschrieb. Sie berichtete: »Meine Expedition bewies, dass die Annahme der Geographen, der dem Michikamausee entspringende Northwest River und der dem Seal Lake entspringende Nascaupee seien zwei verschiedene Flüsse, falsch war. Es ist ein und derselbe Fluss, der Abfluss des Michikamausees führt das Wasser nordostwärts zum Seal Lake und dann südwärts zum Hamilton Inlet.«

Königin der Wüste

GERTRUDE MARGARET LOWTHIAN BELL
ENGLISCHE ENTDECKERIN (1868–1926)

Zu internationaler Berühmtheit gelangte Gertrude Bell im Ersten Weltkrieg als eine der mächtigsten Frauen im Britischen Empire. Sie hatte viele Jahre im Nahen Osten gelebt, wo sie Arabisch und Persisch gelernt, archäologische Stätten in der Wüste entdeckt, erforscht und ausgegraben hatte. Sie hatte das Archäologische Museum Bagdad gegründet und, was das Wichtigste war, ein Netzwerk von Beziehungen zu den Beduinenstämmen in allen Teilen der arabischen Wüste geknüpft. Bei Kriegsausbruch wurde Gertrude vom britischen Geheimdienst angeworben und stieg schnell in eine führende Position auf: Sie wurde die Orientberaterin des britischen Hochkommissars. Die zahlreichen Bücher und Artikel, Hunderte von Briefen und Tausende von Fotografien, die sie hinterließ, sind eine ergiebige Chronik der ersten Jahrzehnte im 20. Jahrhundert, als sich in der Levante das Mosaik mittelalterlicher Wüstenlehen zu modernen Staaten wandelte.

Als Tochter wohlhabender Eltern wuchs Bell auf dem Land auf. Nach ihrem Abschluss an der Universität in Oxford 1892 reiste sie nach Persien (Iran), um ihren Onkel, den damaligen britischen Botschafter, zu besuchen. Ihr erstes Buch, *Persian Pictures*, schildert ihre Eindrücke des Landes. Gertrude war eine aktive, intelligente junge Frau, und die Iranreise hatte ihre Abenteuerlust geweckt. In den folgenden Jahren reiste sie zweimal um die Welt, ihre Bergtouren in den Alpen brachten ihr Anerkennung als Bergsteigerin ein. Aber sie sehnte sich nach dem Mittleren Osten, und 1901 kehrte sie schließlich dorthin zurück. Die erste Forschungsreise führte sie 1905 in die Syrische Wüste, über die sie ihr zweites Buch schrieb.

Bell wurde eine fähige Archäologin und veröffentlichte Monographien über ihre Entdeckungen in der Wüste mit Tausenden von Fotos. Sie grub die Ruinen byzantinischer und christlicher Kirchen aus, deren Grundrisse sie zeichnete, dann verbrachte sie Jahre mit der Suche nach antiken Ruinen in der Wüste, eine Arbeit, die den Grundstein für ihre Rolle im Ersten Weltkrieg legte. Sie kannte die Wüste so gut, dass die Royal Geographical Society ihr die Goldmedaille für Erkundung zuerkannte.

In ihrer Eigenschaft als Orientberaterin des britischen Hochkommissars war Bell maßgeblich an der Gründung des Staates Irak unter König Faisal, mit dem sie befreundet war, beteiligt. Sie entwarf eine Reihe von Gesetzen für den Irak und beeinflusste die Bildungsgesetze für Frauen. Trotz ihrer ungeheuren Leistungen blieb ihr Privatleben unerfüllt, 1926 beging Bell in Bagdad Selbstmord.

Folge aufrecht der Sehnsucht deines Herzens

ALEXANDRA DAVID-NÉEL

FRANZÖSISCHE ENTDECKERIN (1868–1969)

Alexandra David-Néel sitzt vor ihrer Einsiedelei in fast 4000 Metern Höhe im Himalaja. Hier verbringt sie zwei Jahre mit dem Studium des tibetischen Buddhismus beim Eremiten Gomchen von Lachen.

Der große griechische Dichter Kavafis hat uns gesagt, das Leben sei eine Reise, kein Ziel. Für Alexandra David-Néel, die französische Entdeckungsreisende, war das Leben beides: Sie ging auf eine Reihe faszinierender Reisen durch exotische Länder, die sie veränderten und deren Höhepunkt der Besuch der verbotenen Stadt Lhasa in Tibet war. Aber für sie waren diese Reisen zugleich eine innere Suche nach Erleuchtung durch die buddhistische Lehre. Und ihr wahres Ziel lag in ihr selbst.

Seinen Anfang nahm Alexandra Davids Leben in Paris. Als Kind »sehnte [sie sich], über das Gartentor hinauszugehen, der Straße vor dem Haus zu folgen, und ins Unbekannte aufzubrechen«. Sie erzählt in ihrem Buch *Meine Reise nach Lhasa*: »Dieses ›Unbekannte‹, an dem mein kindlicher Verstand Gefallen fand, entpuppte sich immer als ein einsamer Ort, wo ich alleine sitzen konnte ohne jemandes Nähe, und da mir die Straße dorthin versperrt blieb, suchte ich die Einsamkeit hinter jedem Busch oder Sandhügel, den ich im Garten finden konnte.«

Als junge Frau, die ihren Weg sucht, studierte sie Philosophie und Religion und fühlte sich von den Anschauungen der Theosophischen Gesellschaft angezogen. Und sie reiste: Im Alter von siebzehn durchwanderte sie die Schweizer Berge. Später, in Paris, schien sie ruhiger geworden zu sein, studierte Musik und wurde schließlich Opernsängerin. Aber ihr Fernweh blieb ungebrochen, und sie machte sich das Singen zunutze, um zu reisen; in ihren Zwanzigern ging sie auf Tournee in Asien und lebte ein Jahr in Indien. Mit sechsunddreißig heiratete sie Philip Néel, einen Ingenieur, und ließ sich in Tunis nieder. Aber das prosaische Leben der Gattin eines Geschäftsmannes deprimierte sie, und sie fühlte sich leer. Von ihrem Mann ermutigt, machte sich Alexandra 1911 allein nach Indien auf. Sie hatte vor, achtzehn Monate fort zu bleiben – ihr Mann wartete vierundzwanzig Jahre auf ihre Rückkehr.

David-Néel bereiste Indien und die Sikkimregion, ein kleines Bergland, umgeben von Indien, Nepal, Bhutan und Tibet. Dort begegnete sie Sidkeong Tulku, dem Herrscher von Sikkim. Ihre enge Beziehung zu ihm öffnete ihr die Türen der buddhistischen Klöster. In Sikkim lernte sie auch den Dalai Lama kennen, der – von ihrem Wissen über den Buddhismus beeindruckt – sie ermutigte, Tibetisch zu lernen. Die Mönche von Sikkim zeichneten Alexandra aus: Sie ernannten sie zum weiblichen Lama und verliehen ihr die traditionelle granatfarbene Robe. Zu jener Zeit lernte sie Aphur Yongden kennen, einen jungen Mönch, den man ihr als Diener zuwies. Sie wurden unzertrennlich, schließlich adoptierte David-Néel den jungen Mann. Sie blieben zusammen bis zu seinem Tod 1955.

1914 führte sie ihr Lebensweg an den einsamen Ort, nach dem sie sich in ihrer Kindheit gesehnt hatte: eine Einsiedelei im Himalaja in fast 4000 Meter Höhe. Zwei Jahre lebte sie zurückgezogen und weltabgeschieden in einer Höhle, um bei einem Eremiten, dem Gomchen von Lachen, zu lernen. Der heilige Mann unterwies Alexandra in der Kunst der *tumo*-Atmung. *Tumo* ist eine spirituelle Übung, eine Meditation über das Feuer, das im Selbst brennt. Es heißt, sie hebt die Körpertemperatur weit genug, um in der grimmigen Kälte der Berge ohne Schutz zu überleben. In der Meditation sollte David-Néel Zorn, Stolz und Trägheit ausatmen und reinen Geist einatmen. Durch die Meditation gelang ihr die Lösung von ihrem bisherigen Leben, und sie entdeckte ihren inneren Reichtum an Mut.

1916 verließ sie die Einsiedelei und ging nach Japan, Korea und Westchina, um buddhistische Wallfahrtsorte zu besuchen. Zweieinhalb Jahre, bis Februar 1921, übersetzte sie in einem Himalajakloster ein tibetisches buddhistisches Manuskript. Aber stets »verfolgte [sie] das Lied des Windes in der Einsamkeit«, und sie sehnte sich danach, in Tibets Berge zurückzukehren. Tatsächlich war die geheime Stadt Lhasa für sie eine Metapher für die eigene innere Suche.

Es war ein Ort, der durch Hindernisse und Mühsal geschützt war, ein Ziel, das nie zuvor eine Frau aus dem Westen erreicht hatte. Für sie war dies ein Ort, der, wenn man ihn einmal gesehen hatte, eine goldene, übersinnliche Pracht enthüllen würde. Es dauerte drei weitere Jahre, bis sie einen Blick auf ihn werfen konnte.

Die Geschichte ihrer Reise nach Lhasa ist von Kälte, Krankheit und Mühen gezeichnet. 1922 musste Alexandra ihren ersten Versuch, Tibet zu erreichen, abbrechen, weil Ausländern der Zutritt zum Königreich verboten war. Das nährte nur ihre Entschlossenheit. Bei ihrem zweiten Versuch gemeinsam mit Yongden wählte sie unmarkierte Bergpfade, um der Entdeckung zu entgehen. 1923 brachen sie zu Fuß auf, um die Wüste Gobi zu durchqueren. Sie folgten mäandrierenden Flüssen und überquerten 5400 Meter hohe Bergpässe. David-Néel reiste durch Länder, die kein Europäer je gesehen hatte, dabei sammelte sie Detailkenntnisse über die Völker und die Geographie der Region. Im November entdeckten sie die Quelle des Tsangpo. An der Grenze Tibets angekommen, ließen sie ihre Habseligkeiten zurück, tarnten sich als Bettler und Nonne und zogen so durch den Himalaja. Im Februar 1924 lagen die goldenen Dächer des Potala-Palastes im Zentrum von Lhasa endlich vor ihnen. Sie betraten die Heilige Stadt Lhasa während eines Neujahrsfestes bei Unwetter. Durch das Chaos gelang es ihnen, sich unter die Menge zu mischen und zwei Monate erfolgreich unentdeckt zu bleiben. In *Meine Reise nach Lhasa*, das 1927 veröffentlicht wurde, berichtete Alexandra von dieser Reise.

Im Mai 1925 kehrte sie in eine Welt zurück, die sich begierig auf ihre Erlebnisse stürzte. David-Néel war zur Berühmtheit geworden. Sie ließ sich mit Yongden in Digne in Südfrankreich nieder, schrieb mehr als dreißig Bücher und Artikel über den Buddhismus und förderte das Verständnis zwischen östlicher und westlicher Kultur. Ihre Reisen und Erzählungen inspirierten James Hilton, den Autor des Bestsellers *Lost Horizon* (Der verlorene Horizont), zu seiner Vision von Shangri-La. 1969 würdigte Frankreich ihre Leistungen als Entdeckerin mit der höchsten Auszeichnung des Landes, der Aufnahme in die Ehrenlegion, und gedachte ihrer Erfolge auf einer Bronzemedaille. Als Inschrift wählte Alexandra: »Folge aufrecht der Sehnsucht deines Herzens!«

David-Néel war einhundert Jahre alt, als sie beschloss, ihren Pass für eine Reise nach Amerika verlängern zu lassen. Es sollte nicht sein. Ihre Reisen, die inneren wie die äußeren, näherten sich dem Ende. Alexandra starb am 8. September 1969, kurz vor ihrem 101. Geburtstag.

Ein Leben im Feld

ANNIE MONTAGUE ALEXANDER
AMERIKANISCHE NATURWISSENSCHAFTLERIN (1867–1950)

Über ihre Forschungsarbeit schrieb sie: »Stellen Sie sich die zahllosen und unterschiedlichen Lebensformen vor, die auf der Erde gingen, krabbelten und schwammen und seit jener fernen Zeit ausgestorben sind. Für den Fossiliensammler ist es ein aufregender Gedanke, dass er das Glück hat, einen Griff in die Weltgeschichte zu tun und einige ihrer frühzeitlichen Seiten aufzuschlagen.«

»Wie Sie vielleicht wissen«, schrieb Annie Alexander an einen Freund, »war meines Vaters Tod 1904 bei unserem gemeinsamen Afrikabesuch ein furchtbarer Schock für mich. Ich spürte, ich müsse etwas zur Zerstreuung meines Geistes tun, etwas, das meine Interessen bündeln würde, und in meinen Gedanken nahm langsam die Idee Gestalt an, als Kern der Studien Sammlungen der

Westküstenfauna anzulegen.« Annie fand die Ablenkung, die sie suchte, im Sammeln von Fossilien und dem Anhäufen einer Sammlung, die mehr als Zehntausende von Objekten – Säugetiere, Vögel, Amphibien und Pflanzen – einschließen würde. Sie bildet heute die Kernsammlung des Museums für Wirbeltierzoologie, das sie 1908 an der University of California in Berkeley gründete.

Alexander wuchs auf der hawaiischen Insel Maui auf. Ihr Vater war ein erfolgreicher Zuckerrohrpflanzer, der ihr nicht nur ein Vermögen, sondern auch seine Abenteuerlust hinterließ. Er lehrte sie das Reiten, Schießen und das Campieren im Freien – Fähigkeiten, die ihr für ihr Leben als Naturwissenschaftlerin später nutzen sollten. In ihrer Jugend unternahm sie viele Reisen mit ihm, unter anderem einen Segeltörn durch den Südpazifik, eine Fahrradtour in Europa über knapp 2600 Kilometer und zuletzt die schicksalhafte Safari nach Afrika, während der sie mehr als 1200 Kilometer wanderten und viele Tiere erlegten. Annie war eine so gute Schützin, dass sie beim Beschaffen des Fleischvorrats für die 51 Träger half. Es war offensichtlich, dass sie die gemeinsame Zeit genossen; doch nach sechs Expeditionsmonaten wurde ihr Vater von einem Felsbrocken getroffen und starb. 1900 begann Alexander, an der University of California die Paläontologievorlesungen von John C. Merriam zu besuchen. Sie schrieb: »Ich habe nicht eine Vorlesung versäumt. Es gefällt mir mehr und mehr, dieses Studium unserer alten, alten Welt und der Kreaturen, die in der Vorzeit über sie herrschten, ganz so wie wir es heute tun. Vielleicht ist dieses Studium gerade deshalb so interessant, weil es lückenhaft ist; es gibt noch so viel zu entdecken – ich denke, das ist wundervoll.« Sie war fasziniert und entschloss sich, Merriam anzusprechen und ihn zu fragen, ob er ihr helfen würde, eine eigene Fossilien-Expedition zu organisieren, wenn sie im Gegenzug alle Exemplare der Universität stiften würde. Er willigte ein. Über ihre erste Reise zum Fossil Lake in Oregon 1901 schrieb sie: »Das Fieber, diese seltsamen Schätze anzuhäufen, könnte mich zu einem Sammler der gierigsten Sorte machen.« Letzten Endes wurden einige von Annies Funden nach ihr benannt, darunter auch die bis dahin unbekannte Art *Schastasaurus*, den Dr. Merriam später *Thalattosaurus alexandrae* taufte. Diese Reise begründete ihr großes Interesse an Fossilien, die 1921 zur Gründung und Ausstattung eines weiteren Museums führte, des Museums für Paläontologie. In den folgenden Jahrzehnten verbrachte Alexander einen guten Teil jedes Jahres auf Expedition. Sie finanzierte diese Forschungsreisen nicht nur, sie sammelte auch die Exponate – und sie kochte.

Während sie sich in der Paläontologie engagierte, setzte Annie parallel dazu ihre Studien an lebenden Tieren fort. Sie begriff, sie würde eine Sammlung heute noch lebender Tiere anlegen müssen, um die Evolution der Tiere der frühesten Vorzeit herleiten zu können. Die besten Wirbeltiersammlungen gab es an der Ostküste, und das erschwerte den Wissenschaftlern an der Westküste deren Nutzung. Ihr war auch klar, dass viele Tiere schnell aussterben könnten, und dass man Exemplare von ihnen in Museen erhalten sollte.

Annie wollte eine Sammlung, die mit den besten Museen an der Ostküste konkurrieren konnte. Engagiert machte sie sich an die sammlerische Aufgabe. Über ihre erste Alaskareise zur Bärenjagd schrieb sie: »Mein Ziel bei der Schaffung dieser Sammlung ist es, einen Grundstein zu legen für eine Sammlung, die die Fauna der Westküste repräsentiert.«

Mit ihrer Freundin und Kollegin, der Autodidaktin und Naturwissenschaftlerin Louise Kellogg, ging sie auf zahlreiche, oft mehrmonatige Expeditionen in die Berge und Wüsten im Westen und nach Alaska, auf denen sie mit den Jahren Tausende von Tieren erlegten und präparierten. Auch einer Rasse der größten Alaskabären lieh sie ihren Namen: *Ursus arctos alexandrae*. Im Lauf von vierzig Jahren stellten sie und Kellogg eine Sammlung mit mehr als 34 000 Fossilien, Tieren und Pflanzen zusammen, von denen mehr als 16 000 an das Museum für Wirbeltierzoologie gingen.

In diesem Sinne feierte diese furchtlose und ausdauernde Forscherin auch 1947 ihren achtzigsten Geburtstag: Sie ging auf eine dreimonatige Sammlerreise nach Baja. Es war ihre letzte Expedition. 1950 erlag sie einem Herzschlag. Indem sie ihre Fähigkeiten und ihr Vermögen wissenschaftlichen Zielen widmete, hinterließ Annie ein Vermächtnis, das aus zwei von ihr gegründeten wie ausgestatteten Museen besteht, aus den wertvollen Sammlungen, die sie für drei Museen zusammenstellte, und aus mehr als fünfzehn nach ihr benannten Fossilien-, Pflanzen- und Säugetierarten.

Träume vom Kongo

DELIA JULIA DENNING AKELEY
AMERIKANISCHE AFRIKAREISENDE (1875–1970)

Delia Akeley in Jagdkleidung

Delia Denning rannte als 13-jähriges Mädchen von der elterlichen Farm in Beaver Dam, Wisconsin, fort und sah ihre Familie nie wieder. Sie schlug sich nach Milwaukee durch, wo sie dem jungen Tierpräparator und Bildhauer Carl Akeley begegnete. Seine Arbeit faszinierte Delia, und sie begann, ihm bei der Vorbereitung und Präparation seiner Schauexemplare zu helfen. Sie blieb seine Assistentin, als er an das Field Museum in Chicago ging, und als das American Museum of Natural History ihn nach New York rief, um einen Saal über afrikanische Säugetiere einzurichten, assistierte ihm Delia, die inzwischen seine Frau geworden war, weiter.

1905 und noch einmal, von 1909–1911, unternahmen die Akeleys von Museen finanzierte Afrikaexpeditionen, um Ausstellungstiere zu jagen. Auf diesen Expeditionen organisierte Delia nicht nur das Lager, pflegte ihren oft leidenden Mann oder jagte Wild für sich und die Träger, sie musste auch die für das Museum bestimmten Exemplare erlegen und präparieren. Dennoch fand sie die Zeit, die Tiere um sich herum zu beobachten. Sie entdeckte ihre Faszination für Affen und schloss aus ihren Beobachtungen, dass diese miteinander kommunizierten – und nahm damit die spätere Arbeit von Primatologen vorweg. Bald nach dem Ersten Weltkrieg ließ sie sich von Carl scheiden und plante eine eigene Afrikaexpedition. Obwohl es für Frauen schwer war, finanzielle Unterstützung für Expeditionen zu bekommen, trugen Delias frühere erfolgreiche Expeditionen dazu bei, dass das Brooklyn Museum of Art ihr den Auftrag zur Sammlung von Tierexponaten und Kunstgegenständen in Zentral- und Ostafrika erteilte. Akeley kehrte 1924 als Leiterin ihrer eigenen Expedition nach Afrika zurück:

> *Endlich, im Sommer 1924, war ich in der Lage, eine eigene Expedition zusammenzustellen und nach Afrika zurückzukehren, um unter den Eingeborenen zu leben ... Seit meinen ersten Erfahrungen mit den primitiven Stämmen Zentralafrikas vor zweiundzwanzig Jahren habe ich die feste Überzeugung, dass eine Frau, die allein und ohne bewaffnete Eskorte in die Dörfer ginge, um dort zu leben, mit den Frauen Freundschaft schließen und authentische Informationen über ihre Stammesbräuche und Gewohnheiten sichern würde. [...] Ich lauschte ihnen ehrfürchtig und bewundernd, immer mit Interesse, oft mit tiefem Respekt.*

Im Alter von fünfzig Jahren war Delia zur ersten Entdeckerin geworden, die Afrika von Küste zu Küste durchquert hatte. Sie startete in Lamu am Indischen Ozean und brauchte elf Monate, um Kenia und Uganda bis nach Belgisch-Kongo zu durchqueren und über den Kongo nach Boma und an die Atlantikküste zu gelangen. In der Beschreibung ihrer Keniaexpedition, auf der sie Exemplare am Tana sammelte, sagte Delia:

> *Den ersten Abschnitt meiner Fahrt, vom Indischen Ozean landeinwärts den Tana hinauf, legte ich in Einbäumen zurück. Im Dornendickicht entlang der Ufer jagte ich nach Tieren, die ich präparierte und um deren Häute ich mich selbst kümmerte. Ich machte Aufnahmen und entwickelte die Negative. Ich beschaffte uns Kamele bei den Somali, einem feindseligen Nomadenstamm, und wir marschierten, die Hitze des Tages meidend, im Mondlicht durch das unfruchtbare Wüstenland zwischen dem Tana und Abessinien.*

Sie fühlte sich von den schwer fassbaren Pygmäen angezogen. Sie hatte gehört, sie lebten in der Ituri-Waldregion des Kongo, und setzte ihre Reise auf der Suche nach ihnen fort. Obwohl sie gegenüber dem Weißen Mann, der sie überaus schlecht behandelt hatte, sehr scheu waren, nahmen sie Akeley als Frau bereitwillig auf. Akeley lebte eine Reihe von Monaten bei den Pygmäen im Wald, machte 1500 Fotos von ihnen und belichtete Tausende Filmmeter. Heute sind sie bedauerlicherweise fast alle verloren.

Delia wurde Zeugin der verheerenden Veränderungen, denen Afrika im späteren 20. Jahrhundert unterworfen war, der Jagd auf wilde Tiere bis zur Ausrottung und der Zerstörung von Dschungel und Savannen. Ihr Versuch, Menschen das Afrika zu vermitteln, das sie liebte, lebt in den Museumsexponaten, die sie schuf, weiter.

Von Kanada in den Kongo

MARY LEONORE JOBE AKELEY

AMERIKANISCHE FORSCHUNGSREISENDE (1878–1966)

Mary und Carl Akeley vor ihrem Zelt

Nur wenige Besucher des großartigen Saals für afrikanische Säugetiere im American Museum of Natural History haben von der Frau gehört, die diese Ausstellung zu ermöglichen half. Es ist die Arbeit von Mary Jobe Akeley, Carl Akeleys zweiter Frau, die Millionen von Museumsbesuchern die besten und authentischsten Eindrücke von afrikanischen Tieren vermittelt hat.

Mary Jobe kam 1878 auf einer Farm in Ohio zur Welt. 1897 absolvierte sie das Scio College in Ohio, ging an das Bryn Mawr College und erhielt schließlich den Magister in Geschichte und Englisch von der Columbia-Universität. Obwohl sie die Lehrerlaufbahn einschlug, war ihre wahre Liebe das Entdecken. Wenn sie nicht unterrichtete, floh sie in die kanadischen Rockies, wo sie im Laufe von mehr als zehn Expeditionen Gebirge kartographierte und die einheimischen Indianerstämme studierte. Auf einer dieser Expeditionen, 1913, ritt sie 1300 Kilometer, um die Gitskan und die Carrier-Indianer zu studieren und zu fotografieren. Sie bemerkte: »Sie sagten mir, dass ich die erste weiße Frau sei, die das Potlatch [die Zeremonie des Geschenkaustauschs] miterlebte.« Die Indianer tauften Jobe in Anerkennung ihrer Fähigkeiten *Dene-Sczaki*, »Mann-Frau«.

Zu dieser Zeit wiesen die Karten vom Westen große weiße Flecken mit der Bezeichnung »Geländeeigenschaften unbekannt« auf. Mary füllte einen von ihnen. 1914 brach sie in die kanadische Wildnis auf, um einen sagenhaften Gipfel zu suchen. Sie hatte Geschichten von ihm gehört, ihn aber nie auf einer Karte entdeckt. »Es war eine Gelegenheit, zu sehen«, schrieb sie, »was die weißen Flecken auf den offiziellen Karten verbargen.« Warum tat sie es? Sie erklärte, dass das Entdecken als Herausforderung »enorme Befriedigung verschaffte ..., diese Dinge begeisterten uns. Sie waren uns Grund genug, um aufzubrechen.« In Würdigung ihrer heldenhaften Bemühungen, die Wildnis von British Columbia zu erforschen und zu vermessen, wurde sie 1915, nur zwei Jahre nachdem die Gesellschaft Frauen ihre Tore erstmals geöffnet hatte, in die Royal Geographical Society gewählt.

In der festen Überzeugung, dass zur Erziehung junger Mädchen auch das Erlernen des Umgangs mit der Natur gehöre, rief Mary in Mystic, Connecticut, ein Sommerlager für Mädchen ins Leben.

Sechzehn Jahre lang lud sie Entdecker ein, Vorträge über ihre Erfahrungen zu halten, und durch einen von ihnen lernte sie Carl Akeley, den berühmten Entdecker, Naturwissenschaftler, Erfinder, Bildhauer und Tierpräparator, kennen, der damals für das American Museum of Natural History arbeitete.

Jobe wurde 1924 Carl Akeleys zweite Frau. Die Beziehung war vermutlich ebenso sehr Partnerschaft wie Liebesromanze. Fast umgehend nach der Hochzeit begannen die Akeleys, Pläne für eine große Afrikaexpedition zu machen. Ihr Ziel war es, jene Exemplare zu sammeln, die nötig waren, um die letzten sechs Dioramen im Saal für afrikanische Säugetiere zu vervollständigen. 1926 schifften sie sich mit einem Team aus Botanikern, Künstlern und Mitarbeitern ein. Das Unglück traf sie unvermittelt: Carl Akeley starb nur wenige Tage nach ihrer Ankunft.

Nach Akeleys Beerdigung am Ort seines letzten Wirkens kehrte Mary 1927 nach New York zurück. Sie war untröstlich, aber fest entschlossen, ihren afrikanischen Saal fertig zu stellen. Das American Museum willigte ein und ernannte sie zur Assistentin und Beraterin für den Saal für afrikanische Säugetiere.

Carl Akeley hatte aber nicht nur ein unvollendetes Werk hinterlassen, sondern auch eine bittere Feindschaft zwischen Jobe und seiner ersten Frau. Delia Akeley fand, dass das große Projekt für das American Museum of Natural History zumindest teilweise auch das ihre war. Sie hatte viele Exponate beigetragen, jahrelang hart mit Carl Akeley an der Gestaltung des Saals gearbeitet. Die gegenseitige Abneigung war für ihre Freunde und Kollegen schmerzlich, für den Erhalt des afrikanischen Vermächtnisses aber – welche Ironie! – war sie wohl von Vorteil.

Was Carl und Delia begonnen hatten, setzten Delia und Mary auf getrennten Wegen fort. Beide sammelten Exponate für die Dioramen des Saals, und für beide bedeutete es mühsame und peinlich genaue Arbeit. Man musste die Tiere beobachten und in ihren natürlichen Lebensräumen fotografieren, um sie später akkurat platzieren zu können, anschließend musste man sie töten. Die Tiere wurden vermessen; man nahm Gipsabdrücke von ihren Körpern, sie mussten höchst vorsichtig gehäutet und mit ihren gereinigten Knochen konserviert, hermetisch versiegelt und für die Verschiffung nach New York verpackt werden. Da jedes Diorama darüber hinaus mindestens fünfzig Pflanzen und andere natürliche Elemente enthalten sollte, musste man auch diese fotografieren, sammeln, Abdrücke machen und zuletzt konservieren und verpacken. In New York machten sich Künstler ans Werk, die sorgfältig die Hintergründe jeder Szene malten. Wie erfolgreich diese Arbeit war, wird an den kraftvoll realistischen Szenen, die seit der Eröffnung des Saals für afrikanische Säugetiere 1936 die Besuchermassen anziehen, sichtbar.

Jobe wurden in Anerkennung ihrer Arbeit viele Ehrungen zuteil. Nach der Fertigstellung des Saals leitete sie eine Reihe weiterer Expeditionen. Sie propagierte Wildparks, eine biologische Forschungsstation und forderte eine Zufluchtsstätte in Belgisch-Kongo zum Schutz der Pygmäen und Gorillas, zu der nur Wissenschaftler Zugang haben sollten. Erst 1967 gelang es Dian Fossey, das Forschungszentrum aufzubauen, das Mary angestrebt hatte.

Mit achtundsechzig ging Mary Jobe Akeley auf ihre letzte Forschungsreise. Sie starb 1966 in Mystic, Connecticut. Der Geographische Rat von Kanada würdigte ihre Leistung, indem er ihr zu Ehren einen Berg benannte: den Mount Jobe.

Allein unterwegs

FREYA MADELINE STARK
ENGLISCHE FORSCHUNGSREISENDE (1893–1993)

Freya Stark in arabischer Kleidung

Freya Stark wurde zu Lebzeiten als Inbegriff der Entdeckerin gefeiert. Obwohl sie oft unter schwacher Gesundheit litt, machte sie sich – nicht selten allein – auf dem Rücken eines Kamels, eines Pferdes oder zu Fuß auf und erkundete die, wie sie sagte, »weißen Flecken auf den Landkarten« Persiens, Arabiens und der Türkei. Ihre Reiseberichte waren nicht nur anregend und geistreich, sie verband auch Beobachtungen von Land und Leuten mit faszinierenden historischen Abrissen. Sie schrieb mehr als vierzehn Bücher über ihre Reisen, die Geschichte und ihr Leben.

Freyas Eltern waren Cousin und Cousine ersten Grades, sie führten ein unkonventionelles Leben und liebten das Reisen – ihre älteste Tochter, die in Paris zur Welt kommt, erbt beides von ihnen.

1921 zieht Freya nach San Remo in Italien, wo sie ihren Unterhalt mit Gemüseanbau verdienen will. Dort begegnet sie einem alten Kapuzinermönch und nimmt Unterricht bei ihm. Sie will Arabisch lernen, weil sie sich – in weiser Voraussicht – sagt: »Die interessantesten Dinge der Welt werden am ehesten in der Nähe von Öl passieren.« Schließlich beherrscht sie die Sprache ausreichend. 1927 segelt sie ostwärts. »Das Leben, das ich hinter mir ließ«, erinnert sie sich, »hatte mir ohne mein Wissen einiges von dem Rüstzeug mitgegeben, das für Reisen unerlässlich ist. Vor allem aber lernte ich, mir selbst zu vertrauen ... Das ist vielleicht die wichtigste Eigenschaft, die ein Reisender besitzen kann, weil sie Hindernisse aus dem Weg räumt, ... und Ausdauer.«

Bald nach ihrer Ankunft im Libanon hat sie in der Wüste ein Erlebnis, das sie nachhaltig verändert. Sie schreibt: »Kamele tauchten auf ... ich stand verzaubert unter ihnen ... Ich hätte mir nie träumen lassen, dass mich der erste Anblick der Wüste durch seine Schönheit so schockieren und mich sogleich gefangen nehmen würde.« Nach sieben Monaten im Libanon und in Syrien segelt sie heim in dem Bewusstsein, »dass ich meine ganze Zukunft neu würde planen müssen«.

Stark kehrt 1929 in den Nahen Osten zurück, entschlossen, ihn zu ihrer neuen Heimat zu machen. Sie mietet sich in Ermangelung großer Geldmittel bei der Familie eines arabischen Schuhmachers ein – ein ungewöhnlicher Schritt für eine junge Engländerin. Manche halten sie für eine Spionin, andere verteidigen sie als harmlos exzentrisch. Doch der tägliche Umgang mit Arabern hilft ihr, die Sprache zu meistern. Bald nimmt sie Persisch in Angriff, um sich auf ihre erste Forschungsreise vorzubereiten.

Sie wird zwei Persienexpeditionen unternehmen und die »weißen Flecken« zwischen Luristan in Westpersien und dem Tal der Mörder am Kaspischen Meer durchziehen. Auf ihrer Reise ans Kaspische Meer sucht Freya nach archäologischen Ruinen und nimmt jede Gelegenheit zu Ausgrabungen wahr. Die Monate, die sie in Persien, »in den unkartographierten Hügeln und Flüssen, den Talkesseln, die kleine Welten einschlossen, deren Stimme über ihre Grenzen hinaus nie gehört wird«, verbringt, inspirieren sie zu ihrem ersten Buch: *Im Tal der Mörder*. Das Entdecken, stellt sie fest, lässt »das Herz eng werden durch die Ferne der Schönheit, die gerade jenseits dessen liegt, was der Mensch zu erreichen vermag«.

Als sie aus Persien nach England heimkehrt, werden ihr einige der renommiertesten Auszeichnungen auf dem Gebiet der Erkundung zuteil. Die Royal Geographical Society erkennt ihr den Back-Förderpreis zu, und man verleiht ihr als erster Frau die Burton-Medaille der Royal Asiatic Society.

Als Nächstes peilt Freya das südliche Arabien an, ein Gebiet, das erst kurz zuvor Schauplatz von Stammeskriegen gewesen ist. Deshalb und wegen ihrer Abgelegenheit und rauen Wüsten ist die Region vom Westen abgeschnitten gewesen. Zwischen 1935 und 1938 organisiert sie zwei Expeditionen mit dem Ziel, frühe Zentren des Gewürz- und Weihrauchhandels zu entdecken und zu erforschen. Auf der ersten erkrankt sie an Masern, kurz vor dem Ziel muss sie evakuiert werden. Auf ihren Reisen erleidet sie mehrere Herzattacken, erkrankt an Malaria und Denguefieber; mehr als einmal entgeht sie nur knapp dem Tod.

Im Zweiten Weltkrieg arbeitet sie in Aden, Kairo und Bagdad für den britischen Geheimdienst. Ihr größter Coup ist die Gründung der, wie sie es nennt, Fünften Kolonne – der Brüder und Schwestern der Freiheit –, einer halboffiziellen probritischen Helferorganisation einheimischer Bürger in Ägypten. Nach dem Krieg – und einem kurzen Abstecher ins Eheleben – macht sie sich auf in die Türkei. Drei Bücher wird sie später darüber schreiben. Sie wählt sich historische Vorbilder wie Alexander den Großen als Führer, um antike Handelswege zu erkunden. Ende siebzig ist sie, als ein Fernsehteam der BBC sie auf eine Euphratexpedition einlädt. Ungebrochen plant sie weitere Forschungsreisen: den Besuch einer neu entdeckten Grabungsstätte in Afghanistan und eine Reise zu Pferd um den Annapurna in Nepal – sie ist inzwischen sechsundachtzig.

Obwohl ihre schwache Gesundheit ihr Leben immer beeinträchtigte, wird Stark einhundert Jahre alt. Ihre letzten Jahre verbringt sie in Italien, in den Bergen, die sie seit ihrer Kindheit liebt. Trotz mangelnder finanzieller und staatlicher Förderung für ihre Forschungsreisen hat sie ein außerordentlich erfolgreiches Lebenswerk hinterlassen. Sie verarbeitete ihre oft einsamen Erlebnisse zu Büchern, die weite Streifzüge durch die Geschichte mit einfühlsamen Beschreibungen von Landschaften verknüpfen, die das Staunen vermitteln, das sie in ihr hervorriefen. »Die Natur des Entdeckens«, sagte sie, »ist noch immer einer der inspirierendsten Leitsterne des menschlichen Geistes und wird es bleiben, so lange es in dieser oder der nächsten Welt einen Rand zum unbekannten Horizont gibt.«

Sie lebte das Abenteuer

OSA LEIGHTY JOHNSON

AMERIKANISCHE FILMEMACHERIN (1894–1953)

Osa Johnson posiert auf einem toten Krokodil.

In der ersten hälfte des 20. Jahrhunderts waren Osa und Martin Johnson zwei der meistgefeierten Forschungsreisenden Amerikas. Sie fuhren zu entlegenen Südseeinseln oder zogen durch unkartographiertes Gebiet in Afrika und drehten die ersten Dokumentarfilme über Tiere und Stämme in der Wildnis.

Osa Leighty, geboren und aufgewachsen in Chanute, Kansas, war fünfzehn, als sie einen Vortrag besuchte, den der junge Fotograf Martin Johnson über seine Südseeabenteuer mit dem Romancier Jack London hielt. Es war eine schicksalhafte Begegnung: Mit gerade sechzehn Jahren heiratete sie Martin. Die beiden traten sofort eine Reise durch den Mittelwesten an – Martin hielt Vorträge und Osa sang –, um das Geld für einen Film zu verdienen, den sie über die Kannibalen der Malekula-Insel im Pazifik machen wollten.

Martin hatte Geschichten über die Furcht erregenden »Großen Namba« von Malekula gehört, über jenen Stamm, bei dem zwanzig Jahre später die britische Entomologin Evelyn Cheesman leben würde. Die Beziehungen zwischen weißen Kolonialherren und Eingeborenenstämmen waren damals auf dem absoluten Tiefstand. Häufig überfielen Weiße die Inselküsten, um Männer für die Plackerei auf ihren Plantagen zu verschleppen. Als Vergeltungsmaßnahme fingen und töteten die Großen Namba so viele Fremde, wie sie nur konnten. Als die Johnsons Malekula 1917 erreichten, trafen sie auf die scheinbar friedlichen Eingeborenen des Großen-Namba-Stammes, die sie in den Dschungel lockten – fort vom relativ sicheren Strand und ihrem Boot. Die Johnsons erkannten die Gefahr nicht. Sie waren viel zu sehr mit ihren Kameras beschäftigt. Plötzlich ergriff man sie. Das zufällige und wunderbare Erscheinen eines britischen Kanonenbootes in der tiefer gelegenen Bucht veranlasste die Großen Namba, sie freizulassen. Die Johnsons rannten um ihr Leben, brachen durch den Dschungel, stolperten die Klippen hinunter und rannten über den Sand mit wütenden – vielleicht sogar hungrigen – Kriegern auf ihren Fersen. Es gelang ihnen, mit den unbeschädigten, wertvollen Filmdosen das Boot zu erreichen. Der Film *Among the Cannibal Isles of the South Pacific* (Auf den Kannibaleninseln im Südpazifik), der aus dieser Begegnung hervorging, erwies sich als großer Erfolg.

1919 kehrte das Paar, diesmal zur Sicherheit mit großer Entourage, in die Südsee zurück, um ihren nächsten Film, *The Cannibals of the South Seas*, zu drehen. Zu den Szenen, die Osa und Martin filmten, gehörte ein Kannibalenfest – so etwas garantierte den Erfolg des Films in Amerika.

Wieder in New York, hatten sie das Glück, Carl Akeley zu begegnen, der erst mit Delia und später mit Mary Jobe Akeley verheiratet war. Er hatte eine neue Filmkamera für die Arbeit vor Ort entwickelt. Akeley schlug den Johnsons vor, ihre Aufmerksamkeit auf Afrika zu richten und dort mit seiner Kamera Wildtiere zu filmen. Er wies darauf hin, dass diese Art Filme von großem aufklärerischem Wert und eine wichtige Dokumentation der Tiere wäre, von denen er wusste, das sie bald bedroht sein würden.

Martin und Osa gingen in Afrika auf die Suche nach den großen Elefanten-, Zebra- und Gnuherden und anderen Tieren, um sie zu filmen. Wochenlang wanderten sie durch Nordkenia, bis sie zufällig auf einen Vulkankrater stießen, wo Tausende von Tieren sich um ein riesiges Wasserbecken versammelt hatten. Sehr passend tauften sie diesen Ort »Paradise«.

Osa Johnson lieferte diese poetische Beschreibung: »Tagelang marschierten wir hinter unserem betagten Führer her über das unwirtlichste, wüsteste Land, das wir je durchquert hatten. Dann kletterten wir einen weiteren Tag lang ständig bergauf und standen urplötzlich und ohne Vorwarnung an der Kante einer hohen Felsenklippe, von der aus man einen der lieblichsten Seen überblickte, die ich je gesehen hatte. Ein Gewirr von Schlingpflanzen und Wasserlilien – großen blauen afrikanischen Lilien – wuchs an den seichten Stellen am Rande des Sees. Wildenten, Kraniche und Silberreiher kreisten über dem See und stießen in das Wasser hinab. Mehr Tiere, als wir zählen konnten, standen ruhig im knietiefen Wasser und tranken. Das ist – das Paradies.«

Nachdem sie vier Jahre in Paradise gedreht hatten, zogen die Johnsons ein Jahr in die Serengeti, wo sie Löwen filmten. »Wir arbeiteten mit den Löwen, aßen und schliefen umgeben von ihrem Gebrüll. Gelegentlich – und aus gutem Grund – fürchteten wir die großen braunen Katzen, aber ..., so wie Carl gesagt hatte, wir lernten, sie zu respektieren und zu lieben.« Aufnahmen von Löwen beim Beuteschlag zu drehen war schwierig, denn im Allgemeinen fraßen die Tiere nur nachts. Um Nachtaufnahmen zu bekommen, errichteten sie eine Deckung in der Nähe der geschlagenen Beute. Kam ein Löwe zum Fressen, pfiffen sie laut, um das Tier zum Aufblicken zu veranlassen, dann entzündeten sie die Scheinwerfer und filmten, so viel und so schnell sie konnten. Eines Nachts machte Osa sich allein zu einem Beuteplatz auf, um zu drehen. Sie wartete in der Deckung bei einem toten Zebra, aber die Zeit verstrich, und sie schlief ein. Plötzlich schrak sie auf. Sie ahnte – und roch – nur wenige Meter entfernt einen Löwen, direkt vor dem dürftigen Verschlag. Osa erzählte weiter: »Er wollte einfach nicht fort von der Beute. Aus irgendeinem unerfindlichen Grund beschloss ich, loszurennen und die Deckung zu verlassen. Hätte ich nachgedacht, wäre ich schlauer gewesen, aber ich gab einem Impuls nach.« Sie rannte in wilder Panik davon, den brüllenden Löwen hinter sich und lauernde Hyänen vor sich. Als sie etwas sah, erkannte sie, dass sie das Lager gefunden hatte. Erst später am Morgen ging sie zur Deckung zurück, um Kamera und Film zu holen. Der Film, den sie in jener Nacht drehte, wurde später in *Simba, King of the Beasts* (Simba, der König der Tiere) verwendet.

Als Nächstes erkundeten die Johnsons den Ituri-Dschungel in Belgisch-Kongo. Ihr Film *Congorilla* dokumentierte die scheuen, im Wald lebenden Pygmäen und Berggorillas. Ihre letzte große, gemeinsame Expedition ging nach Nordborneo, wo sie zwei Jahre blieben und mit Flößen und Kanus die Flüsse befuhren. Sie waren die Ersten, die die Kinabatangan-Flussregion erkundeten, und sie betraten als Erste das Stammesgebiet der Tenggara-Kopfjäger und dokumentierten deren Leben. Wie in Afrika verwendeten sie viel Zeit auf den Versuch, scheue Wildtiere zu filmen, darunter Elefanten, Krokodile und Orang-Utans.

Nach Martins tragischem Tod bei einem Flugzeugabsturz 1937 setzt Osa ihre Reisen fort und dreht in Afrika die Filme *I Married Adventure* (Ich heiratete das Abenteuer) und *Jungles Calling* (Ruf des Dschungels).

Eine unabhängige Entdeckerin

SUE HENDRICKSON

AMERIKANISCHE FORSCHUNGSREISENDE (*1949)

Als große Hundeliebhaberin nahm Sue 1997 ihre Hunde Skywacker und Tormenta mit nach Honduras.

Seit mehr als hundert Jahren durchstöbern Fossilienjäger die Welt auf der Suche nach den Knochen fremdartiger Tiere, die vor Millionen von Jahren starben. Museen wetteifern um die besten Funde und statten teure Expeditionen aus, um ihre im Wettbewerb stehenden Sammlungen zu erweitern. Die meisten Beobachter stimmen jedoch darin überein, dass der Wettlauf, zumindest vorerst, entschieden ist, und zwar durch die Fossilienjägerin Sue Hendrickson. 1990 entdeckte sie den bis heute größten, vollständigsten und am besten erhaltenen *Tyrannosaurus rex*. Mit 67 Millionen Jahren ist er zudem das älteste bekannte Fossil dieser gewaltigen Kreatur. Hendricksons Entdeckung im von Wind gepeitschten Ödland des Cheyenne-River-Indianerreservats in South Dakota sorgte für Aufsehen. Der Dinosaurier, nach seiner Entdeckerin Sue genannt, wurde für eine Rekordsumme von 8,36 Millionen US-Dollar vom Field Museum in Chicago ersteigert.

Fossilien zu finden ist Kunst und Glücksspiel zugleich. Sue entdeckte »Sue«, den *Tyrannosaurus rex*, an einem sehr heißen Tag auf einer Wüstenwanderung in South Dakota. Als sie »Knochenreste« am Boden entdeckte, suchte sie die Bergwand über sich ab. Dort ragten drei lange Rückenwirbel aus dem Felsen. Wie sie sich später erinnert, wusste sie sofort, dass sie »definitiv von einem Fleischfresser stammten und definitiv groß waren, was in dieser Gegend nur einen Schluss zuließ«: *Tyrannosaurus rex!*

Obwohl die Ausgrabungssaison schon fast vorüber war, wollte ihr Team einen so viel versprechenden Fund nicht zurücklassen.

Mit nichts als Spitzhacken und Schaufeln machte man sich ans Werk. Neun Meter Fels lagen zwischen ihnen und dem Objekt ihrer Begierde. »Fossilienjagd«, meint Hendrickson lakonisch, »ist anstrengende körperliche, harte und unangenehme Arbeit. Leute, die gerne im Feld arbeiten, gelten als Spinner. Man muss eine hohe Schmerzgrenze haben. Ich liebe meine Arbeit wirklich und könnte mir keine andere vorstellen.«

Sues Leben straft die Meinung Lügen, die glaubt, das Zeitalter der furchtlosen Entdecker sei vorüber. Sie ist unabhängig und an keine Universität oder Institution gebunden. Auf der Suche nach Überbleibseln einer frühen Vergangenheit durchstreift sie allein Wüsten und Berge. Obwohl sie keinen Titel führt, ist sie zur anerkannten Fachfrau in fossiler Entomologie avanciert, der Aufsehen erregende paläontologische Funde gelungen sind – »Sue« ist einer von ihnen. Und als wenn diese Aktivitäten nicht bereits genug wären, sucht sie auch noch nach historisch interessanten Schiffswracks unter Wasser.

Hendrickson, die in Chicago geboren wurde und in seinen Vorstädten aufwuchs, ist im Herzen ein Kind der Wildnis. Sie erinnert sich, dass sie das einzige Kind war, das weinte, wenn das Sommerlager zu Ende ging und es Zeit war, nach Hause zu fahren. Die Zehnjährige, die über ihre Zukunft nachdachte, »wollte Tierärztin und Missionarin werden, und weil [sie] schon immer Sprachen mochte, dachte [sie], [sie] würde Übersetzerin«.

Mit siebzehn schmiss sie die Schule, um allein zu leben und umherzureisen. Sie sah sich nach einem geeigneten Unterhalt um, und merkte anfangs nicht, dass das, was ihr wirklich Spaß macht, sich zur Lebensaufgabe formte. »Es machte mir Spaß, nach Sachen zu suchen. Als ich ein Kind war, reichte es mir, im Müll zu wühlen, um glücklich zu sein. Selbst als ich erwachsen wurde, heftete ich meine Augen beim Gehen auf den Boden, und ich fand immer irgendetwas.«

Die ersten Dinge, die Sue fand, lagen im Meer. Ihr Vater hatte ihr das Schwimmen beigebracht, aber für sie war das Schwimmen nicht nur einfach Sport oder Hobby, es wurde das Mittel zu einem höheren Zweck. »Als ich von zu Hause fortging«, erinnert sie sich, »begriff ich, dass ich im Freien sein musste. Ich bin euphorisch, wenn ich draußen und weg von Menschen bin und Sachen suche.« Um fehlendes akademisches Hintergrundwissen zu kompensieren, gewöhnte sie sich an, »sich den Experten auf dem Gebiet, das mich begeisterte, zu greifen, und alles von ihm zu lernen, es aufzusaugen wie ein Schwamm«.

Der Wendepunkt in ihrem Leben war gekommen, als sie einen Mann sah, der Bernstein verkaufte, mehrere Millionen Jahre altes versteinertes Baumharz, in dem oft kleine Insekten erhalten bleiben. Die Insekten faszinierten Hendrickson, und schon bald war sie auf dem Weg in die Dominikanische Republik, wo sie »in die Berge ging, um Bernstein zu suchen. Damals wurde ich süchtig nach Fossilien. Ich begann, mich gründlich über Bernstein zu informieren. Irgendwann war meine Neugier größer als meine Schüchternheit, und ich fand einen Entomologen, der mir das nötige Wissen über Insekten vermittelte«. Sie begann, Bernstein für Museen zu sammeln. Mit der Zeit wurde sie eine anerkannte Bernsteinspezialistin; viele ihrer Stücke sind im American Museum of Natural History ausgestellt.

Hendricksons Arbeit unter Wasser hat sie um die ganze Welt geführt. Sie nahm an bedeutenden Unterwasserausgrabungen vor den Philippinen, in Ägypten und vor Kuba teil. »Ich habe Tausende von Tauchstunden«, sagt sie. »Es gibt immer etwas außergewöhnlich Schönes und Neues. Das Wrack *San Diego* bei den Philippinen war das beste Schiffswrack meines Lebens. Es sank 1600 im Kampf gegen Piraten. Es war intakt, in 52 Metern Tiefe. Es war Tauchern und Taifunen entgangen. Wir fanden vierhundert Jahre alte Hühnereier, menschliche Knochen und intakte Keramiken.«

Seit 1992 taucht Sue im Hafen von Alexandria in Ägypten und erforscht den versunkenen Palast der Kleopatra. »Wir reinigen die Ruinen, dokumentieren sie und machen Aufnahmen. Unser Ziel sind Unterwassertunnel aus Glas, entlang derer Besucher durch den Palast gehen können. Es ist viel beeindruckender, ihn unter Wasser zu lassen.« Seit den späten Siebzigern arbeitet sie zusätzlich als internationale Sprecherin für einen kubanischen Unterwasserarchäologen. Sie hilft beim Kartographieren der kubanischen Küstengewässer, um die Lage von Wracks zu dokumentieren. Bis jetzt hat ihr Team zwölf Wracks entdeckt. »Ich liebe Wracks. Es ist, als wäre Weihnachten und man selbst wieder vier Jahre alt.« Sie träumt davon, das Schiff von Cortez zu finden, mit dem er den Schatz transportierte, den er dem Aztekenfürsten Montezuma gestohlen hatte.

Natürlich ist das Entdecken von Objekten wunderbar, aber was Hendrickson wirklich aufregend findet, ist, was das Entdecken selbst uns lehrt: »Ich habe eine Entwicklung durchlaufen. Zuerst wollte ich alles behalten. Dann wollte ich die besten Funde, die besten Wissenschaftler und die besten Museen zusammenbringen. Das Besitzen ist nicht das eigentlich Spannende – das Finden ist packend. Wenn die Entdeckung dokumentiert wird, das reißt mit. Es ist der Moment. Es ist das, was dich über die langen Durststrecken bringt. Es gibt immer neue Momente, und das ist es, was mich vorwärts treibt.« Es sind Entdecker wie Sue Hendrickson, die uns daran erinnern, wie wenig wir über die Welt wissen und wie viel es noch zu entdecken gibt.

Sue Hendrickson mit dem »Tyrannosaurus rex«, den sie im August 1990 in South Dakota bei der Fossiliensuche entdeckte. Er wurde Sue getauft und ist heute im Field Museum in Chicago zu Hause.

Blaues Unterwasserparadies

STEPHANIE SCHWABE

DEUTSCH-AMERIKANISCHE GEOMIKROBIOLOGIN (*1957)

Schwabe untersucht eine Probe, die sie bei ihrer Expedition in das Schwarze Loch von Andros genommen hat.

Unter Wasser über dem Grund einer Höhle treibend, schwebend, schwimmend, betrachtet Stephanie Schwabe die Welt, wie sie vor zehn Millionen Jahren aussah. Es ist die Welt, bevor die Gletscher schmolzen, die Ozeane anstiegen und diese Höhlen mit Meerwasser füllten, eine Welt, in der Fledermäuse von den Decken dieser gewaltigen Kammern hingen und gelöster Kalk einen Stalagmitenwald wachsen ließen. In diesem Reich gibt es der Wissenschaft noch unbekannte Arten. Kleine Wesen schweben an ihr vorbei und werden von ihrem Licht angestrahlt. Heute bewahrt ein 130 Kilometer langes System aus Unterwasserhöhlen, das sich unter der

Oberfläche der geschäftigen Insel Freeport auf den Großen Bahamas entlang windet, diese stille Welt. Die Tore zu dem urtümlichen Ort heißen Blue Holes (Blaue Löcher), und sie gaben Schwabes gemeinnütziger Organisation, der Rob Palmer Blue Holes Foundation, ihren Namen.

Steffi kam 1993 mit ihrem Mann, dem berühmten Höhlentaucher Rob Palmer, auf die Bahamas, um einen gemeinsamen Traum zu verwirklichen: die Erforschung der Blue Holes, der unterirdischen Höhlen. Als Tauchpartner und Wissenschaftler studierten sie die Höhlen und entdeckten deren große Bedeutung. »Dieses Höhlensystem ist einmalig in der Welt«, erklärt Schwabe, »weil vieles von ihm noch unberührt ist.« 90 Prozent der vor dreißig Jahren entdeckten Höhlen sind noch unerforscht. Das macht sie zu wertvollen natürlichen Laboratorien, in denen man Klimate und Meereshöhen vergangener Zeiten, die Rolle lebender Organismen in Höhlenformationen und die zerstörerische Wirkung von Umweltverschmutzung studieren kann.

Als Palmer bei einem Tauchunfall im Roten Meer 1997 ums Leben kam, fiel es Steffi zu, die gemeinsame Arbeit allein fortzusetzen – niemand war qualifizierter als sie. Tatsächlich war sie von jeher die Wissenschaftlerin des Teams. Sie hatte zwei Abschlüsse in Geologie und war auf dem besten Weg, ihren Doktor in Geomikrobiologie zu machen. Sie ist eine hervorragende Schwimmerin und eine erfahrene Höhlentaucherin, und sie hatte die Entschlossenheit, die Integrität, den Mut und die Begeisterung, die einen Entdecker auszeichnen. »Höhlentauchen ist eine einsame Beschäftigung«, sagt Schwabe. »Man muss an sich glauben und sich auf sich selbst verlassen können.«

1999 führte Schwabes Schatzsuche zum Schwarzen Loch auf Andros/Bahamas. Ihr verstorbener Mann hatte es zwanzig Jahre zuvor entdeckt, als er mit einem kleinen Flugzeug darüber hinwegflog.

Ursprünglich hatte man angenommen, es sei ein System aus tiefen Unterwasserhöhlen. Steffis spätere Entdeckung würde in Hinblick auf das Höhlensystem auf den Bahamas von großer Bedeutung sein.

Die erste Gelegenheit, das Schwarze Loch zu erkunden, bot sich ihr 1998 dank eines Filmteams, das die Cessna 206, ein Wasserflugzeug, zur Verfügung stellte, das nötig war, um die entlegene Stelle zu erreichen. Was man für den Eingang in eine tiefe Höhle gehalten hatte, erwies sich als etwas völlig anderes. Schwabe entdeckte, dass das, was die Schwärze verursachte, in Wirklichkeit »eine ein Meter dicke Schicht aus etwas war, das man eine heiße Ursuppe aus Bakterien nennen könnte. Durch die Schicht drang kein Licht, in dem ich meine Blasen hätte aufsteigen sehen können, und ohne Führungsleine war ich völlig orientierungslos, so als würde ich in einem dunklen Raum schweben«. Wegen der Begrenztheit der Expedition war man gezwungen, kehrt zu machen.

Es verging ein Jahr, bevor Steffi zum Schwarzen Loch zurückkehren konnte. Wieder verdankte sie es einem Filmteam, diesmal vom Discovery Channel, dass sie durch die ominöse Suppe, die zumindest teilweise aus Schwefelwasserstoff, einem höchst potenten und giftigen Gas, besteht, absteigen konnte. Sie ließ eine Führungsleine in die Mitte des Schwarzen Lochs hinunter, begann mit dem Abstieg in die fast kochend heiße, schweflige, schwarze Schicht und verschwand langsam aus dem Blickfeld. »Ich hatte lange auf diesen Moment gewartet, ich würde nicht umkehren. Also winkte ich zum Abschied und stieg weiter in das hinunter, was wie eine Höhle aussah. Es schien eine Ewigkeit zu dauern, doch dann, plötzlich, fand ich mich in kristallklarem, jetzt geradezu kalt wirkendem Wasser wieder.«

Schwabe und ihr Tauchpartner schwebten über einer Marslandschaft aus schleimiger, roter, gallertartiger Sedimentschicht.

Sie nahm mit durchsichtigen Glasröhren Bodenproben und maß die Stärke der Sedimentschicht mit einem einen Meter langen Messstab. Die Mikrobenschicht war tiefer als der Messstab lang. Ihrem Mut und ihrem Wissensdrang ist die Entdeckung völlig neuer Bakterienarten zu verdanken.

Steffi hofft, dass sich die Rob Palmer Blue Holes Foundation zum hochmodernen Höhlenforschungslabor einerseits und zur Bildungseinrichtung andererseits entwickeln wird. Sie ist völlig auf Spenden zur Unterstützung ihrer Forschungsarbeit angewiesen, trotzdem lässt ihre Leidenschaft für das Entdecken und die Liebe zu ihrer Arbeit sie weitermachen. Obwohl sie eine entschiedene und ausgesprochene Kämpferin für den Erhalt des Blue-Hole-Höhlensystems ist, gesteht sie ein, dass die Machenschaften, die damit zusammenhängen, von Zeit zu Zeit entmutigend sind. In einem Aufschrei gegen die rücksichtslose Zerstörung einer der Höhlen durch Planungsbehörden schrieb Schwabe, dass »die Menschheit vergessen hat, was im Leben von Wert ist. Der wahre Reichtum ist nicht das Geld, sondern die Gesundheit unserer Umwelt und unser Verständnis für sie!«

Steffi hat sich neben der Rettung des empfindlichen Ökosystems in den Blue Holes auch anderen Umweltschutzzielen verschrieben. Ihre Überzeugung hat sie in den Gerichtssaal geführt – sie strebt einen Abschluss in Umweltrecht an. »Die Idee, in Umweltschutzfällen zu prozessieren und das Geld für meine Forschung zu verwenden, ist verlockend. Ich werde die Industrie nicht aufhalten können, aber ich kann dafür sorgen, dass sie für ihre Fehler bezahlt.«

Eine Sternschnuppe fangen

Unterwegs mit Wissenschaftlerinnen

Im Mai 1893 schrieb Lord Curzon, der Präsident der Royal Geographical Society (RGS), einen Brief an die London Times, in dem er sich dem Vorschlag, Frauen als Mitglieder zuzulassen, vehement widersetzte. »Wir bestreiten in toto die generelle Fähigkeit von Frauen«, wetterte er, »einen Beitrag zum wissenschaftlichen geographischen Wissen leisten zu können ... Sowohl ihr Geschlecht als auch ihre Ausbildung machen sie gleichermaßen untauglich für die Forschung.«

Im neunzehnten Jahrhundert wurde die Erforschung unbekannter Regionen mehr und mehr unter rein wissenschaftlicher Zielsetzung betrieben, während die Suche nach Bodenschätzen beziehungsweise die Missionierung immer mehr in den Hintergrund traten. Männer führten diese Expeditionen an und veröffentlichten die Ergebnisse. Genau genommen zeigte sich ihre Dominanz noch bevor sich die Forscher auf den Weg machten, denn auch die Leitung der wissenschaftlichen Organisationen oblag stets den Männern, und es waren Männer, die die Finanzierung der Expeditionen bewilligten. Doch nach und nach haben sich Frauen als vollwertige Teilnehmerinnen erwiesen. Das war nur in den wenigsten Fällen ein leichter Kampf: Oft wurden sie ausgegrenzt oder hatten Schwierigkeiten, ihre Forschungsergebnisse in wissenschaftlichen Zeitschriften zu veröffentlichen.

Zwei Hauptentwicklungen förderten die Chancen für Frauen, als Naturwissenschaftlerinnen zu leben. Die erste war die Einführung eines vereinfachten Systems der Pflanzenkategorisierung durch Carl von Linné im Jahre 1760. Das neue System ermunterte Frauen, sowohl zum modischen Zeitvertreib als auch zur Wissenserweiterung Blumen zu untersuchen. Manche Frauen gingen über das Sammeln und Pressen von Blumen hinaus und nutzten diese sozial akzeptierte Aktivität des Blumensammelns als einen Weg, sich der Forschung zu widmen. Die Naturforscherin Jane Colden

(1724–1766) zog zum Beispiel durch den Nordosten Amerikas und katalogisierte mehr als dreihundert neue Pflanzen nach dem System Linnés. Auch Darwins 1858 veröffentlichte Theorie der Evolution half den Weg für die Teilnahme der Frauen an den Wissenschaften zu ebnen. Nach der Katalogisierung von Flora und Fauna nahmen die Wissenschaftler nun ein neues, gewaltiges Projekt in Angriff: Sie versuchten zu verstehen, wie sich die Natur zu einem kohärenten Ganzen zusammenfügt. Diese beiden neuen Systeme der Organisierung und Klassifizierung des Lebens und seiner Evolution eröffneten Frauen die Möglichkeit, sich auf unterschiedlichen wissenschaftlichen Gebieten als Künstlerinnen und Sammlerinnen zu betätigen. Orra White Hitchcock lieferte beispielsweise in den 1830er- und 1840er-Jahren für Publikationen Zeichnungen von Felsen und Fossilien. Vor allem die Botanik bot sich in den Tagen

Margaret Mead 1935 in ihrer Feldstation, Bali

vor der Erfindung der Fotografie für künstlerische Betätigungen an. Hier machte Maria Martin (1796–1863) ihren Weg auf dem von ihr gewählten Fachgebiet. Sie war eine Naturforscherin, die die Blumen und Bäume im Hintergrund vieler der berühmten Vogelgemälde von John James Audubon zeichnete. Andere Frauen betätigten sich als Sammlerinnen für reiche Persönlichkeiten oder Institutionen. Amalie Dietrich (1821–1891) sammelte für Wissenschaftler in Europa buchstäblich jedes Exemplar der australischen Flora und Fauna, auf das sie stieß. Mary Anning (1799–1847) frönte ihrer Leidenschaft für die Paläontologie, indem sie die Gegend rund um ihre Heimat Lyme Regis, England, nach Fossilien durchkämmte.

Almira Hart Phelps (1793–1884) gehörte zu jenen amerikanischen Autorinnen, die Bestseller schrieben. Von ihren *Lessons on Botany* (Botanische Lektionen) von 1829 wurden astronomische 250 000 Exemplare verkauft, und dieser Erfolg führte zur Eröffnung von Naturzentren in ganz Amerika.

Und nicht nur auf dem Gebiet der Naturwissenschaften mussten sich Frauen gegen männlichen Chauvinismus durchsetzen. Die Archäologie als männliche Bastion zu stürmen erwies sich für die Frauen in mancher Hinsicht als noch schwieriger. Nachdem sie ihren Abschluss am Smith College gemacht hatte, reiste Harriet Boyd Hawes (1871–1945) nach Athen, um ihrem Interesse für die Archäologie nachzugehen. Weil ihr verweigert wurde, in bereits eingerichteten Ausgrabungsstätten zu arbeiten, beschloss sie, auf Kreta, das für Archäologen damals buchstäblich Neuland war, Ausgrabungen durchzuführen. Ihre Entdeckungen der minoischen Stätten waren so sensationell, dass sie schließlich als erste Frau eine groß angelegte Ausgrabung leitete.

Die Anthropologie kam Mitte des neunzehnten Jahrhunderts auf, als Missionare, Regierungsbeamte und dann ein paar wenige Forscher versuchten, die unbekannten Bräuche primitiver Völker zu dokumentieren. Nach und nach bemühte man sich zu verstehen, wie ihre Gesellschaften aufgebaut waren. Aber da in vielen Gesellschaften Männer und Frauen strikt getrennt oder ihnen zumindest sehr unterschiedliche Alltagsaufgaben zugeschrieben waren, blieb den männlichen Beobachtern vieles von dem, was sich tatsächlich abspielte, verborgen. Natürlich bot es sich an, dass Frauen hier bei der Beobachtung, Aufzeichnung und Analyse von Eingeborenenkulturen eine Rolle übernahmen. Es war diese Arbeit, der sich Alice Cunningham Fletcher (1838–1923) verschrieb. Vorlesungen über Anthropologie an der Harvard University inspirierten sie, Feldforschung unter den Stämmen der Sioux, Omaha, Alaska und Nez Percé zu betreiben. Am Ende gehörte sie zu den Gründungsmitgliedern der American Anthropological Association.

Margaret Nice machte sich daran, die Untersuchungen von Alice Fletcher bei den Ureinwohnern Amerikas auf die Tiere in freier Wildbahn zu übertragen. Die Bemühungen beider waren im Prinzip Teil des gleichen Strebens, da die Erforscher der Urvölker und der ungezähmten Tiere davon ausgingen, dass die beiden Bereiche eng miteinander verbunden seien und dass das Verständnis des einen oder beider zu einem besseren Verständnis des sozialen Lebens des Menschen beitragen würde. Aber weil Missionare und Kolonialbeamte an der Erforschung von Tieren nicht interessiert waren, war die Ethologie für Männer kein attraktives Betätigungsfeld.

Es war die Pionierarbeit von Margaret Nice, die den Weg für die Untersuchung der Beziehung zwischen Lebewesen und ihrer Umgebung bahnte. Der mit dem Nobelpreis ausgezeichnete Verhaltensforscher Konrad Lorenz, dem häufig das Verdienst zugeschrieben wird, der Begründer der Ethologie zu sein, bezeichnete Nice als die tatsächliche Begründerin dieses Wissenschaftszweiges, da sie »die erste langfristige Feldforschung über das individuelle Leben frei lebender Tiere betrieben hat«.

Frauen mussten sich ihren Weg in die verschiedenen Wissenschaftsgebiete erkämpfen und haben manchmal in Gegenden geforscht, die Männer nicht aufsuchen wollten oder konnten. Auf diese Weise haben sie verschiedene Perspektiven beziehungsweise sogar eine andere Sensibilität in die Forschung eingebracht. Der berühmte Paläoarchäologe Louis Leakey glaubte, dass Frauen in der Tat besser geeignet seien, Feldstudien mit Primaten und anderen Tieren durchzuführen. Männern könnte es an Geduld fehlen, und sie könnten versucht sein, den Tieren ihren Willen aufzuzwingen, statt sie zu beobachten.

Lord Curzon und Männern seines Schlags ist es nicht gelungen, das Auftreten von Frauen als wissenschaftliche Forscherinnen zu verhindern. 1912 öffneten sich, nach einem kurzen anfänglichen Experiment im Jahr 1892, die Türen der Royal Geographical Society schließlich für die Frauen. Der Explorers Club of America begann erst 1981, Frauen zuzulassen. Heute arbeiten Frauen auf allen Feldern der wissenschaftlichen Forschung.

Den Frauen von heute, die auf das Vorbild ihrer Vorgängerinnen aufbauen, steht inzwischen die ganze Bandbreite der wissenschaftlichen Themenfelder offen.

Die Sammlerin

KONCORDIE AMALIE NELLE DIETRICH
DEUTSCHE BOTANIKERIN (1821–1891)

Möchte man Forscher werden, dann hat man es leichter, wenn man jung, reich und gut ausgebildet ist und gute Beziehungen hat. Amalie Dietrich gehörte nicht zu diesen Glücklichen. Ihre große Leistung, die umfangreichste Sammlung der Flora und Fauna Australiens zusammengetragen zu haben, ist Zeugnis ihrer Weigerung, sich geschlagen zu geben. Amalie Nelle wurde in einem kleinen Dorf in Sachsen geboren, wo ihr Vater als Handwerker arbeitete. Ihre Mutter stockte das Familieneinkommen als Kräuterkundige auf, und von ihr lernte Amalie, Pflanzen und ihre Heilkraft zu schätzen. Es handelte sich dabei keineswegs um eine richtige Ausbildung, aber es erfüllte sie mit einer Liebe zu Pflanzen, die auch die schwierigen Jahre, die vor ihr lagen, überdauern sollte.

Als sie vierundzwanzig Jahre alt war, heiratete sie Wilhelm Dietrich, einen Apotheker, der das Interesse seiner Frau an Pflanzen teilte. Gemeinsam beschlossen sie, Pflanzensammler für Botaniker zu werden. Häufig zog Amalie allein durch die europäischen Lande und sammelte Pflanzen, Mineralien und Insekten. Da sie sich kein anderes Transportmittel leisten konnte, beschränkte sie sich auf einen von einem großen und treuen Hund namens Hektor gezogenen Karren.

Aber ihr Mann zeigte letztlich doch keine so große Begeisterung für die Pflanzen. Während ihrer Abwesenheit verliebte er sich in eine andere Frau. Eines Tages kehrte Amalie nach Hause zurück und musste feststellen, dass sie und ihre kleine Tochter im Stich gelassen und aus ihrem Haus vertrieben worden waren.

Da erfuhr sie, dass ein reicher deutscher Sammler Feldnaturkundler suchte, die in den Südpazifik reisen sollten, um dort Exponate für sein Museum zu sammeln. Sie wandte sich an einen der Sammler, für den sie häufig gearbeitet hatte, und erhielt von ihm ein Empfehlungsschreiben. An einer Stelle hieß es da, sie habe »ein außergewöhnliches Talent für ihren Beruf, ein scharfes, geübtes Auge für alles, was die Natur zu bieten hat, eine große Sicherheit in der Identifizierung des gesammelten Materials. Auf ihren langen und zumeist beschwerlichen Reisen hat sie stets große Ausdauer und Mut bewiesen.«

Mit diesem Brief wandte sie sich an den Sammler, den Besitzer einer Werft in Hamburg, der, ganz der Mode reicher Amateure folgend, damals gerade dabei war, sein eigenes Privatmuseum aufzubauen. Um dieses zu vergrößern, schickte Johann Godeffroy auf seinen Schiffen Angestellte in die gesamte Pazifikregion, damit sie dort für ihn sammelten. Da er kostenbewusst war, bot er Amalie eine Anstellung zur Hälfte des Lohnes an, den er seinen Männern bezahlte. Es war sehr wenig, aber Dietrich war begeistert. Sie würde nicht nur zum ersten Mal in ihrem Leben ein geregeltes Einkommen haben, so gering es auch sein mochte, sondern würde in der Lage sein, ihrer Tochter, der sie jeden Pfennig, den sie erübrigen konnte, zukommen ließ, eine Ausbildung zu ermöglichen.

So verließ Amalie 1863 im Alter von zweiundvierzig Jahren Hamburg auf einem von Godeffroys Windjammern, der *La Rochelle*, und trat die lange Reise um die Spitze Afrikas nach Queensland an. Die Fahrt war beschwerlich und lang, aber Amalie war von der Aussicht auf ihr neues Leben begeistert. Und sie schrieb – fast ungläubig: »Ich bin tatsächlich in Australien angekommen ... Auf der langen Seereise gab es für mich so viel zu erleben, zu sehen und wahrzunehmen! Wie neu das hier alles für mich ist!«

Der australische Outback sollte für die nächsten zehn Jahre ihre Heimat werden. Sie lebte im Freien, sammelte und konservierte ihre Exemplare und schickte sie dann per Schiff nach Deutschland. Im Laufe der Jahre häufte Dietrich die größte Sammlung der damals bekannten Flora und Fauna Australiens an. Neben Bäumen, Sträuchern, Moosen und Algen trug sie die umfangreichste Vogelsammlung zusammen, die je ein einzelner Mensch angelegt hat. Und ihre Sammlung von Käfern, Schmetterlingen, Spinnen, Fischen, Korallen und Beuteltieren war so umfangreich, dass sie auch heute noch nicht restlos untersucht ist.

Ihre letzten Jahre in Australien verbrachte Amalie in der abgelegenen Stadt Bowen, wo sie einen kleinen Zoo aufbaute, in dem sie die Tiere hielt, die sie nach Deutschland mit zurücknehmen wollte. Als sie schließlich nach Europa zurückkehrte, gehörten zu ihrer Menagerie exotischer australischer Tiere ein Weißbauch-Seeadler und ein Keilschwanzadler, den sie dem Zoologischen Garten in

Hamburg schenkte. Sie ließ sich in Hamburg in der Nähe ihrer Sammlungen nieder, die sie bald eifrig katalogisierte.

Dann kam es wieder zur Katastrophe: Die Godeffroy-Werft ging Pleite, das Museum wurde verkauft. Dietrich, jetzt arbeitslos, verlor erneut ihr Haus. Und obwohl sie von den Wissenschaftlern geehrt und sogar eingeladen wurde, an ihren illustren Treffen teilzunehmen, fühlte sie sich noch immer ausgegrenzt. Die Tochter, für die sie so schwer gearbeitet hatte, führte ein besseres Leben und hatte einen wohlhabenden Mann geheiratet, schämte sich aber ihrer Mutter und sah sie nach ihrer Rückkehr nach Deutschland sehr selten.

Amalie verbrachte ihre letzten Jahre in Hamburg in einem Heim für alte Frauen. Leider ist nur die kleinste ihrer Sammlungen erhalten geblieben. Die besten ihrer Exemplare, jener Teil, den sie an ihren Arbeitgeber für sein Museum nach Hause geschickt hatte, ist zusammen mit all ihren Forschungsnotizen und Briefen den Bombardierungen Hamburgs im Zweiten Weltkrieg zum Opfer gefallen.

Aber Amalie Dietrich hatte die europäischen Wissenschaftler, die ganz besessen waren, die Lebewesen der Erde zu katalogisieren, mit umfangreichem Rohmaterial versorgt. Es ist eine letzte Ehrung ihres Mutes und ihrer Geschicklichkeit, dass mehrere Arten, die sie entdeckt hatte, nach ihr benannt wurden, dazu gehören ein Dickkopffalter (*Cephrenes amalia*), eine Wespe (*Nortonia amaliae*), zwei Algenarten und eine Pflanze (*Acacia dietrichiana*).

Leidenschaftliche Wanderin

ALICE EASTWOOD

KANADISCHE BOTANIKERIN (1859–1953)

Alice Eastwood in ihrem Labor in der California Academy of Sciences

Die Mutter von Alice Eastwood starb im Jahr 1865, und da ihr Vater nicht in der Lage war, sich um seine sechsjährige Tochter zu kümmern, wurde sie in das Kloster Oshawa in Toronto geschickt. In den trostlosen Jahren, die auf den Verlust ihrer Familie folgten, waren die einzigen Lichtblicke für Alice die Besuche auf der Farm ihres Onkels. Auf langen Streifzügen brachte dieser ihr bei, die

Pflanzen bei ihrem lateinischen Namen zu nennen. Diese wunderbaren Spaziergänge, die sich so sehr von dem strengen Leben im Kloster unterschieden, erfüllten sie für den Rest ihres Lebens mit einer Liebe für Pflanzen, auch wenn es eine Liebe war, die zunächst viele Jahre lang unerfüllt blieb.

Alice arbeitete als Highschool-Lehrerin, und trotz eines Gehalts von nur 475 Dollar im Jahr gelang es ihr, genügend Geld auf die Seite zu legen, um sich Bücher über Botanik zu kaufen. Im Sommer wanderte sie stets durch die Rocky Mountains und sammelte Pflanzen. »Was für eine wunderbare Zeit verbrachte ich im Südwesten von Colorado«, erinnerte sie sich später, »als ich allein über diese schönen Berge wanderte.«

In der damaligen Zeit war es für eine junge Frau absolut unschicklich, allein in den Bergen herumzustreifen. Und wenn man bedenkt, wie sie sich zu kleiden hatten, versteht man, warum: Von Damen wurde erwartet, dass sie aufwändige lange Kleider trugen, die allein schon Erkundungsstreifzüge fast unmöglich machten. Wie andere frühe Forscherinnen stellte Eastwood schnell fest, dass sie nicht im Damensattel über unebene Pfade durch die Wildnis reiten oder in einem Kleid rittlings auf einem Maultier sitzen konnte. Hosen zu tragen kam jedoch gar nicht in Frage. Später schrieb sie über ihre Zeit im Feld:

> *Die einzige Frau, der es gestattet war, Hosen zu tragen, war Dr. Mary Walker in Washington, und sie war im Bürgerkrieg Lazarettkrankenschwester gewesen. Ich musste einen Kompromiss eingehen, deshalb entwarf und schneiderte ich mir mein Kleidungsstück selbst.*

1887 gelang es Alice, als Bergführerin durch die Colorado Mountains beim großen Naturforscher Alfred Russell Wallace angestellt zu werden, der zeitgleich mit Darwin die Evolutionstheorie entwickelt hatte. Dann folgte das, was ihr als ihr erster großer Glücksfall erschienen sein muss: Es gelang ihr, ein kleines Stück Land für eine Summe zu verkaufen, die ausreichte, um sich voll und ganz ihrer großen Liebe, der Botanik, widmen zu können.

Damals bot im Westen Amerikas eine in Kalifornien gedruckte Zeitschrift mit dem Titel ZOE die einzige Möglichkeit für Veröffentlichungen über die Botanik, und Eastwood fing an, Artikel über ihre Expeditionen und Entdeckungen dafür beizusteuern. Durch diesen bescheidenen Erfolg ermuntert, machte sie sich an eine weit anspruchsvollere Aufgabe, nämlich ein Buch zu schreiben. Ihr Buch, *Popular Flora of Denver, Colorado*, das mit eigenen Mitteln veröffentlicht wurde, war wirtschaftlich ein Flop. Ihr Vater, der sich nie groß für ihr verrücktes Hobby interessiert hatte, verbrannte einfach alle unverkauften Exemplare. Aber ihre Veröffentlichungen sicherten Alice schließlich eine bezahlte Anstellung als Botanikerin, ein großer Triumph in einer Zeit, als dieses Forschungsgebiet noch eine reine Männerdomäne war. Dazu kam es, als die Herausgeber von ZOE, ein botanikbegeistertes Ehepaar namens Bandergee, sie nach Kalifornien einluden, um an der Einrichtung des Herbariums der California Academy of Sciences mitzuwirken. Mit dreiunddreißig wurde sie trotz aller Hindernisse, die sie zu überwinden hatte, Mit-Kuratorin für Botanik und im folgenden Jahr zur alleinigen Kuratorin und Herausgeberin von ZOE ernannt.

Eastwoods kühne Taten im Jahr 1906 beim schrecklichen Erdbeben und dem folgenden Brand in San Francisco wurden zur Legende. Als es zu dem Erdbeben kam, eilte die siebenundvierzig Jahre alte Alice zur Academy of Sciences hinunter und stellte fest, dass das Feuer, das aufgrund der geborstenen Gasleitungen ausgebrochen war, schnell näher kam. Sie kletterte die beschädigte Treppe zu dem Raum mit den Sammlungen hinauf. Hastig packte sie einige der unersetzlichen Pflanzenarten und die Dokumente der Academy zu Bündeln zusammen und ließ sie an einem Seil auf die Erde hinunter. Sie musste ihre eigene Sammlung botanischer Bücher und ihre persönlichen Unterlagen den Flammen überlassen.

Eastwood, die an die Überwindung von Widrigkeiten gewöhnt war und sich selbst nie bemitleidete, erholte sich schnell von dieser Katastrophe. Sie sagte: »Ich empfinde den Verlust nicht als meinen eigenen, sondern als großen Verlust für die Welt der Wissenschaft und einen irreparablen für Kalifornien. Ich klage nicht über meine zerstörte Arbeit, weil sie mir Spaß gemacht hat, und ich kann erneut den gleichen Spaß haben, wenn ich damit wieder von vorn anfange.«

Alice hatte das Amt der Kuratorin an der California Academy of Sciences bis ins hohe Alter von achtzig Jahren inne; diese Position ermöglichte es ihr, wenig bekannte Regionen des Westens zu erkunden und sich bis nach Alaska vorzuwagen. Eastwood war eindeutig eine jener unerschütterlichen Frauen, die sich nicht nur durch ihre eigenen Anstrengungen und ihre Fantasie ihr Forschungsgebiet schufen, sondern es buchstäblich entdeckten.

Stunden, die am schönsten sind, fliehen stets geschwind

MARGARET FOUNTAINE

ENGLISCHE SAMMLERIN (1862–1940)

Fountaine mit Schmetterlingsnetz

Margaret Fountaine begann am 15. April 1878, ihre Lebenserfahrungen aufzuzeichnen. Das war eine Gewohnheit, die sie einundsechzig Jahre, bis kurz vor ihrem Tod 1940, beibehalten sollte. In präziser und gleichmäßiger Handschrift füllte sie zwölf dicke, in grünes Leder gebundene Bände mit mehr als einer Million Wörtern auf 3203 Seiten.

Nach der in einfachen Verhältnissen verbrachten Kindheit in Norwich, England, sollte Margaret überall auf der Welt ihrer Leidenschaft für Schmetterlinge frönen. Diese zarten Insekten führten sie in den Mittleren Osten, nach Indien, China und Tibet, Hongkong, Australien, Nord- und Südamerika, durch Afrika und in die Karibik. In Florenz jagte sie an einem Hügel einem prächtigen orangefarbenen Schmetterling nach; auf den Philippinen suchte sie nach dem seltenen *Magellanus*; und in Damaskus eroberte sie das Herz von Khalil Neimy, einem Dolmetscher aus Syrien. Er sollte ihr »ständiger und unermüdlicher Freund« werden, und sie reisten gemeinsam »in die schönsten, wildesten und oft auch einsamsten Landstriche dieser so schönen Erde«. Siebenundzwanzig Jahre bereisten sie auf der Suche nach schwer aufzufindenden Schmetterlingen exotische Gegenden und trugen das zusammen, was als die Fountaine-Neimy-Sammlung Berühmtheit erlangen sollte, die heute im Castle Museum in Norwich, England, zu sehen ist. Diese eindrucksvolle Schmetterlingssammlung, perfekt konserviert und nach Arten/Familien geordnet, wird in beinahe zweihundert Schubladen aufbewahrt.

Fountaine besaß das Auge einer Künstlerin und die Genauigkeit einer Wissenschaftlerin. Ihr Skizzenbuch ist gefüllt mit hervorragenden und informativen Aquarellen und Illustrationen von Raupen, die alle sorgfältig mit Namen versehen sind. Um makellose Exemplare von Schmetterlingen zu erhalten, sammelte sie häufig die Raupen ein und zog sie selbst vorsichtig auf, um auf diesem Weg die Beschädigung der empfindlichen Insekten durch das Schmetterlingsnetz zu verhindern.

Der letzte Eintrag in ihr Tagebuch stammt vom 10. Juli 1939. Margaret schrieb bereits die nächste Zeile: »15. April, 1940«. Sie verstaute die Tagebücher in einer schwarzen Kiste und versah diese mit einem Hinweis, der besagte, dass sie erst am 15. April 1978 geöffnet werden dürfe, genau hundert Jahre nach dem ersten Eintrag. Fountaine starb im Alter von siebenundsiebzig Jahren in Trinidad, ein Schmetterlingsnetz in der Hand haltend.

Abseits der ausgetretenen Pfade

YNES MEXIA
MEXIKANISCH-AMERIKANISCHE PFLANZENSAMMLERIN
(1870–1938)

Mexia bei der Feldforschung

Ynes Mexia begann ihre Karriere als Pflanzensammlerin, als sie fünfundfünfzig Jahre alt war. In den folgenden dreizehn Jahren durchstreifte sie unberührte Landstriche Lateinamerikas und sammelte 150 000 Pflanzen, von denen viele bis dahin unbekannt waren und einige jetzt nach ihr benannt sind. Es war Alice Eastwood, die Mexia beibrachte, wie man Pflanzen während des Aufenthalts im Feld haltbar macht. Mexia beeindruckte die berühmte Botanikerin durch ihre Fähigkeit, äußerst gewissenhaft zu sammeln, so sehr, dass Eastwood ihr half, ihre erste Expedition nach Mexiko zu arrangieren.

Damals war die Botanik erst dabei, sich als seriöser Wissenschaftszweig zu etablieren, und nur wenige Institutionen betrachteten Frauen als geeignete Kandidaten für die zur Verfügung stehenden Stellen. Ihr Alter und ihr Mangel an jeglicher Erfahrung in der Feldforschung verschlechterten für Ynes die Aussichten noch zusätzlich. Nichtsdestotrotz weigerte sie sich, sich geschlagen zu geben: Sie war entschlossen, sich ein neues Leben als Forscherin und Sammlerin aufzubauen. Sehr sorgfältig fotografierte sie jede Pflanze und trocknete sie dann. Als Mexia ihre ersten Erfahrungen im Feld gemacht hatte, stellte sie ihre eigene Ausrüstung zusammen, Kisten, »die auf ein Maultier geladen werden können und mit Pressen, Trocknungsmitteln und Papier jeweils etwa 34 Kilogramm wiegen«. Nach dem Trocknen verpackte sie die Exemplare und schickte sie per Schiff nach Hause. Nach Kalifornien zurückgekehrt, hatte sie dann die mühsame Aufgabe, die Pflanzen zu sortieren, zu identifizieren, zu präparieren und zu beschriften.

Nachdem sie sich als echter Profi erwiesen hatte, wurde sie 1927 von den Leitern mehrerer Herbarien beauftragt, für ihre Sammlungen Pflanzen zu besorgen. Ynes schrieb aus ihrem Forschungsgebiet in Mexiko, sie sei »an diesen Ort gekommen, weil er der entfernteste und verborgenste kleine Flecken war, von dem ich je etwas gehört hatte«. Im Laufe der nächsten sieben Monate sammelte sie 33 000 Pflanzen, 50 neue Arten, und eine neue, nach ihr benannte Gattung, *Mexianthus mexianus*. Mit siebenundfünfzig Jahren bezeichnete sich diese einst kränkliche und deprimierte Frau als »Naturliebhaberin und auch ein bisschen Abenteuerin«, die

»nie einen Unfall hatte [und] unversehrt Gebiete durchquert hat, in denen es angeblich vor Banditen, Taranteln und wilden Tieren nur so wimmelte«.

Die Arbeit führte Mexia vom ausgedorrten Hochland Mexikos in die Feuchtgebiete Brasiliens und zu dem, was sie als das größte Abenteuer ihres Lebens bezeichnete: eine Fahrt den Amazonas hinauf. Die ersten 4000 Kilometer legte sie auf einem Dampfer durch Brasilien bis nach Peru zurück. Ab Iquitos fuhr sie in einem Einbaum weiter flussaufwärts zu einer Schlucht namens Pongo de Manseriche, beziehungsweise »Eiserne Pforte des Amazonas«. Dort wurde sie von der Regenzeit festgehalten, so dass sie drei Monate im Dschungel ausharren musste.

Als Ynes im Alter von achtundsechzig Jahren ihre letzte Expedition nach Oaxaca und Guerro im Südwesten Mexikos unternahm, war sie bereits an Lungenkrebs erkrankt. Tragischerweise starb sie 1938, noch bevor sie die Zeit fand, ihre Feldnotizen zu bearbeiten. In den nur 13 Jahren, die sie als Pflanzensammlerin tätig war, hatte Mexia eine größere Sammlung angehäuft als jemals eine andere Frau vor ihr, sie hatte sich beharrlich eine Karriere aufgebaut und ihr Leben so geführt, wie es ihr vorgeschwebt hatte.

Einsame Wanderjahre in der Südsee

LUCY EVELYN CHEESMAN

ENGLISCHE ENTOMOLOGIN (1881–1969)

Porträt von Lucy Cheesman, Papua, Neuguinea

Die weit verstreut und isoliert liegenden Inseln des Südpazifiks stellten die Gelehrten und Forscher vor ein großes Rätsel: Woher kamen die Menschen und Tiere, die sie bewohnten, und wie waren sie dorthin gekommen? Vielleicht, so dachte die Entomologin Evelyn Cheesman, könnten Insekten bei der Beantwortung dieser Fragen helfen. Cheesman nutzte die Abertausende von Insekten, die sie im Laufe ihres jahrzehntelangen Aufenthalts im Südpazifik gesammelt hatte, um »ein paar Fragen über die frühere Verbindung zwischen Neuguinea und den anderen Inseln und Archipelen des Pazifiks zu klären«.

Evelyn wuchs in einem edwardianischen Elternhaus der oberen Mittelschicht auf und erlebte »sorgenfreie, glückliche Tage im Schoße der Natur«. Ihr Elternhaus, so erinnerte sie sich, hatte »Schuppen und Nebengebäude für unsere Experimente mit der Aufzucht, und Mutter erlaubte uns, Tiere sowie Moose und Blumen nach Hause zu bringen und in unserem Kinderzimmer aufzubewahren.

Als Cheesman heranwuchs, wollte sie unbedingt Tierärztin werden, erhielt aber die Auskunft, dass Frauen an der Veterinärschule nicht zugelassen seien. Sie war hocherfreut – buchstäblich »gerettet« –, als ihr die Stelle der Wärterin des damals baufälligen Insektenhauses im Garten der Zoological Society im Regent's Park, London, angeboten wurde. Dort faszinierten sie die Verhaltensweisen ihrer unzähligen Schützlinge. Außerdem stellte sie fest, dass sie echtes Talent besaß, ihre Begeisterung auf andere Leute zu übertragen. Diese Begabung sollte sie später auch in den zwölf Büchern unter Beweis stellen, die sie verfasste und in denen sie ihre Abenteuer beim Insektensammeln im Südpazifik sarkastisch in allen Einzelheiten beschrieb.

Evelyn hatte sich immer danach gesehnt, in den Südpazifik zu reisen. Als sie 1923, im Alter von zweiundvierzig Jahren, das Angebot erhielt, sich einer Expedition anzuschließen, packte sie die Gelegenheit beim Schopf. Sobald die Forschergruppe auf Tahiti angekommen war, verkündete sie jedoch ihren Entschluss, sich von den anderen zu trennen: Sie wollte allein herumstreifen und sammeln. Da sie ohne viel Gepäck unterwegs war, nur eine Hängematte, ein paar notwendige Habseligkeiten und einige Insektenkästen bei sich trug, lernte sie, sich auf die Einheimischen zu verlassen. Im Laufe der folgenden dreißig Jahre unternahm Cheesman acht weitere Solo-Expeditionen in die Südsee. Ihre Familie und Freunde waren über diese anstrengende Arbeit überrascht, weil man immer geglaubt hatte, sie sei körperlich wenig belastbar. Aber sie bewies, dass sie weit zäher war als erwartet, und ihre Widerstandsfähigkeit sollte sich im Laufe ihrer einsamen Wanderjahre durch die Inselwelt der Südsee als Geschenk des Himmels erweisen.

Dort wurde sie von Malariaanfällen und dem Denguefieber übermannt und traf auf tödliche Vipern und gefährliche Spinnen. Einmal, als sie auf der Insel Gorgona unterwegs war, versuchte sie, eine Lichtung zu überqueren, die dicht mit den Netzen der riesigen Nephila-Spinnen überzogen war. Sie dachte, sie könnte problemlos hindurchkommen, verfing sich aber rasch.

> *Was das Zerreißen des Netzes anbelangt, so führten alle meine Bemühungen nur dazu, dass ich mir in die Finger schnitt ... Ich versuchte sogar, die Fäden durchzubeißen, aber das war aussichtslos. Überall um mich herum hingen Spinnen jeden Alters, einige nahe an meinem Gesicht. Ich hielt sie nicht mehr für schön.*

Schließlich fand sie in ihrer Tasche eine Nagelfeile, die sie nutzte, um die Spinnweben Faden für Faden im Laufe mehrerer Stunden mühsam durchzuschneiden, während die Spinnen auf ihre Beute lauerten. Nach diesem Erlebnis war sie nie mehr ohne Machete unterwegs.

In Flüssen und Tümpeln wimmelte es von Krokodilen. Einmal, als sie gerade in einen scheinbar sicheren Badeteich steigen wollte, erhob sich ein ansehnliches Exemplar mit aufgerissenem Maul aus dem Wasser. Später erinnerte sie sich, dass sie auf der Flucht daran dachte, dass Krokodile in der Lage sind, ein Pferd mitsamt Reiter an Land über eine ordentliche Strecke hinweg zu verfolgen.

Bei ihrer ersten Solo-Expedition in den Südpazifik im Jahre 1928 hatte Cheesman den Auftrag, Insekten und kleine Säugetiere für das British Museum of Natural History zu sammeln. Im Laufe des Jahres auf den Neuen Hebriden weilte sie oft bei Kannibalen, denen sich Europäer zuvor nur selten gefahrlos hatten nähern können. Die Nachricht über ihre Lebensweise – eine einzelne weiße Frau mittleren Alters, die unter Kannibalen lebte – erregte zu Hause in England großes Aufsehen. Sie schrieb ihre Fähigkeit, mit den Inselbewohnern auf einer freundschaftlichen und sicheren Basis zusammenzuleben, der Tatsache zu, dass »sie diejenigen waren, die in der überlegenen Position waren und mir vieles beizubringen hatten. Und so wurde, als sie feststellten, dass ich nicht versuchte, ihnen fremde Ideen aufzudrängen, zwischen uns eine ganz besondere Verbindung geschmiedet.«

Aber der gegenseitige Respekt verhinderte nicht, dass sie in engen Kontakt mit den Essgewohnheiten der Kannibalen kam. Einmal geriet Evelyn in eine lokale Auseinandersetzung. »Die Luft«, sagte sie, »war plötzlich voller Pfeile.« Als der Kampf vorüber war, fragte sie ihren »Boy«, ob er sie denn aufgegessen hätte, wenn sie umgekommen wäre. Er antwortete, dass er das natürlich getan hätte; jemanden aufzuessen habe nichts mit Freundschaft zu tun, erklärte er, es habe eher etwas mit ihren Geistern zu tun. Die Kannibalen glaubten, sie habe einen starken Geist, und sie wollten nicht, dass dieser sie verfolgte. Wenn sie Evelyn aufaßen, so glaubten sie, würden sie dieser Gefahr vorbeugen.

Ein anderes Mal sammelte sie Exemplare in der Nähe eines Dorfes, das erst kurz zuvor von einer aggressiven Kannibalengruppe angegriffen worden war. Einige der Dorfbewohner waren verspeist worden, und man hatte die Polizei gerufen, um die schuldigen Kannibalen zu verhaften. Das war eine einfache Aufgabe, merkte Cheesman an, denn nach ihrer Erfahrung befiel die Kannibalen nach dem

Verzehr ihrer Mahlzeit stets eine große Trägheit. Sie ging in das Dorf und sah, dass der englische Polizeihauptmann und seine eingeborenen Hilfskräfte bereits dreizehn Verdächtige zusammengekettet hatten. Die Gefangenen sangen ein »Tötungslied«, in dem das, was sich eben abgespielt hatte, in allen Einzelheiten geschildert wurde und sie darauf vorbereitete, ebenfalls zu sterben und ein ähnliches Schicksal zu erleiden. Sie erinnerte sich: »Nichts, was Hide [der Polizeioffizier] sagte, änderte ihre Überzeugung, dass sie alle umgebracht würden, [aber] ob sie davon ausgingen, dass sich der weiße Mann ein kannibalisches Festmahl gönnen würde, ist reine Spekulation.«

Die Kannibalen erwiesen sich für Evelyn als weit weniger gefährlich als die englischen Beamten. An der schlimmsten Katastrophe, die sie erlebte, war ein herzloser britischer Beamter in Papua schuld. Sie hatte eine unersetzliche Sammlung an Orchideen, Farnen, Moosen und Insekten, die sie im Laufe von sechs Monaten mühsam für das British Museum of Natural History zusammengetragen hatte, seiner Obhut anvertraut. Er hatte die Kisten einfach draußen vor seinem Hauptquartier stehen lassen, so dass sie vom Regen durchweicht wurden und ihre Exemplare zu einer verrottenden, matschigen Masse verkamen. Sie war untröstlich, und das Museum in London wartete vergeblich auf seine bestellte Sammlung.

Cheesman erhielt für ihre Arbeit nie ein Gehalt und lebte von ihrer Schriftstellertätigkeit, ihren Vorträgen und ihren Sammelstreifzügen. Da sie in der Wildnis sehr sparsam mit ihren Vorräten umging, konnte sie ein Jahr lang von einer Summe leben, die andere Expeditionen in wenigen Wochen ausgaben.

> *Bei meiner Rückkehr von jeder Expedition werde ich von zwei Notwendigkeiten getrieben, erstens, wieder an Geld zu kommen, um meine nächste Expedition und meinen persönlichen Bedarf zu finan-*

> *zieren – denn ich trage meine persönlichen Ausgaben immer selbst –, und zweitens, jene, die dieses Privileg nicht haben, an meinen Erfahrungen teilhaben zu lassen. Denn es ist wahrlich ein seltenes Privileg, sich in den wilden Bergregionen von Neuguinea aufhalten und die Menschen, die dort im Busch leben, direkt kennen lernen zu dürfen.*

Die Bücher, die sie über ihre Expeditionen schrieb, sind faszinierend und informativ. Mit ihnen setzte Evelyn neue Maßstäbe für die Arbeit in exotischen Gegenden, die von anderen nur selten erreicht wurden.

Cheesman suchte unter einem aus Baumrinde hergestellten Schirm vor den häufigen Regenschauern Schutz.

Expeditionen ins Eis

LOUISE ARNER BOYD

AMERIKANISCHE POLARFORSCHERIN (1887–1972)

Louise Boyd 1928

In Anerkennung ihrer der Forschung gewidmeten Jahre und ihrer Beiträge für die Wissenschaft wird eine Region in Grönland Miss Boyd Land genannt. Louise Arner Boyd war eine amerikanische Polarforscherin, die ab 1924 bis zu ihrem letzten Abenteuer, einem Flug über den Nordpol im Jahr 1955, sieben Expeditionen in die

Arktis durchführte. Ihre fotografische Dokumentation der Küstenlinie von Franz-Joseph-Land, Grönland und von Spitzbergen ermöglichte die Erstellung der ersten detaillierten Landkarten dieser nördlichen Gegenden. Und ihre Karten und Fotografien gehörten zu den wenigen Dokumenten über diese Region, die der US-Regierung während des Zweiten Weltkriegs zur Verfügung standen.

In eine berühmte Familie in San Francisco hineingeboren, kam Boyd aus einer ganz anderen Welt als dem Land aus Eis, das sie später lieben sollte. Von Kindesbeinen an träumte sie jedoch vom Reisen und las begierig Geschichten über Forscher. In der Schule konzentrierte sie sich auf Fotografie, Botanik, Geologie und Topographie, um sich auf eine Zukunft als Forscherin vorzubereiten. Von der Botanikerin Alice Eastwood, die auf der Boyd-Ranch in Mount Diabolo, Kalifornien, tätig war, lernte sie, Pflanzen zu identifizieren und zu sammeln; später, in der Arktis, sollte sie wichtige Sammlungen für Eastwood, die zu jener Zeit Kuratorin für Botanik an der California Academy of Sciences war, zusammentragen.

Im Laufe von Louises Jugend versuchten Forscher, das letzte große geographische Ziel zu erreichen – den Nordpol. Obwohl sowohl Robert Peary als auch Frederik Cook behaupteten, dieses Ziel 1909 erreicht zu haben, blieben die riesigen Landflächen und gefrorenen Meere nördlich des Polarkreises weitgehend unbekannt. Erst nachdem ihre Eltern gestorben waren und sie geerbt hatte, konnte Louise selbst nach Norden reisen. Sie war bereits siebenunddreißig Jahre alt, als sie 1924 den ersten Blick auf den hohen Norden werfen konnte. Sie reiste nach Nordnorwegen und mietete sich dort ein kleines Boot, das sie aufs Packeis hinaus brachte. Entzückt schrieb sie: »Weit im Norden, hinter erbarmungslosen Barrieren aus Packeis verborgen, liegen Landflächen, die einen in ihren Bann schlagen. Riesige imaginäre Tore, deren Angeln am Horizont befestigt sind, scheinen diese Landflächen zu bewachen. Langsam schwingen die Tore auf, und man betritt eine andere Welt, wo der Mensch inmitten der Ehrfurcht gebietenden gewaltigen Unermesslichkeit einsamer Berge, Fjorde und Gletscher bedeutungslos ist.«

Die folgenden Jahre verbrachte Louise damit, ihre eigenen Expeditionen in die Arktis zu planen und zu leiten. Gerade als sie 1928 von Norwegen an Bord ihres Schiffes, der *Hobby*, aufbrach, erfuhr sie, dass der berühmte Polarforscher Roald Amundsen verschollen war. Sie stellte ihr Boot zur Verfügung und schloss sich der internationalen Suchaktion nach seinem Flugzeug an. In drei Monaten legte sie mehr als zehntausend Meilen zurück und suchte das arktische Eis nach Lebenszeichen ab. Später schrieb sie über ihre frustrierende und erfolglose Suche: »Eis ruft ganz unheimliche Dinge hervor. Es lässt Trugbilder entstehen wie bei einer Fata Morgana, und es gab Zeiten, da konnten wir ganz deutlich Zelte erkennen. Dann ließen wir die Boote herab und fuhren los, um nachzusehen. Aber immer stellte es sich als das Gleiche heraus – eigenartige Eisformationen, sonst nichts.« Zwar war die Reise für sie letzten Endes produktiv, weil sie sie in die Lage versetzte, einen Film über die Expedition zu drehen und mehr als zwanzigtausend Fotos zu machen, doch leider wurde Amundsen nie gefunden.

Boyd wollte dorthin gehen, wo noch wenige Forscher gewesen waren, und richtete deshalb ihren Blick auf die Ostküste Grönlands. Dort sind Teile der Eisschicht unglaubliche drei Kilometer dick, und die Gletschertätigkeit hat eine von unzähligen Fjorden zerklüftete Küste geschaffen. Viele dieser Fjorde sind mit den von den Gletschern abgebrochenen Eisblöcken angefüllt. Es war diese Landschaft, die Louise wegen ihrer Schönheit faszinierend fand, deren Kartographierung aber eine große Herausforderung darstellte.

So hart das Leben auf ihren Expeditionen auch war, Boyd ließ es nie an Stil mangeln: Sie war entschlossen, so gepflegt wie möglich zu leben. Später schrieb sie: »Ich habe zwar Kniebundhosen und

Stiefel getragen und manchmal sogar darin geschlafen, aber ich kann mit maskulinen Frauen nichts anfangen. Auf See kümmerte ich mich nicht um meine Hände, außer, dass ich sie vor Erfrierungen schützte. Aber bevor ich an Deck ging, habe ich mir stets die Nase gepudert, egal wie rau die See war. Es gibt keinen Grund, warum eine Frau, die primitiv leben muss, nicht zugleich feminin bleiben kann.«

Während Louise daran glaubte, unter diesen bedrohlichen Bedingungen so gut wie möglich zu leben, setzte sie ihr beachtliches Vermögen ein, um sicherzustellen, dass ihre Expeditionen immer die neueste und beste wissenschaftliche Ausrüstung dabei hatten. Weil die genaue Vermessung dieses sehr schwierigen Terrains Spezialgeräte erforderte, befasste sie sich mit der Fotogrammetrie, die dort, wo eine Vermessung an Land unmöglich war, die Erstellung genauer Landkarten ermöglichte. Außerdem gehörte sie zu den ersten Forschern, die Echolote einsetzten. Zwar interessierte sie sich hauptsächlich dafür, was diese Echolote ihr über die Geologie sagen konnten, aber sie entdeckte dabei, dass man damit Fischschwärme aufspüren konnte, und gab somit dem kommerziellen Fischfang unbeabsichtigt ein immens wertvolles Instrument in die Hand. Aber es war die Kartographierung des Nordens, mit der Boyd ihren Hauptbeitrag leistete. Ihre Lotungen wurden von der American Geographical Society für die kartographische Erfassung des Meeresbodens um Grönland herangezogen. Boyd entdeckte und kartographierte einen unterseeischen Gebirgszug zwischen der Bäreninsel und der Jan-Mayen-Insel in der Grönlandsee, der jetzt Louise A. Boyd Bank genannt wird.

Wenn sie sich nicht in der Arktis aufhielt oder zu Hause in Kalifornien ihre nächste Expedition plante und vorbereitete, erforschte Louise andere Teile der Erde. 1934 machte sie beispielsweise eine ausgedehnte Fotoreportage über das Landleben im Osten Polens, um »bevor es zu spät ist, Einblicke in Dinge zu bekommen, die heute charakteristisch sind, aber schon morgen verloren sein können«. Sie konnte wohl in die Zukunft blicken. Mit dem Zweiten Weltkrieg war die Lebensweise, die sie dokumentiert hatte, für immer verloren, genau wie sie es vorausgesagt hatte.

Boyd wurde von anderen Polarforschern geächtet, die ihr die Tatsache übel nahmen, dass sie eine Frau und reich war. Sie hatte ihr Leben lang eine Entdeckermission, die mit einer Kindheitsleidenschaft begann und sie in den eisigen Norden führte. Louises Beiträge fanden am Ende Anerkennung, als die Regierung Norwegens sie für ihre tapfere Suche nach Amundsen mit dem St.-Olaf-Orden auszeichnete. Die angesehene American Geographical Society veröffentlichte drei ihrer Bücher, und die U.S.-Regierung ehrte sie 1949 mit einem Certificate of Appreciation.

Erwachsen werden im Südpazifik

MARGARET MEAD

AMERIKANISCHE ANTHROPOLOGIN (1901–1978)

1971 wurde Mead auf Samoa auf einer Matte sitzend fotografiert.

Die Sozialanthropologie, die Wissenschaft vom Menschen als soziales Wesen, hat dort ein Problem, wo ihre Forschung sich mit den primitiven Stammesgesellschaften dieser Welt beschäftigt. Längst ist absehbar, dass die Vielfalt dieser Kulturen einer zunehmenden Globalisierung zum Opfer fallen wird. Ein Wettlauf mit der Zeit.

Zu den bedeutenden Vertretern der Anthropologie gehörte Margaret Mead, die in den frühen Zwanzigerjahren beim bekannten Anthropologen Franz Boas am Barnard College studierte.

Als Margaret Mead die Chance erhielt, erstmals eigene Feldforschungen zu betreiben, entschied sie sich für Samoa, die polynesische Inselgruppe im Pazifik, wo sie auf Tau, einem winzigen Eiland, die meiste Zeit verbrachte. Über einen Hurrikan, den sie erstmals hier erlebte, schrieb sie: »Dann kam die Stille. Sie dauerte nur eine Minute, aber die Luft schien vor Kokosblättern zu starren, die so steif waren, als seien sie mit Draht umwickelt... Und dann fiel die andere Hälfte des Sturms über uns her, der von Ofu direkt über das Meer heranpeitschte und diese kleine Stille in tausend Stücke riss. Danach stellte sich nur noch die Frage, wie lange es wohl dauern würde, bis das Haus zusammenstürzte.« Schnell hackten Margaret und ihre Begleiter ein Loch in einen Wassertank und kletterten hinein, um dem tobenden Sturm zu entkommen. Das Dorf und die gesamte Ernte wurden vollkommen zerstört.

Um ihre tiefe Verbundenheit mit den Menschen Polynesiens auszudrücken, schrieb sie beim Abschied:

> *Habe ich nicht drei dunkle Flecken auf einem weißen Kleid, Flecken, die von dem Blut des Schweins herrühren, das anlässlich der Geburt des zehnten Kindes von Mealeaga geopfert wurde? Habe ich nicht polas für das große Gästehaus von Siufaga gewoben und mit den Angehörigen der Aumaga – den jungen Männern – darüber gestritten, ob es ratsam sei, das, was von Ofu noch übrig ist, niederzubrennen, weil die Bewohner von Ofu den Pfarrer von Tau, der sich immer in alles einmischte, mit Steinwürfen aus dem Dorf vertrieben hatten ...?*

Margaret Mead kehrte in die USA zurück, veröffentlichte ihr erstes Buch, *Coming of Age in Samoa* (Erwachsen werden in Samoa/Leben in der Südsee) und wurde eine der jüngsten Kuratoren am American

Museum of Natural History – eine Stellung, die sie bis zu ihrem Tod innehatte. 1931 reiste sie nach Neuguinea, auf die Vulkaninsel Manus, später nach Bali, aber auch in den amerikanischen Westen, um das Aufwachsen von Kindern in den unterschiedlichsten Kulturen zu vergleichen. Später sagte sie: »Ich bin in den letzten siebzehn Jahren sechsmal in eine andere Kultur eingetaucht, habe die Sprache, das Essen, die vertrauten Rituale meiner eigenen Lebensführung aufgegeben und versucht, die Lebensweisen anderer Völker zu verstehen.«

Weil Margaret Mead eng mit »ihren« Völkern zusammenlebte, wurde sie natürlich auch von deren Denkweise beeinflusst. Ende der Zwanzigerjahre lebte sie zum Beispiel zusammen mit ihrem zweiten Ehemann, Reo Fortune, auf den Admiralitätsinseln in einem Dorf, das in einer flachen Lagune auf Stelzen gebaut war. Sie hatten gerade dieses Dorf in einem Einbaum verlassen, als plötzlich großes Wehgeschrei zu hören war, das sie zur Umkehr veranlasste.

Der zehn Jahre alte Sohn ihres Führers hatte einen Anfall erlitten, und obwohl Mead und Fortune ihr Möglichstes taten, starb das Kind. Fasziniert beobachtete die Wissenschaftlerin, wie die Dorfbewohner versuchten, jene Person ausfindig zu machen, der man die Schuld am Tod des Kindes zuweisen könnte. Immer wieder schob man die Anklage zwischen lebenden und toten Dorfbewohnern hin und her. Schließlich, so schrieb Mead, »drang die allgemeine Angst und Furcht, die sich im Dorf verbreitet hatte, auch direkt in unser Leben ein«. Margaret Mead wurde selbst krank. Unverzüglich müsse sie in ein anderes Haus umziehen, so der Beschluss der Dorfbewohner, um dem bösen Geist zu entkommen.

Meads Aufenthalt in Neuguinea galt drei Volksstämmen: den Berg-Arapesh, den Tchambuli und den Mundugumor, die entlang des Sepik-Flusses lebten. Bei den Mundugumor machte sie eine ihrer schockierendsten Erfahrungen: »Frauen wünschten sich Söhne,

Männer wünschten sich Töchter, und Babys, die das ›falsche‹ Geschlecht hatten, wurden lebend, in Rindenstoff gewickelt, in den Fluss geworfen.« Nirgendwo trat Margaret Mead das radikal Archaische dieser Welt so plastisch vor Augen wie hier. Umso mehr fühlte sie sich in ihrem Wunsch nach eigenen Kindern bestärkt. Der Anthropologe Gregory Bateson, ihr dritter Ehemann, wurde der Vater ihrer einzigen Tochter.

Als Margaret Mead zusammen mit Bateson in ausgedehnten Feldforschungen die balinesische Kultur untersuchte, galt ihre besondere Aufmerksamkeit den kultischen Tanztechniken und der Kindererziehung. Damit leistete sie auf dem Gebiet der visuellen Anthropologie Pionierarbeit. 1939, als die ersten Kriegsgerüchte selbst bis »ans Ende der Welt« vordrangen, beschloss das Forscherehepaar seine Rückkehr nach Amerika. Erst Mitte der Fünfzigerjahre sollte Margaret Mead wieder nach Bali zurückkommen.

Während viele Anthropologen ihre Tätigkeit darauf beschränkten, die Lebensweise primitiver Völker aufzuzeichnen, nutzte Margaret Mead ihre Studien auf Samoa, Neuguinea und Bali als Erfahrungswerte für den Vergleich mit der eigenen amerikanischen Kultur. Denn sie war davon überzeugt, dass das Verständnis für die eigene Kulturprägung durch den Vergleich mit fremden Kulturen wächst – ein Verfahren, das beispielsweise ihren Untersuchungen über das Familienleben zugute kam.

Margaret Mead sagte: »Für den Anthropologen, der mitten in einem Dorf lebt, beim ersten Hahnenschrei oder Trommelschlag aufwacht und die ganze Nacht aufbleibt, wenn das Dorf feiert oder trauert ... wird die Feldforschung zu einer Beschäftigung, die ihn volle vierundzwanzig Stunden in Anspruch nimmt.«

Die vielen ethnographischen Unikate, die Margaret Mead von ihren Expeditionen nach Hause brachte, waren für das American Museum of National History bestimmt, wo sie im Saal der ozeanischen

Völker ausgestellt wurden. Dieser Saal wurde später nach ihr benannt. Durch 44 Bücher, über 1000 Fachartikel und eine umfangreiche Vortragstätigkeit machte sich die Wissenschaftlerin über die Fachkreise hinaus in der anthropologisch interessierten Öffentlichkeit einen Namen. Vom Präsidenten der Vereinigten Staaten wurde sie mit der Medal of Freedom ausgezeichnet. Hinzu kam eine Sammlung von 28 Ehrendoktoraten. Zunächst zum Mitglied der National Academy of Sciences ernannt, wurde sie schließlich zu deren Präsidentin berufen. Margaret Mead starb 1978 in New York an Krebs.

Als sich Margaret Mead 1929 den Knöchel brach, trugen sie Bewohner von Manus, einer der zu Neuguinea gehörenden Admiralitätsinseln, zum Dorf Peri.

Auf der Suche nach Gold

KATHARINE STEVENS FOWLER-BILLINGS
AMERIKANISCHE GEOLOGIN UND NATURSCHÜTZERIN
(1902–1997)

Fowler-Billings als junge Geologin in den Rocky Mountains. Über ihre Anfangsjahre schreibt sie: »Es war tief unten in einer Kupfermine in Butte, Montana, als ich zum ersten Mal als ›richtige‹ Geologin anerkannt wurde. Mein aus Irland stammender Führer, der das Missverständnis eines Minenarbeiters korrigierte, rief zu ihm hinunter: ›This ain't no young fella. This is a ›Laidy‹ geologist.‹«

Mit Staunen sah man im Frühjahr 1930 in Sierra Leone eine zierliche junge Frau, die ordentlich mit khakifarbenem Buschhemd und Rock bekleidet und mit einem Tropenhelm auf dem Kopf eine lange Karawane von schwer beladenen einheimischen Trägern anführte. Es handelte sich nicht etwa um Filmaufnahmen – Katharine

Fowler hatte etwas Ernsthaftes im Sinn. Sie marschierte in Richtung Nordwesten tief in den afrikanischen Busch hinein, um nach Eisenerz- und Goldlagerstätten zu suchen.

Ihr Interesse an der Geologie hatte seinen Ursprung in ihrer Kindheit in New Hampshire, wo sie das Ende eines jeden Schuljahres kaum erwarten konnte, um wieder in die White Mountains gehen zu können. »Ich liebte es, in den Bergen herumzuklettern und durch die Wälder zu wandern«, schrieb sie. Da sie niemanden hatte, der sie führte, stellte sich Fowler selbst die Fragen, die sie ihr ganzes Leben lang faszinieren sollten. »Auf meinen Touren wurde ich neugierig und fragte mich, warum es die Berge überhaupt gab, was die Felsen geformt hatte, die so anders waren als an der Küste. Ich schwor mir, eines Tages Geologie zu studieren und diese Fragen zu beantworten. Als welch großartiges Trainingsprogramm für die Jahre der vor mir liegenden Feldarbeit sollten sich diese Touren erweisen!«

So schrieb sie sich am Bryn Mawr College ein, das damals eine Zufluchtsstätte für intellektuell rege junge Frauen war. Dort hatte sie das Glück, eine der weiblichen Pioniere der Wissenschaft, Florence Bascom (1862–1945), als Dozentin zu haben, die zweite Frau in den Vereinigten Staaten, die sich den Doktortitel in Geologie erworben hatte. Mit Ausnahme des Bryn Mawr College waren Frauen an den geologischen Instituten so selten zu finden und so wenig willkommen, dass Katharine, als sie an der Columbia University Vorlesungen hörte, hinter einer Trennwand sitzen musste.

Für ihre Doktorarbeit an der Columbia University kartographierte Fowler die geologischen Formationen eines vierzig mal zwanzig Meilen großen Gebietes in den Laramie Mountains und zeichnete detailliert Felsnasen aus Anorthosit ein.

1929 reiste Katharine nach Südafrika, angeblich um an einem internationalen Geologenkongress teilzunehmen, in Wahrheit aber, weil sie eine Unternehmung plante, die sie im Laufe mehrerer

Monate von Süden nach Norden durch ganz Afrika hindurch, von Johannesburg nach Kairo, führen sollte. Unterwegs lernte sie einen Kollegen, einen Schotten namens Jock Lunn, kennen, verliebte sich in ihn, und sie verlobten sich. Nach der Hochzeit in London beschlossen sie, nach Afrika zurückzukehren und wieder an die Arbeit zu gehen. Aber die Ehe erwies sich für die Arbeit als Geologen in Afrika ebenso sehr als Hindernis, wie es in Amerika die Tatsache gewesen war, eine Frau zu sein. Wie sie später schrieb, verbot der Vertrag ihres Ehemannes ihm, »seine Frau mit nach Westafrika zu bringen, [aber] ich beschloss unverzagt, in das kleine [benachbarte] Land Sierra Leone zu gehen ... Ich hatte das Glück, ›an Ort und Stelle zu sein‹, und die Regierung von Sierra Leone beauftragte mich, die kürzlich entdeckten Eisenerzlager des Landes zu erkunden.«

In Vorbereitung auf ihre Unternehmung besuchte Fowler Kurse über Tropenkrankheiten und ließ ein Dutzend Holzkisten für Notvorräte an Nahrungsmitteln bauen. Dann stattete sie sich zur Verblüffung der Schneider in London mit eigens entworfenen Kleidungsstücken aus, die ihre Haut gegen Schnitte, Schlangenbisse und die Hitze schützten. Schließlich war sie vorbereitet, um »in das Hinterland von Sierra Leone, Westafrika, [zu reisen] ... in eine jener Gegenden, von denen ein Forscher träumt, wenn er die Weltkarte aufschlägt und nach einem Landstrich Ausschau hält, den er erkunden will. Einer Gegend, wo er vielleicht außergewöhnliche Erfahrungen machen wird. Aber einer Gegend, in die zu reisen er dennoch zögert. Zu nahe am Äquator ... Zu große Hitze und Feuchtigkeit. Eine Gegend, die nach Malaria und anderen Krankheiten riecht.«

Katharine führte in Sierra Leone zwei Expeditionen an. Die zweite, die für die Maroc Gold Company mit Sitz in London durchgeführt wurde, trug ihr den Spitznamen »Gold Missus« ein. »Ich musste überall ... nach Bodenschätzen Ausschau halten. Ich sollte in den Bergen nach Spuren von Gold in den Kieselsteinen suchen und den Busch erkunden. Das war ein Leben, wie ich es liebte. Ich war zuversichtlich, dass ich das Land genug kannte, die Wesenszüge der Eingeborenen und wie man Träger aussucht… Eine Ablehnung kam für mich gar nicht in Frage.« Sie reiste kreuz und quer durch die noch nicht kartographierten Regionen Sierra Leones und lebte unterwegs in den Dörfern der Eingeborenen. »Meine Arbeiter … verbreiteten großartige Geschichten über die Gold Missus, die ein sehr mächtiges *juju* habe und in Kieselsteinen und in den Bergen Gold finden könne.«

Fowlers Ehe mit Jock Lunn litt unter ihren karrierebedingten Trennungen und wurde am Ende geschieden. Katharine geriet in eine Krise und kehrte 1935 in die Vereinigten Staaten zurück. Der Ausbruch des Krieges machte geologische Untersuchungen plötzlich zu einer vorrangigen nationalen Angelegenheit. Da die Ausbeutung der Mineralflöze im Ausland entweder gefährdet oder diese bereits vollständig abgeschnitten waren und da die neuen Technologien seltene Metalle erforderten, wurden wissenschaftliche Forscher wie Fowler gedrängt, für die Regierung zu arbeiten.

Eines der für die Kriegsindustrie notwendigen Minerale war Muskovit; da es sich weder durch Kälte, Hitze, Wasser, Säure noch durch Kontakt mit Elektrizität verändert, war es für die Isolierung der elektrischen Kabel in Flugzeugen unverzichtbar. Ein Großteil des in der amerikanischen Industrie verarbeiteten Muskovits war vor dem Krieg aus Indien importiert worden, aber Katharine wusste, dass es in New Hampshire aufgelassene Muskovit-Minen gab. Was mit der Erfassung des Muskovits begann, führte sie zu anderen Mineralien. Unterdessen hatte sie darüber hinaus Zeit gefunden, ihren Kollegen Marland Billings zu heiraten und zwei Kinder zu bekommen.

Nach dem Krieg wurden Katherines Geologiekenntnisse in den Dienst eines ganz anderen Gebietes gestellt – des Naturschutzes.

Sie lieferte wissenschaftliche Argumente für die Unterschutzstellung ganzer Regionen in New Hampshire und Massachusetts, einschließlich der White Mountains im Osten, dazu die Wasserscheide des Saco River und Wellesley, Massachusetts. Mit weit über achtzig Jahren arbeitete sie noch immer an der Erstellung von Landkarten, nun nicht mehr, um Gold zu finden, sondern um die Umwelt zu erhalten.

Des Hexendoktors Lehrmädchen

NICOLE HUGHES MAXWELL

AMERIKANISCHE ETHNOBOTANIKERIN (1905–1998)

Nicole Maxwell auf einem Pfad zwischen dem Rio Napo und dem Rio Algodin. Bei der Liane handelt es sich um die »Escalera de Makisapa«, die vom Stamm der Campa im Süden Perus als Verhütungsmittel verwendet wird.

Die Reise einer Highsociety-Debütantin vom sonnigen Kalifornien über die Sitzungssäle von Unternehmen in den Wolkenkratzern New Yorks bis in den heißen Dschungel des Amazonas war so lang und gewunden wie die südamerikanischen Flüsse, die sie so gut kennen lernen sollte.

1947 reiste Nicole nach Lima, Peru, um dort eine Stelle bei der Tourismusbehörde anzutreten. Ihre Arbeitstage verliefen recht eintönig und langweilig, aber manchmal hatte sie die Gelegenheit, Lima zu verlassen und aufs Land zu fahren. Einmal bot sich ihr die Chance, von Iquitos den Amazonas hinaufzufahren. Und dabei ereignete sich ein Unfall, der ihr Leben grundlegend verändern sollte. In Wahrheit war es ein Unfall im doppelten Sinne des Wortes. Auf dem Weg zu den Chayanahuita-Indianern am Panapura schlug sie sich einen Pfad durch den dichten Dschungel, als sie irgendwie danebenhieb und sich mit der Machete tief in den Arm schnitt. Es war nicht so sehr der Schnitt, der ihr Sorgen bereitete, obwohl er tief und schmerzhaft war, sondern vielmehr die fast mit Sicherheit folgende Infektion. Daran konnte sie sterben.

Während sich Maxwell das Schlimmste ausmalte – es gab im Umkreis von vielen Meilen, ja Tagesmärschen, keine Erste-Hilfe-Station und ganz sicher keinen Arzt, geschweige denn ein Krankenhaus –, kam einer ihrer indianischen Begleiter mit einer Kürbisflasche aus dem Dschungel gerannt, in den er unmittelbar nach ihrem Unfall verschwunden war. Als er zu ihr kam, sagte er, sie solle den Inhalt der Flasche trinken. Widerwillig tat sie es. Und zu ihrem Erstaunen hörte die starke Blutung auf. Noch wundersamer war, dass ihr Arm schnell heilte und keine Narbe zurückblieb. Es war, als sei der Unfall nie passiert.

Als Nicole in den dichten Dschungel blickte, formte sich in ihrem Kopf allmählich der Gedanke, dass das, was sie sah, nicht ein riesiges Gebäude voller Insekten und Mikroben war, sondern in Wahrheit eine Apotheke von vielen Millionen Quadratkilometern Größe. Diese Bäume, Lianen, Orchideen und Farne lieferten wahrscheinlich die natürlichen Bestandteile für unglaubliche Heilmittel und Arzneien. Und von diesem Augenblick an machte sich Maxwell für den Rest ihres Lebens auf die Suche, um die Geheimnisse in

Erfahrung zu bringen, die Generationen von Indianern bewahrt und überliefert hatten.

Ihre Suche nach einer Pflanze namens Incira beschrieb Maxwell folgendermaßen: »Ich machte es mir zur Gewohnheit, alle Leute im Dschungel, die ich traf, nach Incira zu fragen. Ich habe viele Leute getroffen, die sie nutzten, aber immer hatten sie den Saft von irgendeinem Baum gezapft, der weit entfernt war von der Stelle, an der wir uns befanden. Schließlich fand ich einen Coto-Indianer, der für mich den Saft und einen Setzling des Baumes besorgte. Bei Incira handelt es sich um *Chlorophora tinctoria*, Moraceae. Wenn man eine winzige Menge auf einen schmerzenden oder vereiterten Zahn gibt, zerfällt der Zahn und arbeitet sich aus dem Zahnfleisch heraus. Und es kommt zu keinerlei Blutung oder Entzündung, zu keinen Anzeichen einer Infektion oder irgendeiner Art von Beschwerden.«

Die nächsten fünfundvierzig Jahre lebte Nicole im Amazonasbecken mit Eingeborenenstämmen zusammen – den Jivaro, Witoto, Shipibo, Yagua, Conibo, Piro und anderen – und eignete sich deren umfangreiche natürliche pharmakologische und medizinische Überlieferung an. Sie baute sich in Iquitos ein Herbarium auf, um die Pflanzen, die sie und ihre Helfer im dortigen Dschungel gesammelt hatten, anzupflanzen und zu erforschen. In der Absicht, den Schatz möglicher Heilpflanzen aus dem Regenwald allgemein verfügbar zu machen, tauschte Nicole moderne Waren und Antibiotika gegen die heiligen und geheimen Heilpflanzen ein, die von den Medizinmännern in der Amazonas- und Putumayo-Region verwendet wurden. Sie beobachtete, dass sie diese Pflanzen zur Behandlung von Arthritis, Gallensteinen, Blutungen, vereiterten Zähnen und Hämorrhoiden auswählten, und stellte sich manchmal selbst als Versuchskaninchen zur Verfügung. Alles in allem untersuchte und erfasste Nicole die Verwendung von mehr als 325 einheimischen Pflanzen zur Behandlung von über hundert Krankheiten.

Eine ihrer erstaunlichsten Entdeckungen war eine Methode der sicheren, billigen und effektiven Geburtenkontrolle. »Primitive Völker geben ihre medizinische Überlieferung in der Regel nur ungern an einen Fremden weiter, und dies trifft insbesondere auf Pflanzen zu, die sie als Verhütungsmittel einsetzen. Darüber geben sie sich äußerst zugeknöpft. In Wahrheit sind für sie alle Pflanzen, von denen sie glauben, dass sie Leben spenden oder das Entstehen von Leben verhüten können, von mächtigen Tabus umgeben, die ihre Bekanntgabe an einen Außenstehenden verhindern.« Trotz dieser Zurückhaltung wurde ihr während ihres Aufenthalts bei den Jivaro am Fluss Corrientese von der Frau eines Schamanen über drei Pflanzen berichtet: »Eine, die eingesetzt wurde, um eine Abtreibung einzuleiten, eine andere zur Förderung der Fruchtbarkeit, wenn Frauen sonst nicht schwanger werden konnten, und die dritte war ein Verhütungsmittel, dessen Wirkung viele Jahre anhält.«

Mit dieser Entdeckung in der Tasche versuchte Maxwell viele Jahre lang, ein Pharmaunternehmen dazu zu bewegen, die empfängnisverhütenden Pflanzen zu erforschen. Aber am Ende wurde ihr nach vielen vergeblichen Versuchen klar, dass die »großen Pharmafirmen nur eines wollen: Profit. Was zählt, ist, dass Frauen zu Millionen die [Antibaby-] Pille kaufen. Was soll's, wenn [diese] Pflanzen sicherer sind ... Man muss nur eine Pille, die eine Frau zwanzigmal im Monat und dies das ganze Jahr über einnehmen muss ... mit etwas vergleichen, was die gleiche Frau nur ein einziges Mal zu kaufen braucht. Dann multipliziere man beide Zahlen mit Millionen, und man erkennt, ob es für diese Geschäftsleute Sinn macht, ein Vermögen für die Erforschung [meiner] Pflanzen auszugeben und damit in Produktion zu gehen.«

Ein weiteres Beispiel für Nicoles Entdeckungen war die Verwendung von Pflanzen zur Heilung von Brandwunden. »Die Behandlung, die, wie ich sah, Verbrennungen dritten Grades an den Armen eines Babys im Alter von einem Jahr ohne Narbenbildung heilte, beobachtete ich auf dem einzigen Trip, den ich je in Begleitung von Leuten unternahm, die nicht aus dem Urwald stammten. Das war 1966, als ich eine Gruppe, zu der Botaniker, Pharmakologen und ein Arzt gehörten, den Napo-Fluss [in Peru] hinauf mitnahm, um ein paar Witoto-Freunde zu besuchen, [von] denen ich wusste, dass ich sie überreden könnte, den Wissenschaftlern einige der Heilmittel zu geben, die von ihrem Stamm genutzt wurden. Das ein Jahr alte Baby war ins Feuer gefallen ... Es war nur noch das rohe rote Fleisch zu sehen ... die Behandlung bestand im Verbinden der verbrannten Bereiche mit Streifen des frischen und feuchten weißen Basts, den man direkt unter der äußeren Bastschicht der Maniokknolle, *Manihot dulcis*, findet ... Ich war, als wir nach einer Woche wiederkamen, überrascht, dass gesunde, weiche, vollkommen narbenlose rosaweiße Haut über den ganzen Bereich, bis auf eine sehr kleine Stelle, gewachsen war.«

Bald erkannte Nicole, welch schweren Kampf sie für die Akzeptierung und Anerkennung ihrer Entdeckungen führen musste. »Die Einstellung der Wissenschaft meiner Arbeit gegenüber war von Skepsis und Verachtung geprägt. Die Botaniker scheinen vergessen zu haben, dass die Stämme im südamerikanischen Dschungel die Ersten waren, die das für die modernen chirurgischen Techniken so wichtige Curare einsetzten. Chinin und all die anderen Mittel gegen die Malaria stammen ebenfalls aus dem Regenwald des Amazonas.« Wir haben noch nicht begonnen, die Schätze der Dschungelapotheke zu nutzen, aber sie glaubte, »wenn ich dran bleibe, werde ich sicher irgendwann erreichen, dass einige dieser Pflanzen richtig erforscht werden und ihre Nützlichkeit so eindeutig nachgewiesen wird, dass sie den Menschen, die sie brauchen, zur Verfügung stehen werden«.

Auf der Suche nach dem ersten Menschen

MARY DOUGLAS NICOL LEAKEY

ENGLICHE PALÄOANTHROPOLOGIN (1913–1996)

Mary Leakey am Lake Turkana bei der Untersuchung des Schädels eines »Australopithecus boisei«, der gerade von ihrem Sohn Richard und ihrer Schwiegertochter Maeve entdeckt worden war.

Mary Nicol war elf Jahre alt, als ihr Vater sie in die französischen Höhlen Fond de Guame und La Mouthe mitnahm, um sich mit ihr die schönen prähistorischen Malereien an den Wänden anzusehen. Auf der Stelle beschloss sie, mehr über die frühen Menschen in Erfahrung zu bringen und ihr Leben dieser Forschung zu widmen. Da sie eine formale Ausbildung scheute, begann sie mit siebzehn

Jahren in England als Archäologin zu arbeiten, und wurde bald als Autorität auf dem Gebiet der Feuersteinspitzen und durch Zeichnungen von Artefakten berühmt. Bei einem Vortrag am Royal Anthropologist Institute stellte die hoch angesehene Ägyptologin Gertrude Caton-Thompson 1933 Mary dem anglo-kenianischen Archäologen Louis Leakey vor. Er hielt gerade nach jemandem Ausschau, der für sein Buch, das bald erscheinen sollte, Zeichnungen von Artefakten anfertigte. Er war von Mary bezaubert und erkannte ihr Talent als Zeichnerin, deshalb lud er sie ein, nach Afrika zu kommen und die Steinwerkzeuge zu zeichnen, die er gefunden hatte. 1935 kam sie in Ostafrika an, bald machte ihr Leakey einen Antrag, und 1936 heirateten sie. Den Rest ihres Lebens verbrachte sie mit ihrer Arbeit im Rift Valley, wo sie nach Spuren der ersten Menschen suchte.

Marys erster Eindruck von der Olduvai-Schlucht, eines gewaltigen, kahlen, windgepeitschten Schluchtensystems, das sie im Laufe der nächsten sechzig Jahre erforschen sollte, war prophetisch: »Es war ein Ort von unglaublicher Schönheit, an dem fast jede Erhebung archäologische oder geologische Sensationen barg.« Im Laufe der folgenden Jahre führten die Leakeys an vielen Stätten im Rift Valley und anderen viel versprechenden Gegenden Ostafrikas Ausgrabungen durch. Aber Mary ist vor allem auf Grund ihrer Entdeckungen der frühen Hominiden bekannt.

Marys spektakuläre Entdeckungen machten einige unserer frühesten menschlichen Vorfahren praktisch zu festen Begriffen. Zu ihren bekannten Funden gehört der Schädel des 16 Millionen Jahre alten Vormenschen *Proconsul*, den sie 1948 aufspürte. Damals ging man davon aus, dass er das »fehlende Glied« im Evolutionsstammbaum zwischen Affen und Menschen sei. Schließlich fand sie 1959 den zur damaligen Zeit ältesten Hominidenschädel, den eines 1,8 Millionen Jahre alten *Zinjanthropus* aus der Gruppe der so genannten *Australopithecus boisei*. Am aufregendsten war jedoch ihre Entdeckung im Jahr 1976 in Laetoli, Tansania, der Fund der ältesten versteinerten Fußspuren von Hominiden. Die Spuren, die drei *Australopithecus afarensis* vor 3,6 Millionen Jahren hinterließen, als sie durch ein erst kurz zuvor mit vulkanischer Asche bedecktes Tal gingen, wurden für immer in Stein gegraben.

Marys Arbeit in Afrika, wo sie nach Spuren früher Menschen forschte und Steinwerkzeuge sammelte und untersuchte, um zu zeigen, wie sich die Werkzeugtechnik im Laufe der Zeit entwickelte, aber auch ihre Dokumentation über jüngere Felskunst hat ganz wesentlich zu unseren Kenntnissen über die Vergangenheit beigetragen. Marys Erbe lebt in ihren drei Söhnen fort, die die Leidenschaft ihrer Eltern für die Paläoarchäologie teilen.

Das Reich der Großen Göttin

MARIJA BIRUTE ALSEIKAITE GIMBUTAS
LITAUISCH-AMERIKANISCHE ARCHÄOLOGIN (1921–1994)

Marija Gimbutas. Sie schrieb: »Es ist ein großes Missverständnis, davon auszugehen, dass Kriegsführung ein Teil der menschlichen Natur ist. Umfangreiche Kämpfe und die Errichtung von Befestigungsanlagen gehörten tatsächlich zum Leben der meisten unserer direkten Vorfahren, von der Bronzezeit bis heute. In der Altsteinzeit und in der Jungsteinzeit war dies jedoch nicht der Fall. Bei altsteinzeitlichen Höhlenmalereien gibt es keinerlei Darstellungen von Waffen (jedenfalls keiner Waffen, die gegen andere Menschen verwendet wurden), noch gibt es Überreste von Waffen, die in der Jungsteinzeit im frühen Europa von Menschen gegen Menschen eingesetzt wurden.«

Schon als kleines Mädchen kam Marija Gimbutas in ihrer Heimat Litauen mit mystischen Frömmigkeitsformen in Kontakt. Sie sollten ihr ganzes Leben bestimmen. »Ich verliebte mich in das, was aus grauer Vorzeit stammt«, erinnerte sie sich, »weil es sich dabei um eine tiefe Verbindung und Einheit mit der Erde handelt. Davon war ich völlig fasziniert. Mein Interesse an der Folklore war geweckt.«

Dieses Interesse veranlasste sie, im Alter von siebzehn Jahren mit dem Sammeln von heimatlichen Geschichten und Liedern zu beginnen, die ihren Ursprung in grauer Vorzeit hatten. Sie nahm als einzige Frau an mehreren Reisen in den Südosten Litauens teil und machte umfangreiche Aufzeichnungen der mündlichen Überlieferung; dieses Material wird jetzt in den Archiven der Universität von Vilnius (Wilna) aufbewahrt. Später, nach ihrer Flucht kurz vor Ende des Zweiten Weltkriegs, setzte Gimbutas ihre Forschung zunächst in Deutschland und dann in den Vereinigten Staaten fort, wo sie zu einer anerkannten Expertin der Balten und Slawen der Bronzezeit sowie der Kurganen-Völker wurde – Invasoren aus den Steppen im Osten.

Aufgrund ihres umfangreichen Wissens – sie veröffentlichte 320 Artikel und 33 Bücher – erhielt sie den Ruf als Professorin für europäische Archäologie samt Lehrstuhl an der University of California in Los Angeles. Außerdem wurde sie Kuratorin für die Archäologie der Alten Welt am Cultural History Museum ebenfalls an der UCLA.

Marijas Begeisterung für die frühesten Kulturen der Alten Welt, deren Spuren sie in ihrer Jugend so fasziniert hatten, hielt ihr ganzes Leben an. In den 60er- und 70er-Jahren erforschte sie frühzeitliche Siedlungsgebiete auf dem Balkan. In Bosnien, Mazedonien und in Thessalien im Norden Griechenlands leitete sie Ausgrabungen. Bei einigen der von ihr entdeckten Stätten, wie zum Beispiel einer 7000 Jahre alten Höhle im Südosten Italiens, handelt es sich eindeutig um Kultstätten. Aber wer die Menschen waren, die dort ihren Göttern geopfert hatten, blieb ein Rätsel.

Nach und nach begann sich jedoch durch Marijas archäologische Feldforschung und die Untersuchung von alteuropäischen Artefakten, die in den Museen rund um die Welt aufbewahrt werden, ein völlig neues Bild des alten Europas abzuzeichnen. Sie formulierte nun ihre zunächst äußerst kontroverse Behauptung.

Marija Gimbutas stützte sich dabei auf ihre Kenntnisse der Linguistik, der Mythologie sowie der Volkskunde und stellte die Hypothese auf, dass es sich um eine riesige, egalitäre und matrilineare Kultur von langem Bestand gehandelt habe, die auf einer weiblichen Gottheit, der Großen Göttin, basierte. Sie glaubte, dass diese vor der Invasion der Kurganen-Völker aus dem Osten verbreitete Kultur, die sich über Jahrtausende gehalten hatte, eine relativ friedliche gewesen war, denn es fehlen jegliche Überreste von Befestigungsanlagen und Waffen. Später, nach den Invasionen durch die Kurganen-Völker, wurde das alte Europa nach und nach von der Kultur der Invasoren und ihren gänzlich anderen Glaubensvorstellungen ersetzt.

Gimbutas, die Widerspruch nie scheute, stellte die These auf, zukünftige Archäologen würden herausfinden, dass die Glaubensvorstellungen, die sich auf die Große Göttin konzentrieren, auf die Anfänge der Menschheit zurückgehen. Außerdem glaubte sie, dass die Religion der Göttin nicht völlig ausgestorben, sondern in die neuen kulturellen Systeme eingeflossen sei.

Um diese Behauptung zu untermauern, suchte sie bei ihren volkskundlichen Untersuchungen nach heutigen Glaubensvorstellungen und Bräuchen, die in jener 5000 Jahre alten und noch früheren Tradition stehen. Zudem stellte sie die noch umstrittenere Behauptung auf, dass im frühzeitlichen Europa bereits 2000 Jahre vor der »ersten« Schriftsprache der Sumerer eine Schrift entwickelt worden sei.

Marija hob den multidisziplinären Ansatz für das Verstehen aller Geschichtsperioden hervor. Dies war insbesondere im frühgeschichtlichen Europa notwendig, wo, wie sie sagte, »das säkulare und religiöse Leben in jenen Tagen eine untrennbare Einheit bildete«. Sie erkannte das nahtlose Gefüge des menschlichen Lebens und ermunterte auch andere, sich ganz unvoreingenommen an die Arbeit der archäologischen Forschung zu machen. »Nur dafür arbeite ich, um an einen Punkt zu kommen, an dem sich alles zusammenfügt ... Archäologie, Mythologie, Volkskunde und Linguistik – und alles das Gleiche aussagt.«

Ihre Untersuchungen zeigten, wie sie es ausdrückte, »dass wir als Zivilisation nichts Neues lernen müssen, um in Zukunft zu überleben, sondern uns nur an etwas Vergessenes zu erinnern brauchen«.

Die Haifisch-Lady

EUGENIE CLARK

AMERIKANISCHE ICHTHYOLOGIN (*1922)

Clark beim Auftauchen aus dem Tiefseetauchboot »Alvin«

Seit fünf Jahrzehnten ist Eugenie Clark als Meeresbiologin eine Vorreiterin auf den Gebieten der Erforschung und Bewahrung des Lebens in den Meeren. Sie hat mehr als hundert Expeditionen in die Weltmeere geleitet und Tausende Tauchgänge hinter sich gebracht. Richtig bekannt wurde sie durch ihre bahnbrechenden Untersuchungen über die Intelligenz und das Verhalten von Haien, die dazu beitrugen, den Furcht erregenden Ruf dieser Fische ein wenig zu relativieren.

Clark war von den Fischen regelrecht besessen und ließ nie mehr davon ab. Am College belegte sie Zoologie als Hauptfach und spezialisierte sich auf die Ichthyologie.

Die Frage, ob Haie tatsächlich so gefährlich sind, hatte schon viele Seefahrer bewegt, und auch Clark suchte nach einer Antwort. »Ich hatte keine Angst vor ihnen. Ich wollte sie direkt sehen, draußen auf dem offenen Meer.« Als sich ihr schließlich die Gelegenheit bot, sie zu erforschen, begann sie erstaunliche Entdeckungen zu machen. 1958 bewies sie, dass Haie keine hirnlosen Killermaschinen, sondern intelligente Wesen sind. In einem großen Becken in der Forschungsstation, die sie in Cape Haze (später Mote Marine Laboratory genannt) an der Golfküste Floridas gründete, brachte sie Zitronenhaien bei, eine Zielscheibe zu berühren. Dadurch wurde das Läuten einer Glocke ausgelöst und Futter herabgelassen. Sie fand heraus, dass Haie zwischen Farben und Formen unterscheiden können, um das richtige Futterziel zu treffen, und sich neuen Anordnungen von Zielscheibe und Futter schnell anpassen können. Eugenie führte das Experiment 1967, als sie an einer Expedition mit Jacques Cousteaus *Calypso* teilnahm, vor den Suakin-Inseln im Roten Meer erneut durch. Dabei hielt sie Zielscheiben ins Wasser, von denen nur eine zu einer Belohnung führte. Die Haie im Meer lernten genauso rasch wie die in Gefangenschaft lebenden.

Clark untersuchte viele der mehr als 370 bekannten Haiarten. »Es ist schwer, sich für einen Lieblingshai zu entscheiden, weil sie für mich alle so faszinierend sind, aber die Walhaie und die großen Grauhaie mag ich wirklich sehr«, sagt sie. Um die Walhaie zu untersuchen, muss Eugenie häufig in den Gewässern vor den Küsten Mexikos, Thailands oder Australiens mehr als zweihundert Meter tief tauchen – die bevorzugte Tiefe dieser Haiart. Eines ihrer aufregendsten Unterwassererlebnisse war ihr Ritt auf einem Walhai, wovon sie aber jedem anderen ganz dringend abrät. »Ich war verrückt. Wir wollten das Weibchen untersuchen und fotografieren. Es war gute zwölf Meter lang. Als ich es erst einmal gepackt hatte, wollte ich nicht mehr loslassen ... Das Haiweibchen schwamm mit gleichbleibender Geschwindigkeit von drei Knoten dahin, und nach einer Weile dachte ich mir: ›Warum halte ich mich eigentlich immer noch an dem Hai fest und gerate immer weiter vom Boot weg?‹ Und da ließ ich endlich los.«

Wie andere Forscher hadert auch Clark mit den Grenzen, die der menschliche Körper der Forschung setzt. Der Taucherhelm und später das Pressluftttauchgerät überwanden einige dieser Hindernisse, aber das, was tief unter der Wasseroberfläche lag, konnte man nur ahnen, bis den Forschern kleine, manövrierfähige Tiefseetauchboote zur Verfügung standen. Eugenie unternahm 1987 ihren ersten Tauchgang mit einem solchen Boot, um nach dem zu suchen, was Seeleute (und Jules Verne) für die »Meeresungeheuer« hielten, die in der Tiefsee darauf warteten, entdeckt zu werden. Seit damals ist sie auf diesem Gebiet zur führenden Wissenschaftlerin avanciert und für mehr als 70 Tauchgänge in Tiefen von über 3000 Meter verantwortlich, von denen sie 59 selbst unternahm. Bei einem Tauchgang in der Suruga Bay, Japan, entdeckte und filmte ihr Team tatsächlich ein Meeresungeheuer, mit dem sich Jules Verne wohl zufrieden gegeben hätte, nämlich den größten je in der Tiefsee entdeckten Hai, einen sieben Meter langen *Somniosus pacificus* (Pazifischer Eishai), der in fast 1500 Metern Tiefe dahinschwamm.

Trotz der Fortschritte der modernen Technologie drohen bei der Tiefseeforschung nach wie vor große Gefahren. Einmal, als sie nach dem schwer auffindbaren riesigen Sechskiemenhai suchte, geriet Clarks Tauchboot in mehr als 600 Metern Tiefe unter einen Felsvorsprung und blieb dort stecken. »Ich war im Tauchboot beunruhigt, hatte aber nicht wirklich Angst. Ich wusste, dass wir genügend Zeit hatten, aber ich wusste auch, dass wir diese Zeit brauchen würden, um das Problem zu lösen, und keine Zeit zu vergeuden hatten.« Es war Mitternacht – obwohl in dieser Tiefe immer Nacht ist – und sie, ihr Kopilot und der Forschungsassistent froren, litten unter der Feuchtigkeit und der Enge. Gerade als sie anfing, sich ernste Sorgen zu machen, gelang es ihr schließlich, das Tauchboot freizubekommen und unter dem Felsvorsprung hervorzutauchen.

Für die meisten Leute kommt die Angst jedoch in Gestalt von Haien daher. Eugenie erklärt ihren Erfolg bei den Haien so: »Ich habe ein gutes Grundwissen über das Verhalten vieler verschiedener Haiarten und die unterschiedlichen Bedingungen, unter denen sie gefährlich werden können. Dadurch fühle ich mich zwischen ihnen sicherer als die meisten anderen Leute.« Neuem Verständnis ist es zu verdanken, dass Haie, auch wenn sie von vielen noch immer gefürchtet werden, inzwischen wegen ihrer wichtigen Rolle im Ökosystem unserer Ozeane geschätzt werden. Clark und andere Freunde des Meeres setzten sich weltweit für ein Moratorium, einen Aufschub der Tötung von Haien, ein, um diese zunehmend gefährdeten Tiere zu schützen.

Zum Gedenken an Digit

DIAN FOSSEY

AMERIKANISCHE PRIMATENFORSCHERIN (1932–1985)

Dian stellte einen engen Kontakt zu den Gorillas her, die sie viele Jahre lang studierte.

Die Eingeborenen gaben ihr den Namen Nyiramachabelli, die einsame Frau des Waldes. Aber in Wahrheit war sie hoch oben an den Hängen des Mount Visoke, Ruanda, nicht allein. Dian Fossey lebte in dieser abgelegenen Bergregion mit jenen Kreaturen zusammen, die sie erforschen wollte und die sie am Ende lieben sollte: den freundlichen und faszinierenden Berggorillas. Ihre Primaten-Gefährten wurden im Laufe der achtzehn Jahre ihrer Forschung und Beobachtung zu ihrer Großfamilie. Da gab es das verspielte Männchen mit dem schwarzen Rücken, das sie Peanuts nannte und mit dem sie 1970 den ersten dokumentierten »menschlichen« Kontakt herstellte; den lieben Uncle Bert, ein riesiges Männchen mit silbernem Rücken, das sie nach einem gutmütigen Onkel daheim in Kalifornien benannte; den einsamen Tiger mit dem silbernen Rücken, der von Wilderern von seinem Rudel getrennt worden war; Coco und Pucker, die Gorillababys, die sich auf dem Weg in einen Zoo in Europa befanden und halb tot waren, als sie sie rettete; und ihren geliebten Digit.

Fossey traf den fünf Jahre alten Digit an ihrem ersten Tag im Feld in Ruanda und beschrieb ihn als »eine neugierige, flaumige Wollkugel mit leuchtenden Augen«. Sie beobachtete über zehn Jahre hinweg, wie er heranwuchs und erwachsen wurde, freute sich über seine Verspieltheit und Zuneigung, trauerte um ihn, als er von Wilderern ermordet wurde, und machte ihn schließlich als internationales Symbol des Tierschutzes unsterblich. Aber am Ende dieser leidenschaftlichen Primatengeschichte sollte Digit nicht als Einziger geopfert werden.

Vielleicht fühlte sich Fossey hoch in den afrikanischen Bergen weniger einsam als in ihrer ersten Heimat, einer ganz anderen Welt. Sie wurde von Eltern großgezogen, die wenig Verständnis für die Begabungen und Wünsche ihrer Tochter hatten, und fand deshalb in ihrer bedingungslosen Tierliebe Trost und Erfüllung.

Zu Beginn ihres Erwachsenenlebens war sie als Beschäftigungstherapeutin tätig, aber bei der erstbesten Gelegenheit lieh sie sich Geld, um nach Afrika reisen zu können. Und auf dieser Reise traf sie den berühmten Anthropologen Louis Leakey, der später ihr Mentor werden sollte. Sie vertraute ihm ihren Wunsch an, die Gegend um den Virunga-Vulkan zu besuchen und die Berggorillas zu sehen. Es war der Fotograf Alan Root, der Dian schließlich ihren ersten Blick auf die Gorillas ermöglichte. Sie schrieb:

Die Geräusche gingen dem Anblick voran, und der Geruch kam noch vor allem anderen, und zwar in Form eines überwältigenden moschusartigen, an einen Bauernhof erinnernden, aber dennoch menschlichen Dufts. Die dünne Bergluft wurde wie Fensterglas durch eine Reihe hoher und sehr lauter Schreie zerrissen. Nichts kann einen auf ein solch Furcht erregendes Geschrei vorbereiten ... Alan gab mir das Zeichen, näher zu kommen, und ich kroch neben ihn ... Da waren sie ... die letzten Könige der Berge Afrikas ... ›Kweli nudugu yanga!‹, diese Worte flüsterte der von Ehrfurcht ergriffene Manual, der ebenfalls zum ersten Mal einen Gorilla erblickte, auf Suaheli, aber diese Worte beschrieben genau, was ich fühlte. »Mein Gott, das sind wahrlich meine Verwandten!«

Dian ist auf dem Gorillafriedhof neben ihrem geliebten Digit, Uncle Bert und einem Dutzend anderer Gorillas beerdigt.

Es sollten drei Jahre vergehen, bis Fossey wieder nach Afrika zurückkehren konnte. Dieses Mal wurde ihr – durch die Vermittlung von Dr. Leakey – die Gelegenheit geboten, eine Feldstudie über die Berggorillas im *Parc des Virungas* in Zaire durchzuführen. Damit fand Dian im Januar 1967, im Alter von 35 Jahren, endlich ihr Zuhause.

Ihr Lager in Kabara lag auf einer Wiese in gut 3000 Metern Höhe an den Hängen des Mount Mikeno. Um dieses Lager zu erreichen, war ein fünfstündiger Aufstieg über schlammige, gewundene Dschungelpfade erforderlich. Fossey heuerte mehrere Dutzend Träger an, die alles, was sie zum Arbeiten und Leben für eine längere Zeitspanne brauchte, hinauftragen sollten. Jedes bisschen Essen, das Bettzeug, die Kameraausrüstung, Schreibmaschinen, Kerosinlampen und Kleidungsstücke wurden die 45 Grad steilen Hänge des Berges hinaufgeschleppt.

Dian war wild entschlossen in dieser abgelegenen Region zu leben. Im Gegensatz zu großen Teilen Afrikas, die aus Savannen bestehen, gehen im Virunga-Regenwald jährlich 170 Zentimeter Regen nieder, das heißt täglich im Durchschnitt zwei Stunden heftige Schauer, die häufig von Hagel begleitet sind. Der Niederschlag machte die steilen Pfade rutschig und den Anstieg noch mühsamer. Außerdem war ihre Gesundheit angegriffen, zum Beispiel litt sie an Asthma und hatte mehrere schwere Lungenentzündungen hinter sich, was das normale Atmen in dieser Höhe zur Qual werden ließ. Auf dem Weg den Berg hinauf schleppte sie häufig 20 Pfund an Ausrüstung, darunter die Kamera, Objektive, Notizbücher und Regenschutz, und manchmal noch zusätzlich ein Tonbandgerät, das allein schon 20 Pfund wog. Bergauf blieb sie häufig stehen und schnappte nach Luft. Und doch blieb die Leidenschaft, die sie für ihre Arbeit entwickelt hatte, das Wichtigste in ihrem Leben. Über Schwierigkeiten, Einsamkeit und körperliche Beschwerden musste hinweggesehen werden.

Fosseys Beiträge auf dem Gebiet der Primatenforschung waren das Ergebnis jahrelanger geduldiger Beobachtungen vor Ort. Sie wurde eine Expertin im Fährtenlesen und konnte eine Gorillagruppe verfolgen, indem sie die Richtung der abgebrochenen Zweige entlang ihres Weges sowie die Abdrücke der Fingerknöchel auf dem Boden las. Ihre Vorgehensweise war zunächst die eines verborgenen Beobachters. Später fing sie an, sich durch Nachahmen der Gesten und Geräusche von Gorillas bemerkbar zu machen. Scharrend auf dem Boden kriechend und sich auf den Fingerknöcheln abstützend, rülpste sie und knirschte mit den Zähnen. Sie kaute an wildem Stangensellerie und nahm die unterwürfige Haltung ein.

Einmal schrieb Dian, wie wertvoll ihre frühere Ausbildung zur Beschäftigungstherapeutin für sie gewesen sei, da sie ihr bei ihrer langsamen und vorsichtigen Annäherung an die Berggorillas zustatten kam. Sie beschrieb ihre Erfahrung bei der Arbeit mit einem Patienten, einem geistig gestörten jungen Mann, und ihre Fähigkeit, sich ihm durch ihr nichtbedrohliches Verhalten anzunähern. Auf die gleiche Weise gelang es ihr, das Vertrauen der Gorillas zu gewinnen und schließlich akzeptiert zu werden.

Der Name jedes Gorillas schien sich von selbst anzubieten: Old Goat, Maidenform, Geezer, Pablo, Macho, Beetsme und Bonne Année. Jeder hatte seine eigene Persönlichkeit und seine unverkennbare Nasenform.

Dians Liebling, Digit, erhielt seinen Namen wegen seines verdrehten Mittelfingers. An Silvester 1977 wurde Digit von Wilderern umgebracht, während er die Mitglieder seiner Gruppe bewachte. Sein verstümmelter Körper, dem sowohl der Kopf als auch die Hände fehlten, wurde am nächsten Tag von einem von Fosseys Forschungsstudenten gefunden. Als sie diese schreckliche Nachricht erhielt, schrieb Dian: »Es gibt Zeiten, da kann man Tatsachen nicht akzeptieren, aus Angst, sie könnten einen niederschmettern ... Seit diesem grauenvollen Augenblick lebte ich in einem isolierten Teil meiner selbst.«

Fossey wollte alles tun, damit Digits Tod nicht umsonst gewesen war. Was ursprünglich als geduldige wissenschaftliche Beobachtung begonnen hatte, wurde jetzt zu einem richtiggehenden Feldzug einer Frau gegen die Wilderer, die Leben und Habitat der Gorillas bedrohten.

1983 veröffentlichte sie *Gorillas im Nebel*, einen Bericht über ihre Arbeit mit den Berggorillas. Mit wachsender Berühmtheit stieg auch ihre Einflussmöglichkeit in Ruanda. Nach einer erfolgreichen Werbetour für ihr Buch kehrte sie nach Ruanda zurück, entschlossen, weiter für ihre Sache zu kämpfen.

Als Fossey am 27. Dezember 1985 brutal ermordet wurde, hatte sie beinahe das achtzehnte Jahr ihrer Primatenstudien und ihrer Aktivitäten gegen Wilderer vollendet. Ihr Tod überraschte nur wenige der ihr Nahestehenden, die sich wegen ihrer offenen Herausforderung sowohl der Wilderer als auch der Regierungsbeamten zunehmend Sorgen gemacht hatten. Sie wurde neben Digit auf dem Gorillafriedhof unweit ihrer Hütte in Karisoke beerdigt. Dian wurde zu einer Märtyrerin für die Sache des Naturschutzes und zum Symbol der Macht leidenschaftlichen Engagements für eine geliebte Sache. Heute wird ihre Arbeit durch den Dian Fossey Digit Fund fortgeführt, der die laufende Erforschung der Berggorillas mitfinanziert.

Im Schatten des Menschen

JANE GOODALL

ENGLISCHE PRIMATENFORSCHERIN (*1934)

Joujou, ein Schimpanse, der im Zoo von Brazzaville in Gefangenschaft gehalten wurde, hatte den ersten Kontakt mit einem anderen Lebewesen, als er den Arm ausstreckte und die Stirn von Jane Goodall berührte.

Jane Goodall begann ihre mittlerweile 40-jährige Untersuchung der Schimpansen am Gombe-Fluss in Tansania mit einfachem Beobachten. Im Sommer 1960 kam sie am Ufer des Tanganjikasees an. Da sie keine wissenschaftliche Ausbildung hatte, bereitete sie sich auf ihre Reise vor, indem sie sich mit Wildnis-Experten und Forschern unterhielt, die ihr allerdings alle Enttäuschendes zu berichten hatten. Es sei unmöglich, Schimpansen zu beobachten. Sie würden sich im Feld nie an Menschen gewöhnen. Niemand habe je auf diesem Gebiet der Tierforschung Erfolg gehabt. Und in den ersten drei Monaten nach ihrer Ankunft schienen sich diese Ansichten zu bestätigen. Mit ihren beiden Scouts, die helfen sollten, die Tiere auszumachen, stellte Jane fest, dass es wirklich nicht möglich war, Schimpansenfamilien aus der Ferne durch das dichte Blattwerk zu beobachten. Eines Morgens stand sie früh auf und kletterte auf einen Ansitz 300 Meter über ihrem Lager. Als sie so an der Stelle saß, die sie später als »den Gipfel« bezeichnen sollte, erblickte sie plötzlich in geringer Entfernung eine Schimpansengruppe. Die Tiere starrten sie furchtlos an. Das war der Beginn einer der ganz großen wissenschaftlichen Untersuchungen des Jahrhunderts.

Die stumme Anwesenheit Goodalls im freien Gelände vermittelte den Tieren die Botschaft, dass sie keine Bedrohung darstellte. Im Laufe der nächsten Monate machte sie zwei bahnbrechende Entdeckungen, die ihr Berühmtheit einbringen und sicherstellen sollten, dass sie ihre Forschungen fortsetzen konnte. Zum einen beobachtete sie, wie ein Männchen Larven fraß. Bis dahin war man davon ausgegangen, dass Schimpansen Vegetarier seien. Zweitens beobachtete sie wenig später den gleichen Schimpansen, wie er sich aus einem Grashalm ein Werkzeug baute und damit in einem Termitenhügel herumstocherte, um an seine Mahlzeit zu gelangen. Zuvor hatte die Theorie besagt, dass es der Bau von Werkzeugen sei, der den Menschen von anderen Lebewesen unterscheide. Ihre Entdeckungen waren von Anfang an umstritten.

Janes Ansatz stand im Widerspruch zu dem damals gängigen Stil der wissenschaftlichen Beobachtung. So wie es Dian Fossey und Cynthia Moss Jahre später tun sollten, gab auch Jane ihren Forschungsobjekten Namen statt Nummern. Sie beschrieb in Form von

Geschichten, was dröge Systematiker quantifiziert, gemessen und auf Karteikarten festgehalten hätten. Doch am wichtigsten war, dass sie nicht eine Theorie an den Anfang stellte, die sie dann zu beweisen suchte. Sie fing einfach an zu beobachten.

1986 schloss sie sich dem Kampf zum Schutz der Schimpansen an – in Freiheit wie in Gefangenschaft lebender Tiere. Janes leidenschaftliche Bemühungen, die Bedingungen für Labortiere zu verbessern, haben in den letzten Jahren einen Großteil ihrer Zeit in Anspruch genommen. Sie reist rund um die Welt, mit dem Ziel, diesen und anderen Tieren sinnlose Grausamkeit zu ersparen, Nachforschungen und Lobbyarbeit zu betreiben sowie Vorträge zu halten. Ihre Berühmtheit und Beliebtheit haben wesentlich dazu beigetragen, die Sache ihrer geliebten »Chimps« voranzubringen.

Das Echo der Elefanten

CYNTHIA MOSS

AMERIKANISCHE NATURFORSCHERIN (*1940)

Seit Jahrzehnten forscht Cynthia Moss über die Elefanten im Amboseli-Nationalpark, Kenia. Sie sagt: »Obwohl ich schon seit Jahren Elefanten beobachte, verspüre ich eine gewaltige Erregung, wenn ich Zeugin einer Begrüßungszeremonie werde. Sie ist irgendwie der Inbegriff dessen, was Elefanten so außergewöhnlich und interessant macht. Ich habe keinen Zweifel, selbst wenn ich die Sache ganz wissenschaftlich betrachte, dass die Elefanten sich freuen, wenn sie einander wiederfinden. Vielleicht ist sie nicht der menschlichen Freude ähnlich oder mit ihr zu vergleichen, aber es ist eben eine den Elefanten gemäße Freude, und diese spielt in ihrer gesamten sozialen Struktur eine sehr wichtige Rolle.«

Elefanten, die größten aller Landtiere, wurden gejagt, bis sie fast ausgerottet waren. Für Wilderer waren sie wegen ihrer Stoßzähne, die als Trophäen, zur Herstellung von Elfenbein und in der Volksmedizin sehr geschätzt sind, eine begehrte Beute. 1973 bis 1989 war die Hälfte der afrikanischen Elefanten abgeschlachtet worden. Inmitten dieses Gemetzels trat eine junge Frau aus New York auf, die ihre Tierliebe nach Afrika geführt hatte. 1967 lernte sie als 27-jährige Ian Douglas-Hamilton kennen, den berühmten Verhaltensforscher und Verfasser von *Unter Elefanten*, der in Tansania Studien über Elefantenpopulationen durchführte. Douglas-Hamilton war von Moss so beeindruckt, dass er ihr eine Anstellung anbot. Als er sie aufforderte, ihm bei der Beobachtung und Erfassung der Verhaltensweisen von Elefanten zu helfen, packte sie die Gelegenheit beim Schopf. Cynthia verbrachte die folgenden Jahre in Afrika, wo sie an verschiedenen Forschungsprojekten mitarbeitete. Ihr Ziel war es, die Tiere, die sie lieben gelernt hatte, selbst zu untersuchen. Sie sagte dazu: »Elefanten führen im Vergleich zu anderen Tieren ein bemerkenswert komplexes soziales Leben. Die sozialen Beziehungen der Bullen wie auch der Kühe reichen über ein vielschichtiges Beziehungsnetz, das die ganze Population umfasst, weit über die Familiengruppe hinaus.«

Die Chance bot sich ihr 1972, als sie gebeten wurde, die Elefanten in dem 392 Quadratkilometer großen Amboseli-Nationalpark in Kenia zu untersuchen. Heute, fast 30 Jahre später, untersucht Moss noch immer »ihre« Elefanten im Amboseli-Park; ihr Projekt ist somit die längste fortdauernde Beobachtung, die je über eine wilde Elefantenpopulation durchgeführt wurde. Cynthias erste Aufgabe bestand darin, ein Verfahren zu finden, um die einzelnen Elefanten zu identifizieren. Das System, das sie entwickelte, basiert auf Karteikarten mit Fotos der Ohren der Elefanten. Wie der Fingerabdruck beim Menschen ist jedes Elefantenohr auf Grund des Musters von Löchern, Rissen, Narben und Adern einzigartig. Sie fing mit 600 Karten an – eine für jeden Elefanten im Amboseli-Park – und hat inzwischen mehr als 1100 Karten, auf denen die Persönlichkeit und das Verhalten eines jeden Elefanten genau beschrieben ist. Da die normale Lebenserwartung eines Elefanten etwa 65 Jahre beträgt, leben viele der Elefanten, die sie seit Beginn ihrer Untersuchung beobachtet hat, noch heute. Diese lange Lebensspanne hat es Cynthia ermöglicht, sie als Individuen kennen zu lernen. Außerdem gestattete ihr dies, die erstaunlich komplexe soziale Struktur zu dokumentieren und das Maß des erlernten Verhaltens zu erfassen, das diese Tiere an den Tag legen.

Cynthia stellte fest, dass die Mutter-Leitkuh die entscheidende Rolle für den Fortbestand der Dickhäuter spielt. Eine Elefantenherde besteht aus engen weiblichen Verwandten (»Tanten«) und ihren Jungen sowie aus Männchen bis zum Alter von zehn Jahren. Die Leitkuh führt nicht nur über die wechselnden Jahreszeiten hinweg zu Wasserquellen und Futterstellen, sondern bringt auch Fähigkeiten für den Daseinskampf bei. So weiß ein neugeborenes Elefantenbaby zum Beispiel nicht von vornherein, wie es seinen Rüssel zu benutzen hat; das muss es lernen, indem es die Älteren beobachtet. Heranwachsende Weibchen bereiten sich auf ihre eigene Mutterschaft dadurch vor, dass sie ihre jüngeren Geschwister, Neffen und Nichten unter dem wachsamen Auge des weiblichen Leittiers hüten. Eines der vielleicht ergreifendsten und außergewöhnlichsten Vorkommnisse, die Moss dokumentierte, war die Geburt eines verkrüppelten Elefantenbabys und die Bemühungen der ganzen Familie, es am Leben zu erhalten, was auch gelang.

Von ihrer Forschungsstation am Fuß des Kilimandscharo aus setzt Moss ihre Studien der Amboseli-Elefanten fort. Sie bemüht sich, durch ihre Veröffentlichungen und Vorträge das Überleben der Tiere auch im 21. Jahrhundert sicherzustellen. »Mir ist klar geworden, dass mir mehr als an allem anderen, mehr als an wissenschaftlichen Entdeckungen oder der Akzeptanz, am Schutz gelegen ist ... nicht nur einer bestimmten Zahl von Elefanten, sondern der ganzen Lebensgemeinschaft von Elefanten, und dafür werde ich kämpfen.« Zu diesem Zweck bildet sie Einheimische für die Arbeit mit den Tieren aus und sucht nach Wegen, wie die Stammesangehörigen der Massai vom Tourismus profitieren und zugleich für die mögliche Zerstörung der Ernten durch die Elefanten entschädigt werden können.

Ihre Kampagne zum Schutz der Elefanten erlitt 1999 einen schweren Rückschlag, als afrikanische Länder trotz der Warnungen von Tierschützern das Verbot des Elfenbeinhandels aufhoben und den Abschuss einer bestimmten Zahl von Elefanten wieder zuließen. In der Angst, die Aufhebung des Verbots des Elfenbeinhandels könnte die schwer bewaffneten Wilderer wieder auf den Plan rufen, arbeitet Cynthia derzeit mit Naturschutzorganisationen und den Landesregierungen zusammen, um die Grenzen des Amboseli und anderer Parks zu schützen.

Eine stumme Sprache

KATY PAYNE

AMERIKANISCHE AKUSTIK-BIOLOGIN (*1937)

Katy Payne

Katy Payne, die 15 Jahre lang die Gesänge von Buckelwalen studiert hat, beschloss 1984, eine Woche im Washington Park Zoo in Oregon zu verbringen. Sie war, als sie neben dem stillen Elefantengehege saß, erstaunt, etwas zu spüren, was sie als »ein Pochen in der Luft und Druck auf meiner Brust« beschrieb. Sie nahm an, dass die Elefanten Geräusche von sich gaben, die sie nicht hören konnte. Später kam sie mit einem hochempfindlichen Tonbandgerät wieder zum Gehege zurück und stellte fest, dass dessen Lautstärkenmesser tatsächlich Tieffrequenzgeräusche erfasste. Payne war begeistert. »Ich entdeckte«, sagte sie, »dass Elefanten Geräusche von sich geben, die Menschen nicht hören können und die bis dahin völlig unbekannt waren.«

Ihre Entdeckung hat viele verwirrende Fragen hinsichtlich des Verhaltens von Elefanten geklärt. Als sie beispielsweise die Reichweite dieser Rufe untersuchte, stellte sie fest, dass diese Geräusche der Elefanten auf Grund von Veränderungen des Luftdrucks in der afrikanischen Savanne eine Reichweite von sage und schreibe 300 Kilometern haben können. Die Fähigkeit der Elefanten, über große Entfernungen hinweg miteinander zu kommunizieren, erklärt, »wie sie sich wiederfanden, nachdem sie sich so weit voneinander entfernt hatten, wie sie die Entfernung voneinander beibehielten und wie sie ihre Streifzüge koordinierten. Elefanten fressen täglich über 200 Kilogramm Pflanzen; wenn sie einander zu nahe wären, könnten sie ein Gebiet allzu leicht überweiden.«

Sie ist nach ihrer Entdeckung dabei, Elefantengeräusche in Afrika und Amerika aufzunehmen, um ein Elefantenwörterbuch zu erstellen. Das Zusammentragen einer solchen Sammlung ist keine leichte Aufgabe ...

Ihre Entdeckung hat andere Forscher veranlasst, nach den verborgenen Kommunikationsfähigkeiten weiterer Tiere zu suchen, und sie haben herausgefunden, dass selbst Krokodile und Nilpferde Töne unterhalb unserer Hörgrenze nutzen. Für Katy sind die Elefanten jedoch am faszinierendsten, weil sie sehr gesellige Tiere sind, die erlerntes Wissen mit Hilfe ihrer eigenen sich entwickelnden Sprache den nachfolgenden Generationen weitergeben.

An geheiligten Orten

CRISTINA SHELLEY BIAGGI
SCHWEIZERISCH-ITALIENISCH-AMERIKANISCHE
KÜNSTLERIN / PRÄHISTORIKERIN (*1937)

Cristina Shelley Biaggi verbindet ihr Interesse an der Kunst, der Archäologie und der Religion mit der Suche nach den prähistorischen Kultstätten der neusteinzeitlichen Großen Göttin. »Wir können von unseren frühen Vorfahren viel lernen«, sagt sie. Ihre profunden Kenntnisse erwarb sie durch Zusammenarbeit mit ihrer Mentorin, der berühmten Archäologin Marija Gimbutas. Das erste Zusammentreffen während der Teilnahme an einer Konferenz über Archäologie und frühere Fruchtbarkeitskulte im Mittelmeerraum fand 1985 bezeichnenderweise im bekannten Hypogäum auf Malta statt, einem aus vielen Schichten bestehenden und tief unter der Erde liegenden jungsteinzeitlichen Tempel- und Gräberkomplex.

Im Rahmen ihrer Doktorarbeit an der Universität von New York begann Cristina ihre einjährige Suche nach Ähnlichkeiten in der Kunst weit verstreuter Bauten der Jungsteinzeit. Sie dokumentierte alte Stätten auf den windgepeitschten Orkney- und Shetland-Inseln vor der Nordküste Schottlands und in den Hügeln Maltas, rund 2000 Kilometer südlicher im Mittelmeer gelegen. Dabei entdeckte sie Ähnlichkeiten in den Überresten von Tempeln, die seit Jahrtausenden von Erde bedeckt waren. Biaggis Entdeckungen bestätigen, dass einander ähnelnde Glaubensvorstellungen in frühen Zeiten weit verbreitet waren. Das beweisen ähnliche Baustile, die bei räumlich getrennt liegenden Kultstätten verwendet wurden.«

Cristina hat ihre Laufbahn dem Beweis von Gimbutas' Theorie einer jungsteinzeitlichen Göttin gewidmet. Von Höhlenmalereien, Skulpturen, Keramik und architektonischen Überresten aus der Jungsteinzeit fasziniert, hofft sie, das Interesse für unsere frühe Vergangenheit zu wecken.

Die Geister schenkten ein Heilmittel

ROSITA ARVIGO
AMERIKANISCHE ETHNOBOTANIKERIN
UND NATURHEILERIN (*1941)

Arvigo mit den Heilerinnen Hortense Robinson und Beatrice Waight, Mitgliedern der Traditional Healers Foundation

Als Rosita Arvigo 1981 in den Urwald des mittelamerikanischen Landes Belize ging, hatte sie ein bescheidenes Ziel vor Augen. Sie plante, zusammen mit ihrem Mann die zwölf Hektar große Dschungelfläche, die sie sich an den Ufern des Flusses Macal gekauft hatten, urbar zu machen und zu besiedeln. Aber bald nach ihrer Ankunft lernte Rosita den damals neunzig Jahre alten Maya-Naturheiler und Schamanen Don Elijio kennen, und ihr Leben veränderte sich grundlegend. »Für jedes Leiden oder Problem auf Erden haben die Geister ein Heilmittel geschaffen – man muss es nur finden«, sagte er ihr. Und Arvigo war entschlossen, das Auffinden von Heilmitteln in der »Apotheke der Natur« zu ihrer Lebensaufgabe zu machen.

Don Elijio heilte seine Patienten mit den Extrakten von Heilpflanzen, die er im Dschungel fand. Die Kenntnis, welche Pflanzen zu nutzen und wie sie einzusetzen seien, war die Überlieferung, die über Jahrtausende vom Lehrer an seinen Schüler weitergegeben wurde – Don Elijio war der Letzte in dieser Reihe. Als sie seine Lebensgeschichte hörte und ihm beim Heilen zusah, wurde Rosita klar, dass sie Zeugin einer Kunst war, die sowohl mächtig als auch vergänglich war – sie drohte mit dem alten Heiler zu sterben.

Als sie größer wurde, wollte sie Ärztin werden. Aber erst als sie in Mexiko lebte, erkannte sie den Zusammenhang zwischen ihren beiden Interessengebieten, den Pflanzen und der Medizin. Ende der Sechzigerjahre war sie in ein kleines Dorf im mexikanischen Staat Guerrero gezogen, wo sie mit der Landwirtschaft ihren Unterhalt bestritt. Dort wurde sie eines späten Abends 1973 von einer einheimischen Hebamme gebeten, ihr bei einer besonders schwierigen Geburt zu helfen. Rosita erinnerte sich später:

> *Bei der Gebärenden kam es plötzlich zu einer starken Blutung. Die Hebamme schickte mich eilig hinaus, damit ich für sie Rosen sammelte. Aus den Blütenblättern und den Blättern bereitete sie einen Tee zu, den sie der werdenden Mutter reichte. Bald hörte die Blutung auf. Die Hebamme hatte der Frau mit den Blumen das Leben gerettet. Da wusste ich, was ich werden wollte – eine Heilerin, die die Geheimnisse der Pflanzen kennt.*

Fasziniert von dem, was sie gesehen hatte, begann Arvigo, sich Kenntnisse in Naturheilkunde anzueignen, zunächst bei Heilern in

Mexiko, dann in Chicago am National College of Naprapathy, und schließlich in Mittelamerika. Sie arbeitete in einer Klinik, die sie selbst in der kleinen Stadt San Ignacio in Belize aufgebaut hatte, als eines Tages ein alter Mann hereinkam. Später erinnerte sie sich: »Der alte Mann ging so gebeugt, dass ich dachte, er käme zur Behandlung.« Aber ganz im Gegenteil, Don Elijio Panti war gekommen, um ihr zu helfen.

Rosita war sofort von dem Schamanen eingenommen und von seinem Wissen fasziniert. Arvigo erinnert sich an die vielen Zusammenkünfte, bis sich Don Elijio endlich einverstanden erklärte. »Wenn man einen Lehrling nimmt, ist es, als würde man ein Kind adoptieren. Es ist eine enorme Verantwortung. Deshalb stellte er mich auf die Probe, um sicherzugehen, dass ich den Zeitaufwand und die Mühe wert war.« Am Ende wurde Don Elijio klar, wie ernst es ihr war, und sobald er überzeugt war, verbrachte er die letzten zehn Jahre seines Lebens damit, ihr die einheimischen Pflanzen und ihre Verwendung zu erklären.

Als sich Rosita bewusst wurde, dass es Generationen oder vielleicht gar Jahrhunderte dauern würde, bis alles, was er wusste, niedergeschrieben sein würde, beschloss sie, alles in ihrer Macht Stehende zu tun, um dieses Wissen zu erhalten. Bemerkenswerterweise gelang es ihr 1987, von Belize aus, ohne viel Geld zu haben, das Belize-Ethnobotanik-Projekt ins Leben zu rufen und den New York Botanical Garden als Sponsor zu gewinnen.

Mit dieser Organisation ist es ihr nicht nur gelungen, Don Elijios Wissen festzuhalten, sondern auch das Wissen anderer Heiler aufzuzeichnen, so dass sie heute über eine Datenbank von über 2500 Pflanzen verfügt. Von diesen Pflanzen wurden mehr als 500 von Don Elijio als medizinisch wertvoll eingestuft. Gegenwärtig arbeiten die Mitarbeiter des Projekts mit den National Institutes of Health und der National Cancer Society zusammen, um die Wirksamkeit dieser Pflanzen bei der Bekämpfung von Krebs und Aids zu testen. Heute stützen sich unsere größten Hoffnungen für die Eindämmung vieler Krankheiten bekanntlich auf die Entdeckung – beziehungsweise Wiederentdeckung – von Behandlungsmöglichkeiten, die aus der Natur stammen. Doch der Urwald in Belize, wo Arvigo arbeitet, wie auch die Regenwälder in vielen Teilen der Erde sind in alarmierender Weise im Schwinden begriffen. Da ihr klar ist, wie viel noch getan werden muss, hat Rosita die Regierung von Belize gedrängt, ein Naturschutzgebiet einzurichten. Diese hat 1993 reagiert und eine Fläche von etwa 2500 Hektar Regenwald mit altem Baumbestand eigens zu dem Zweck, Heilpflanzen zu erhalten, unter Schutz gestellt. Dieses unter dem Namen Terra Nova bekannte Naturschutzgebiet war das erste seiner Art auf der Welt und wurde

Arvigo mit dem Schamanen Don Elijio Panti im Urwald von Belize

zum Vorbild für andere. Thailand, Mexiko, Guatemala und Peru sind diesem Beispiel gefolgt und haben inzwischen ihre eigenen Pflanzenschutzgebiete eingerichtet und zeichnen das traditionelle Wissen auf.

Mittlerweile arbeitet Arvigo mit zwölf aus verschiedenen Traditionen stammenden Heilern zusammen, um ihre Überlieferung niederzuschreiben. Sie verbringt ihre Tage damit, mit ihnen durch den Urwald zu streifen. Wenn sie auf eine Heilpflanze stoßen, werden ihr Name, ihre Wirksamkeit und sämtliche andere Informationen darüber festgehalten. Wenn es in der Gegend viele dieser Pflanzen gibt, gräbt das Team Exemplare aus. Handelt es sich um eine seltene Pflanze, nehmen sie nur einen Ableger. Die Exemplare werden dann an das Belize Forestry Department, an die Smithsonian Institution, den Botanischen Garten in New York, das National Cancer Institute und den Botanischen Garten in London geschickt.

Wenn Rosita erfährt, dass irgendwo in Belize ein Gebiet zur Abholzung freigegeben ist, schickt sie ihr Team auf eine Pflanzenerkennungsmission dorthin, um so viele Pflanzen wie nur möglich auszugraben und zu retten und den Rest abzuschneiden und zu trocknen. Inzwischen wurde die kommerzielle Nutzung einiger dieser Pflanzen entwickelt, was den Einheimischen ein Einkommen sichert und zum Schutz der Natur ermuntert.

Arvigo hat mittlerweile ihren eigenen Lehrling ausgesucht, jemanden, dem sie das Wissen weitergeben kann, das Don Elijio ihr vermittelte.

Nach den Vorfahren suchen

ANNA CURTENIUS ROOSEVELT

AMERIKANISCHE ARCHÄOLOGIN (*1946)

Anna Roosevelt hält die Daten einer Fundstelle früher Keramikgegenstände fest. Taperinha, Santarém, Brasilien, 1993. Sie behauptet: »Ich muss als Kind sehr viel über die Archäologie mitbekommen haben. Meine Mutter liebte die Archäologie. Sie gab mir Bücher über Archäologie ... Als ich neun Jahre alt war, wollte ich Archäologin werden. Meine Mutter hatte dagegen keine Einwände.«

Vielleicht lag ihr die Forschung ja im Blut. Denn immerhin hatte der Großvater von Anna Curtenius Roosevelt, Präsident Theodore Roosevelt, 1914 eine Expedition ins Amazonasgebiet geleitet. Er erkundete und kartographierte einen Fluss, der bis dahin noch nie von Weißen erforscht worden war, nämlich den angeblich 1400 Kilometer langen »Fluss des Zweifels« (Rio Roosevelt). Beinahe siebzig Jahre später sollte ihm Anna in den Fußstapfen folgen, um die unbekannte Geschichte der frühen Indianer zu erforschen und Landkarten zu erstellen.

Was sie zunächst dorthin lockte, war ihr Interesse an den Ursprüngen der Landwirtschaft. »Ich wollte Archäobotanikerin werden«, sagte sie. »Ich wollte nach Südamerika gehen, um Knochen auszugraben und um zu sehen, was die Menschen früher angepflanzt und gegessen haben.« Aber Feldforschung zu betreiben war gar nicht so einfach. Sie musste von einem Gastland oder von solchen Archäologen eingeladen werden, die Anspruch auf die Erforschung eines bestimmten Gebietes erheben konnten. Von einem kolumbianischen Archäologen bekam Roosevelt eine Abfuhr, wurde aber schließlich von einem US-amerikanischen Archäologen eingeladen, zu seiner Grabungsstätte zu kommen und ihre Forschung über den frühen Maisanbau im Orinoko-Gebiet, Venezuela, durchzuführen.

Sie stellte bald fest, dass Pflanzen, Knochen, Keramik und Holz im tropischen Regenwald fast ebenso gut erhalten geblieben sind wie in gemäßigteren Klimazonen. Vor Annas Untersuchungen hatten nur wenige Wissenschaftler im Amazonasgebiet nach Überresten aus früheren Zeiten gesucht, weil die Anthropologen einfach davon ausgegangen waren, dass die gegenwärtige Lebensweise der Völker des Regenwalds sich von jener der frühesten Vergangenheit nicht unterschied.

Weil das heutige Grundnahrungsmittel, Maniok, keine dichte Bevölkerung ernähren kann, behaupteten sie, es hätte nie eine solche gegeben. Berichte der ersten europäischen Forscher im 16. Jahrhundert über riesige Siedlungen verwies man einfach ins Reich der Fabel. Aber Roosevelt wollte Beweise sehen und stöberte nach

Knochen, die anderen Forschern zufolge in dem feuchten Klima schon längst hätten zerfallen sein müssen. Anna fand solche Knochen. Als Geochemiker die Zusammensetzung der Knochen analysierten, stellte sich heraus, dass sie von Menschen stammten, deren Nahrungsgrundlage Mais und nicht Maniok gewesen war. Mit Mais aber kann eine größere Bevölkerung an einem Ort ernährt werden als mit Maniok, und deshalb hätten große Populationen im Dschungel leben können. Roosevelts Untersuchung der Ernährung stellte die bis dahin allgemein akzeptierte Auffassung von der Besiedlung Südamerikas in Frage.

Ihre Untersuchung von Museumssammlungen führte Anna außerdem zu der Frage, ab welcher Zeit wohl Menschen im Amazonasgebiet gelebt haben. Sie fing an, nach Höhlen und den ehemaligen Müllplätzen zu suchen. In einer solchen Abfallhalde in der Nähe von Santarém, Brasilien, entdeckte sie die ältesten Keramik-

Roosevelt entdeckte am Monte Alegre Kunstwerke, die als einige der frühesten Beispiele der Höhlenkunst in ganz Amerika gelten.

waren der Neuen Welt, die etwa 7000 Jahre alt sind. Dann fand sie 1991 am Nordufer des Amazonas, bei Monte Alegre, in der tiefsten Schicht der einst bewohnten Caverna da Pedra Pintada (»Höhle des bemalten Steins«) Beweise. Anhand von Artefakten, die 11 200 Jahre alt sind, zeigte sich eine der ältesten menschlichen Wohnstätten in ganz Amerika.

Ihre Ausgrabungen in der Höhle brachten auch an den Tag, dass sie einige der ältesten Höhlenmalereien in ganz Amerika besitzt. Dargestellt sind geometrische Figuren, Tiere und mit wenigen Strichen gezeichnete Menschen.

Darüber hinaus entdeckte Roosevelt in den Höhlen Früchte, Nüsse und Schildkrötenpanzer. Mehr als 1,5 Meter lange Gräten von Fischen, die heute in tiefem Wasser anzutreffen sind, führten sie zu der Annahme, dass diese frühen Menschen mit Booten auf dem Fluss gefahren sein müssen. Roosevelt geht davon aus, dass die ersten Siedler der Neuen Welt von China und Japan die Küste hinauf nach Norden und über die Beringstraße nach Nordamerika gekommen sein müssen. Statt wie ihre Zeitgenossen, die Clovis-Menschen – die Großwildjäger der Prärien im Westen Nordamerikas –, ins Landesinnere zu ziehen, folgten sie der Westküste nach Süden und dann den Flüssen ins Landesinnere.

Vor Annas Entdeckungen in der Caverna da Pedra Pintada am Monte Alegre glaubten die Archäologen, dass die Clovis-Menschen die Vorfahren der Indianer seien. Doch Annas Entdeckungen stellten diese akzeptierte Meinung in Frage und brachten ihr ebenso viele Kritiker wie Bewunderer ein.

Ihre Arbeit kann sich auf die heutige Bewirtschaftung im Amazonasbecken auswirken. Roosevelt hat gezeigt, dass der Regenwald des Amazonas keineswegs ein völlig unberührtes Terrain ist, sondern seit Urzeiten Heimat von Menschen war, die die Landschaft durch das Fällen von Bäumen, Brandrodung, Pflanzungen und Bautätigkeit im Laufe der Besiedlung von über 11000 Jahren ganz wesentlich verändert haben. Somit haben Menschen über die Jahrtausende eine wichtige Rolle im ökologischen System des Regenwalds gespielt. Die ständige Anwesenheit von Eingeborenenstämmen war »ein entscheidender Faktor für das Überleben des Habitats, so wie wir es kennen.«

Anna erkannte, dass ihre Entdeckungen in Südamerika das Bild des Lebens und der Geschichte der Indianer radikal verändern würde. Das galt insbesondere für die Theorie, dass das Leben auf dem amerikanischen Kontinent mit den Großwildjägern in den Ebenen begonnen habe. Deshalb fing sie an,

> *daran zu denken, dass die afrikanische Geschichte der Menschheitsevolution ebenso falsch sein könnte. Wahrscheinlich hatten sich die Menschen nicht in der Savanne, sondern im Regenwald entwickelt. Dort konnte die Großwildjagd nicht von so immenser Bedeutung gewesen sein, und die Männer waren nicht so dominant. Heutzutage sorgen im Regenwald hauptsächlich Frauen und Kinder für den Nahrungserwerb. Die Evolutionsforscher haben einen Großteil ihrer Überlegungen auf den Werten westlicher Gesellschaften aufgebaut.*

Roosevelt hat ihre Forschung von Lateinamerika auf Afrika ausgedehnt, um ihre Theorie zu beweisen, dass die Menschen eher aus den Regenwäldern als aus den Savannen hervorgegangen sind. In Afrika tat sie den radikalen Schritt, dort zu suchen, wo noch wenige vor ihr gesucht hatten – inmitten des afrikanischen Dschungels im Kongo.

Im Regenwald Spuren früher Besiedlung aufzuspüren ist schwierig. Anders als in den afrikanischen Wüsten, die vom Wind und der Erosion blank gefegt sind, haben die Regenwälder in der gleichen Zeitspanne viele Schichten von Erde angehäuft. Um also prähistorische Stätten tief unter der Erde zu finden, so sagt Anna, »suche ich nach Gegenden mit vulkanischer oder tektonischer Aktivität und mit Flüssen, die durch sie hindurchfließen und die Schichten freilegen. Dann arbeite ich mich flussaufwärts zu den Quellflüssen vor, um zu sehen, was ich finden kann. In Afrika arbeite ich in Gegenden, wo Diamantsucher tief in die Erde gegraben haben. In ihren Schutthügeln suche ich nach menschlichen Artefakten.«

Ihre Arbeit in Afrika stellte das allgemein akzeptierte Bild der frühmenschlichen Gesellschaft in Frage. Statt sich aus mächtigen Jägern in der Savanne entwickelt zu haben, könnte die Entwicklung der frühen Menschen im Dschungel stattgefunden haben, und zwar in ausgewogeneren Gesellschaften, die sich auf Frauen als die Hauptbeschafferinnen der Nahrung stützten.

Heute ist Anna Kuratorin für Archäologie am Field Museum of Natural History in Chicago und Professorin für Anthropologie an der Universität von Illinois. Während Roosevelts Schlussfolgerungen noch keineswegs allgemein akzeptiert werden, treten immer mehr Beweise zutage, die diese untermauern. Über die Kontroversen, die sie ausgelöst hat, sagt sie: »Ich mag die Unordnung. Wenn die Dinge sich am Ende anders darstellen, als man erwartet hat. Es ist schmerzlich, aber es ist aufregend.«

Auf der Suche nach den Seefahrern der Antike

ELPIDA HADJIDAKI-MARDER
GRIECHISCHE MEERESARCHÄOLOGIN (*1948)

Hadjidaki-Marder auf der Insel Dokos während der Ausgrabung eines prähistorischen Wracks im Jahr 1990

Elpida Hadjidaki-Marder verbrachte ihre Kindheit auf der Insel Kreta in einem im altvenezianischen Stil erbauten Haus, das auf einen von Mauern umgebenen Hafen blickte. Später schrieb sie über ihre Jugend: »Ich bin mit dem Meer aufgewachsen. Als ich ein Kind war, setzte ich einfach meine Taucherbrille auf, zog meine Schwimmflossen an und sprang ins Wasser. Ich bin in die Unterwasserhöhlen geschwommen und habe nach irgendetwas gesucht. Und zur gleichen Zeit habe ich wie eine Verrückte jedes erreichbare Buch über Geschichte verschlungen.«

Diese beiden Leidenschaften ihrer Jugend, das Meer und die griechische Vergangenheit, führten Elpida Ende der 60er-Jahre am Gymnasium zur Entdeckung der Unterwasserarchäologie. Danach verbrachte sie einen Großteil ihres Lebens damit, als Pionier der Meeresarchäologie im Mittelmeer zu tauchen.

Seit 1978 taucht Hadjidaki-Marder als studierte Archäologin und hat zahlreiche Entdeckungen gemacht. Ihre zwei bedeutendsten Funde sind ein alter Hafen auf Kreta und das größte je entdeckte Schiffswrack aus der Antike; diese beiden Entdeckungen hatten weit reichende Auswirkungen auf die Meeresarchäologie.

Als sich Elpida an ihre Dissertation über die Häfen der Antike machte, beschloss sie, den Hafen von Phalasarna aufzuspüren, einer antiken Stadt an der Westspitze Kretas, der seit Jahrhunderten verborgen war. Seine Lage war von zwei britischen Amateurarchäologen im 19. Jahrhundert vage ausgemacht worden, aber sonst war nichts über ihn bekannt; einige Gelehrte glaubten gar, er gehöre ins Reich der Mythen. Experten warnten sie, dass von dem alten Hafen, falls es ihn überhaupt gegeben habe, nichts übrig geblieben sei, und dass die dünne Erdschicht, die die wenigen sichtbaren Überreste einer Stadt bedeckten, nicht dick genug gewesen sei, um die Hafenanlagen über die Jahrhunderte hinweg schützen zu können. Die Spuren des früheren Wellengangs hoch an den Klippen überzeugten Elpida jedoch, dass das Meer einst weit höher gewesen war und dass der Hafen deshalb an Land zu suchen sei. Sie sagte:

> *Mir wurde klar, dass die Insel Kreta in der Antike weit tiefer im Meer gelegen war, so dass sich der Hafen, nach dem ich suchte, jetzt wahrscheinlich an Land befand. Ich wanderte in dem Areal umher, wo ich ihn vermutete. Es war mit Bäumen und Unterholz bedeckt. Deshalb kletterte ich auf einen kleinen Hügel, um eine bessere Übersicht zu bekommen, und plötzlich wurde mir klar, mein Gott, genau hier ist es.*

Ich stehe auf den Überresten eines der alten Türme, die den Hafen einst bewachten. Ich sah mich um und zählte drei weitere Hügel, die die Ecken des Hafens markierten. Dann erblickte ich etwas, was wie ein Kanal aussah, der zum Meer führte.

Archäologen und Historiker taten ihre Behauptung verächtlich ab. Ihre Fundstätte liege zu weit vom Meer entfernt und zu hoch, argumentierten sie, wie konnte es sich da um einen Hafen handeln? Eine erste Ausgrabung brachte einen schönen runden Turm unter dem Hügel, auf dem sie beim ersten Mal stand, zum Vorschein; eine zweite den zum Meer führenden Kanal. Heute ist Phalasarna auf sämtlichen Touristenkarten als archäologische Stätte eingezeichnet, und mit den Ausgrabungen, die die vielen Gebäude, die einst die Küste säumten, freilegen sollen, ist erst begonnen worden.

Seit jenem Tag im Jahr 1986, als sie auf dem Hügel stand, arbeitet Hadjidaki-Marder daran, die Geschichte von Phalasarna zusammenzufügen. Historiker der Antike berichteten, dass es im 4. Jahrhundert v. Chr. erbaut worden und über die folgenden drei Jahrhunderte hinweg eine der berühmten Piratenstädte auf Kreta gewesen sei, eine Vermutung, die Elpidas Untersuchung noch faszinierender machte.

Elpida stellte fest, dass die Ruinen der Stadt infolge von Erdbeben noch weiter verfallen waren. Aus historischen Berichten wusste sie, dass in den Jahren 66 und 365 n. Chr. gewaltige Erdbeben Teile der kretischen Küste um immerhin fast neun Meter angehoben hatten. Erdbeben, die stark genug sind, um große Teile der Erdkruste zu verwerfen, können auch gewaltige Tsunamis (Seebeben) auslösen. Wenigstens eine solche Flutwelle traf auf die Küste und begrub die Stadt unter Tonnen von Schwemmsand. Dank dieses Sandes blieb die Stadt fast zwei Jahrtausende im Verborgenen. Genau wie Pompeji durch seine Naturkatastrophe konserviert wurde, so blieb auch für Phalasarna die Zeit stehen. Die Freilegung des Hafens, sagt Hadjidaki-Marder, hat uns viel über »die außergewöhnlichen technischen und architektonischen Fähigkeiten der alten Griechen gelehrt. Sie waren hervorragend. Wir hatten keine Ahnung, dass sie so etwas bauen konnten.«

Elpidas Entdeckung des größten bekannten antiken Schiffs stellte die technischen Kenntnisse der alten Griechen ebenfalls unter Beweis. Das bei Alonnesos vor der Küste Nordgriechenlands gefundene Wrack wurde zuerst von einem Fischer aufgespürt. Sein Bericht erregte Hadjidaki-Marders Aufmerksamkeit, als sie am griechischen Kulturministerium die Leitung der Abteilung für die Unterwasser-Altertümer übernahm. Als sie schließlich über dem Wrack tauchte, war sie verblüfft. Sie berichtete: »Von dem Augenblick an, als ich das Wrack zum ersten Mal sah, wusste ich, dass es etwas Besonderes war. Es war ganz anders als alles, was ich zuvor gesehen hatte. Von oben sah es wie ein Unterwasserberg aus. Dann wurde mir klar, dass der Berg in Wahrheit ein riesiger Hügel aus Artefakten war. Es handelte sich um ein Schiff aus der Zeit der Peloponnesischen Kriege, um 420 v. Chr., also auf der Höhe der Macht Athens. Und das Schiff war riesig.«

Schiffe mit einer Wasserverdrängung von 120 Tonnen und Maßen von immerhin 30 mal 10 Metern wurden zwar von den Autoren der Antike erwähnt, aber da Archäologen bis dahin nur halb so große Schiffe gefunden hatten, gingen sie davon aus, dass diese Zahlen übertrieben und die alten Griechen nicht in der Lage gewesen seien, Schiffe dieser Größe zu bauen. Elpida bewies, dass die klassischen Schriftsteller Recht hatten. Zwar hat Hadjidaki-Marder bis jetzt nur einen geringen Teil der 280 Quadratmeter großen Fundstelle freigelegt, aber sie hat festgestellt, dass das Schiff mit einer vollen Ladung Amphoren, die mit Wein und Olivenöl gefüllt waren, gesunken ist. Sie hat Gedecke schwarz glasierter athenischer Tonwaren geborgen, Teller und Schalen, die mehr als 2000 Jahre auf dem Meeresboden aufgestapelt lagen, die aber so gut erhalten sind, dass sie aussehen, als seien sie erst letzte Woche hergestellt worden. Auf Grund der Ladung konnte Elpida feststellen, dass das Schiff von Mazedonien kam und auf das fünfte Jahrhundert v. Chr. datiert werden kann, was volle 400 Jahre früher ist als alle bekannten Schiffe von vergleichbarer Größe.

Die Untersuchungen Hadjidaki-Marders liefern neue Beweise für die Leistungskraft der alten Griechen. Ihre Entdeckung der Schätze eines antiken Handelsschiffs und der Überreste einer kleinen trotzigen, von den Römern zerstörten Stadt hat Licht auf eine lange verborgene Welt geworfen.

Hadjidaki-Marder taucht über dem Wrack, das sie bei Alonnesos entdeckte, 1998.

Ein neuer Blick auf eine alte Welt

JOAN BRETON CONNELLY

AMERIKANISCHE ARCHÄOLOGIN DER KLASSISCHEN ANTIKE (*1954)

Joan Breton Connelly

Der uns als Parthenon bekannte Tempel, der auf der Akropolis hoch über der Stadt Athen erbaut wurde, gilt als eines der schönsten Beispiele abendländischer Kunst und Kultur. Man ging davon aus, dass der mit Skulpturen versehene Relieffries, der die Fläche über der äußeren Kolonnade zierte, die Prozession der Bürgerschaft von Athen im 5. Jahrhundert v. Chr. bei ihrem jährlichen Fest anlässlich des Geburtstags der Stadtgöttin Athena darstellte.

1996 rief Joan Breton Connelly mit einer neuen Deutung eine Sensation hervor. »Warum sollten die Skulpturen des Parthenon eine historische Realität zeigen«, fragte sie, »während alle anderen griechischen Tempel mit Szenen aus der Mythologie verziert sind?« Unter Berücksichtigung der neuen Erkenntnisse über die Gründungsmythen von Athen erkennt Connelly die in dem Fries dargestellte Geschichte wieder: Der erste König von Athen opfert seine drei Töchter, um die Stadt vor der Niederlage zu retten.

Joans große Begabung ist der Rückgriff auf weit verstreute Belege aus der Literatur, aus Inschriften und der Kunst zur Präsentation aufregender neuer Einblicke in die Kultur der alten Griechen. 1990 begann sie mit Ausgrabungen auf dem kleinen, kargen Inselchen Yeronisos vor der Westküste Zyperns. Nach mehrjährigen Ausgrabungen trat die Geschichte zutage. Yeronisos, beziehungsweise die »Heilige Insel«, war im ersten Jahrhundert v. Chr., als Kleopatra über Zypern herrschte, eine bedeutende Pilgerstätte, die dem Gott Apollo geweiht war. Der Ort war so heilig, dass er nach dem Aufkommen des Christentums zwei Jahrhunderte später von der neuen Religion als Pilgerstätte übernommen wurde.

Neben ihrer einfühlsamen Neuinterpretation der herkömmlichen Deutung hat Connelly sehr darauf geachtet, mit ihren Ausgrabungen die gegenwärtige Rolle von Yeronisos als wichtige Brutstätte von Vögeln und Lebensraum anderer Tiere nicht zu beeinträchtigen. Besorgt über die häufig invasive Vorgehensweise bei archäologischen Ausgrabungen, ist sie bei der Erforschung unter der Erdoberfläche ganz neue Wege gegangen, um das ökologische Gleichgewicht und die Gesamtheit der Grabungsstätte zu bewahren.

Fenster zu einer verborgenen Welt

NAOMI PIERCE
AMERIKANISCHE BIOLOGIN (*1954)

Seit Mitte der Siebzigerjahre hat Naomi Pierce auf der Suche nach seltenen Schmetterlingen die Küsten des Pazifiks bereist. Sie hat auf den Philippinen kilometerlange Höhlen im Schein von Laternen nach augenlosen Grillen abgesucht. In den Wäldern des Cameron-Hochlands von Thailand hat sie zusammen mit Angehörigen des Orang-Asli-Stammes Schmetterlinge gefangen. In den Gewässern des Golfs von Siam ist sie mit Seeschlangen geschwommen.

Nachdem Naomi 1990 den Ruf erhielt, Hessel-Professorin für Biologie in Harvard zu werden, und Kuratorin für Schmetterlingskunde am Museum of Comparative Zoology wurde, hat sie sich auf Bläulingsraupen und ihre komplexe Symbiose mit Ameisen konzentriert. Einige Verhaltensmuster sind wechselseitig: Die Raupen sondern eine süße Drüsenflüssigkeit ab, die Ameisen holen sich das Sekret wie aus einer Likörflasche und gewähren den Raupen dafür Schutz in ihrem Bau. In anderen Fällen ahmen die Raupen jedoch die chemischen Kommunikationssignale der Ameisen nach und werden in das Ameisennest getragen, wo sie sich dann an der hilflosen Ameisenbrut gütlich tun.

Teilweise durch das Stipendium der MacArthur Foundation, mit dem sie 1988 ausgezeichnet wurde, unterstützt, konnte sie fünfzehn Jahre lang in Forschungsstationen in Australien, der Halbinsel Malaysia und in Sarawak auf Borneo eine solche wechselseitige Beziehung, nämlich die zwischen Raupen der Schmetterlingsfamilie der Bläulinge (Lycaenidae) mit Ameisen und Akazien studieren. Obwohl diese Bäume Gifte enthalten, die Blattfraß gewöhnlich verhindern, sind die Raupen gegen das Gift immun geworden und in der Lage, sich von den stickstoffreichen Blättern zu ernähren. Die Raupen sondern dann im Gegenzug für den Schutz gegen Eindringlinge und Parasiten Nahrung für die Ameisen ab. Pierce wies nach, dass die Raupen mittels Vibrationen auf dem Untergrund mit ihren zugehörigen Ameisen kommunizieren. Als sie eines Tages eine der kleinen Raupen, die sie untersuchte, hochhob, bemerkte sie ein ganz schwaches Vibrieren, fast wie ein elektrischer Impuls, das am Rücken der Raupe entlanglief. Erst Jahre nachdem sie zum ersten Mal über dieses Phänomen berichtet hatte, war sie in der Lage, hoch entwickelte akustische Geräte einzusetzen, um diese Vibrationen zu verstärken. Zu ihrer Überraschung stellte sie fest, dass die Raupen nicht nur eine Art Ruf von sich gaben, sondern drei verschiedene Vibrationen, die sie und ihre Studenten als Ächzen, Trommeln und Fauchen bezeichneten. Gemeinsam mit ihren Studenten führt sie derzeit Untersuchungen durch, um herauszufinden, unter welchen Bedingungen diese Geräusche abgegeben werden, um ihre Bedeutung zu entschlüsseln.

Biologen erkennen zunehmend, dass Pierces Arbeit auf dem begrenzten Gebiet der Schmetterlingsforschung wesentliche Auswirkungen auf die weltweiten Bemühungen um Erhaltung des ökologischen Gleichgewichts hat, von dem letztlich das Leben aller abhängt. Bis jetzt gab es nur wenige Anhaltspunkte, die weit reichenden Auswirkungen der Ausrottung einer Tierart zu beurteilen, aber wie Pierces Studien zeigen, kann das, was einer einzelnen Spezies zustößt, katastrophale Auswirkungen auf andere haben.

Ihre Arbeit zur Evolutionsgeschichte der Bläulinge setzt das Konservieren junger Exemplare in Alkohol voraus, damit ihre DNA erhalten werden kann. »Das bedeutete, Hunderte von Exemplaren dieser Schmetterlinge in Malaysia, Südafrika und in ganz Südamerika und Australien zu sammeln. Aber«, so überlegte sie, »das Großartige an der Erforschung von Insekten ist, dass man sich, egal, wo man sich aufhält, ob man die Sprache spricht oder die Geschichte und Kultur des Landes kennt, mit Insekten überall rundum wohl fühlen kann. Das war ein großes Abenteuer.«

Eine Botschaft vom Roten Planeten

MEENAKSHI WADHWA
INDISCHE METEORITENFORSCHERIN (*1967)

Wadhwa auf einer Expedition, die der Sammlung von Meteoriten in der Antarktis dient

Jeden Tag stürzen etwa fünfzig bis hundert Tonnen Material aus dem Weltraum in die Erdatmosphäre. Die meisten dieser Objekte haben die Größe von Sandkörnern und verglühen in der Atmosphäre, bevor sie die Erdoberfläche erreichen. Von den Meteoriten, die auf die Erde aufschlagen, stammen etwa 99 Prozent von Asteroiden. Aber Meenakshi Wadhwa, die im Field Museum of Natural History in Chicago mit einem winzigen Teil des verbleibenden einen Prozents arbeitet, erforschte durch umfangreiche geochemische Untersuchungen von Marsgestein die geologische Entwicklung des Mars. Diese Steine sind als Meteoriten auf der Erde niedergegangen, nachdem sie durch den Aufschlag riesiger Asteroiden auf der Marsoberfläche von ihrem Heimatplaneten abgespalten und in den Weltraum geschleudert wurden. »Wenn wir die geologische Geschichte des Mars kennen«, sagt Wadhwa, »werden wir Einblicke in die Entstehung und Entwicklung der Planeten unseres Sonnensystems erhalten.«

Meenakshi hat in der Antarktis nach Stücken der Marskruste gesucht. 1993 unternahm sie als Mitglied der amerikanischen Expedition Antarctic Search for Meteorites (ASMET) ihre erste Reise zum eisigen Kontinent. Wadhwa erklärte, dass das gefrorene Terrain genau der richtige »Ort ist, um nach Meteoriten zu suchen, weil es hier keine Vegetation gibt, die sie überwuchert. Die dunklen Gesteinsbrocken sind auf dem Eis leicht zu erkennen. Die Eisschichten sind schon seit Hunderttausenden von Jahren dort, deshalb kann man eine gute Sammlung heruntergefallenen Mülls zusammentragen.« Aber Marsgestein zu finden hat sich als echte Herausforderung erwiesen.

Wadhwa entdeckte die Möglichkeit, neben der Geologie der Erde die anderer Planeten zu erforschen. »Ich wollte meinen Horizont erweitern und das, was ich über die Erde gelernt hatte, auf das Sonnensystem anwenden.« Sie ging in die Vereinigten Staaten, um ihr Studium der galaktischen Geologie fortzusetzen. Wadhwas Pionierarbeit bei der Erforschung der Ursprünge des Sonnensystems führt zu sehr genauen Zeitangaben über frühe Ereignisse, »direkt nachdem sich das Sonnensystem aus der wirbelnden Wolke aus Gas und Staub gebildet hat«.

»Ich erforsche Meteoriten, weil mir das eine einzigartige Perspektive auf die Existenz des Menschen und seine Leistungen ermöglicht. Die meisten Meteoriten sind vor so langer Zeit entstanden, dass wir fast alle Schwierigkeiten haben, die Unermesslichkeit dieser Zeitspanne zu erfassen; und dennoch können wir durch die Erforschung dieser Meteoriten etwas über weit zurückliegende Ereignisse erfahren, die unsere Gegenwart bestimmt haben. Ich glaube, es ist wichtig, etwas über unsere Anfänge zu wissen. Nur Menschen können das. Es ist ein besonderes Privileg, das nur wir haben.«

Mit Unterstützung der NASA baut sie derzeit am Field Museum ein Labor auf, in dem die Proben des Marsgesteins untersucht werden sollen, die voraussichtlich Anfang des 21. Jahrhunderts durch die Marsmissionen der NASA auf die Erde gebracht werden.

Überwinden von Zeit und Raum

Künstlerische Visionen

Manchen Forscher inspiriert der Gedanke an Unbekanntes, wird bei ihm die Lust geweckt, die weißen Flecken auf der Landkarte zu kartieren oder aber der Erste zu sein, der seinen Fuß in ein fremdes Land setzt. Andere haben persönliche Gründe, Forschung zu betreiben. Die Frauen in diesem Kapitel haben sich selbst nicht immer als Forscherinnen oder Künstlerinnen betrachtet, und doch sind sie beides. Sie sind in die Welt hinausgezogen und haben Einzigartiges erlebt, ihre unterwegs gemachten Erfahrungen hielten sie auf Leinwand und Papier, auf Fotos und Film fest.

In einer Zeitspanne von vier Jahrhunderten öffneten diese Künstlerinnen und Forscherinnen denjenigen die Augen und die Sinne, die zu Hause geblieben waren. Botanikerinnen des 18. und 19. Jahrhunderts zum Beispiel lieferten ausgezeichnete Illustrationen neuer Pflanzen- und Insektenarten, die in Büchern und Zeitschriften veröffentlicht wurden. Manchen der Frauen ermöglichte ihr künstlerisches Schaffen die finanzielle Unabhängigkeit, was ihnen das Bereisen der Welt erleichterte. Für einige war Reisen auch ein Vorwand, ein trostloses Zuhause zu verlassen. Andere gaben einer lebenslangen Sehnsucht nach. Vielleicht betrachten sie sich selbst als bloße Zuträger der Wissenschaft, aber ihre Talente reichten doch weit über die bloße wissenschaftliche Wiedergabe hinaus.

Komposition, Farbe und Bilddetails sprechen von einer Liebe zum Gegenstand, die mehr schafft als reine Dokumentation. Auch ihre Hingabe zur Kunst ist offensichtlich, sei es durch sorgfältiges Beobachten, zeichnerisches Können oder Materialauswahl. Mit Präzision und eigener Sichtweise stellten sie die exotische Lebensform dar, die zu sehen ihnen vergönnt war.

Mit der Erfindung der Fotografie Mitte des 19. Jahrhunderts wandten sich viele Frauen dieser neuen Technik zu. Damit war eine bislang unerreichbare zweidimensionale Wirklichkeit möglich geworden. Einige Frauen reisten in fern gelegene Weltteile, schleppten ausgeklügelte Dunkelkammern mit sich und brachten Fotos von Schiffen mit, die im Packeis der Arktis feststeckten, von chinesischen Dörfern, die sich offensichtlich seit Jahrhunderten nicht verändert hatten, und von Kamelkarawanen, die die Sahara durchquerten. Zeitschriftenleser konnten nun die Porträts von Eskimos, Zulus oder Beduinen betrachten, und jedes Foto entzündete einen neuen Funken der Neugier. Viele der Bildjournalistinnen der letzten 150 Jahre könnte man auch als Forscherinnen bezeichnen. Margaret Bourke-White machte Fotos von Indien, die die Sicht der Amerikaner über den Subkontinent veränderten. Susan Meiselas hatte jahrelang an aufrührenden Fotos über Kurdistan und sein in Kriege verstricktes Volk gearbeitet.

Auf das Fotografieren folgte das Filmen. Was wir heute als Dokumentarfilm bezeichnen, geht häufig in den Bereich der Forschungstätigkeit. Auch an dieser neuen Medienform waren Frauen beteiligt. Sie machten einige der allerersten Filme im Kongo und in der Südsee.

Andere Forscher beschrieben Neuland mit Worten. Im 18. Jahrhundert brachten Frauen verblüffende Reiseberichte mit nach Hause, und ihre Schilderungen waren ebenso lebendig wie die erforschte Landschaft. Über so unterschiedliche Erzählformen wie den Tatsachenbericht, das Tagebuch und sogar den Roman teilten diese Frauen ihre Erlebnisse bereitwillig mit eifrigen Lesern im Ohrensessel.

Allen Forscherinnen und Künstlerinnen ist eine Vorliebe für Extremsituationen gemeinsam. Einem Leben vorhersagbarer häuslicher Ereignisse wollten sie entrinnen. Viele wurden erst richtig lebendig, wenn ein Hurrikan auf See heraufzog oder wenn sie über eine schwankende Hängebrücke gehen mussten. Manche waren zwar bestürzt über die freizügige Sexualität in der Südsee oder gar kannibalistische Bräuche, dennoch vermittelten sie faszinierende

Erlebnisse aus einer Welt mit fliegenden Fischen, tanzenden Derwischen, Sand- und Schneestürmen, Yetis und buddhistischen Mönchen. Wir ritten mit ihnen auf Elefanten, Kamelen und Yaks. Für diese Forscherinnen war die Kunst eine Möglichkeit, sich selbst zu verwirklichen, die Begründung, manchmal auch eine Entschuldigung, in die Wildnis zu gehen.

Der weibliche Voltaire

APHRA JOHNSON BEHN
ENGLISCHE SCHRIFTSTELLERIN UND SPIONIN (1640?–1689)

Porträt von Aphra Behn von Sir Peter Lely

Aphra Johnson Behn war während der Herrschaft Charles' II. (1660–85) eine der produktivsten Schriftstellerinnen Englands. Sie war die erste Engländerin, die sich ihren Lebensunterhalt durch das Schreiben von Schauspielen und Satiren verdiente. Sie übersetzte wissenschaftliche Arbeiten und, was besonders erwähnenswert ist, wurde eine Pionierin der Erzählkunst. Aphras Forschertätigkeit brachte ihre kreativen Fähigkeiten zum Vorschein. Als Augenzeugin im südamerikanischen Regenwald konnte sie das Aufeinandertreffen dreier Kulturen miterleben. Dies weckte das Interesse für fremde Kulturen und führte nach ihrer Rückkehr in die Heimat zu einer kritischen Auseinandersetzung mit der eigenen Kultur. Noch heute – mehr als dreihundert Jahre später – wirkt ihr Werk aktuell. Manche bezeichnen sie als den weiblichen Voltaire.

Von ihrem privaten Leben ist nur das Wenige bekannt, was sie selbst in literarischen Publikationen erwähnt. Sie wuchs in einer Zeit des sozialen Aufruhrs in England auf. Erst in der Zeit der Restauration entspannte sich das gesellschaftliche Leben, in einer Gegenreaktion zum vorausgegangenen Puritanismus erwachte das schöpferische Denken neu. Für Aphra Behn war die Wiedereröffnung der Theater von besonderer Bedeutung. Das Publikum hungerte nach Unterhaltung. Die ehrgeizige, talentierte und attraktive Aphra hatte die Gelegenheit, etwas zu tun, was zuvor nur selten einer Frau gelungen war – sie arbeitete als Stückeschreiberin und Spionin.

Vielleicht war es die fehlende Mitgift, die sie nicht glücklich heiraten ließ. Aphra Behn musste selbst für ihren Lebensunterhalt sorgen, und zwar mit Hilfe einer Spionagetätigkeit für die britische Regierung. Sie arbeitete unter dem Decknamen Astrea oder Agent #160. Ihre Situation war, wie sie eingesteht, »untypisch für mein Geschlecht und mein Lebensalter«. Vielleicht waren es diese Umstände und ihre Sprachkenntnisse in Niederländisch und Französisch, die sie nach Suriname brachten. So mancher machte dort sein Glück mit Zuckerrohr und Gold, und Agenten der Spanier und Holländer suchten eifrig nach Gelegenheiten, die Kolonie für ihr Reich zu gewinnen. Da es nur wenig Kommunikationsmöglichkeiten gab, heuerten Handelsleute oder Politiker Spione für ihre Interessen an.

Aphras populäre Geschichte *Oroonoko or the Royal Slave* (Oroonoko oder der königliche Sklave) war von ihren Reisen nach Suriname inspiriert. Ihr damaliges Leben ist geheimnisumwoben. Aphra beobachtete das englische Kolonialleben, die Bräuche der afrikanischen Sklaven und südamerikanischer Indios. Sie lieferte aber auch Beschreibungen seltsamer Pflanzen und Tiere Amazoniens.

In ihren Stücken beschrieb sie die Mühsal, den Atlantik in einem kleinen Schiff zu durchqueren: »... eine lange Reise auf See, nach einer gewissen Zeit sind sogar die Phasen der Windstille schrecklich, die Stürme gefahrvoll. Man sieht selten ein neues Objekt, das ist alles nur ein Bruchteil des Meeres.« Als sie in Suriname ankam, erhielt Aphra Behn auf mysteriöse Weise den Status einer »Lady«, ein Jahr war sie in den herrschaftlichen Häusern des Gouverneurs untergebracht. Während dieser Zeit bereiste sie das Land. Ihr Roman *Oroonoko* kann sowohl als Reisegeschichte als auch – vielleicht noch treffender – als eines der ersten wortgewaltigen Traktate gegen die Sklaverei aufgefasst werden.

Ihr Buch basierte auf den Erfahrungen einer Expedition, die sie in ein kleines, weit abgelegenes Eingeborenendorf in Suriname geführt hatte. Dies war damals kein einfaches Unternehmen: Die Kolonisten hatten schreckliche Angst vor den Eingeborenen. Es hieß, »dass sie einen zu erwischen versuchten, alles kurz und klein schlagen, in die Häuser eindringen und die Mutter mit samt ihren Kindern aufhängen«. Als sie damals im Dorf ankam, ging Behn mit ihrer Zofe voraus, wo sie »einige Leute sah, die tanzten, andere waren damit beschäftigt, Wasser vom Fluss herzutragen. Sobald sie uns entdeckt hatten, stießen sie einen lauten Schrei aus, der uns zuerst in Schrecken versetzte. Wir dachten, dass es uns nun an den Kragen gehen würde, aber es war nur ein Ruf des Erstaunens. Sie waren alle nackt, und wir waren wohl gekleidet... in glitzernde Roben.« Die Indios untersuchten offensichtlich verwundert ihre Kleidungsstücke, und Aphra Behn tauschte ihre Strumpfbänder für einen leuchtenden Federschmuck, den sie später mit nach England brachte. Das Mahl mit den Eingeborenen beschrieb sie folgendermaßen: »Sie servieren jedes Gericht auf diesen Blätterstücken. Alles schmeckte sehr gut, war aber zu sehr mit Pfeffer gewürzt. Als wir gegessen hatten, zogen mein Bruder und ich unsere Flöten hervor und spielten ihnen zu ihrer neuerlichen Verwunderung etwas vor.« Sie besuchte die Männer in ihrem Versammlungshaus, war von ihren bemalten Gesichtern erschreckt, merkte aber an: »Wie auch immer sie aussehen mögen, ihre Seelen sind menschlich und edel.« Sie notierte auch, dass viele der Sklaven auf den Plantagen rituelle Narben trugen:

> *Jene, die in diesem Land als Edelleute geboren wurden, sind auf der Vorderseite ihres Rumpfes so fein geschnitten und genarbt, dass es aussieht, als ob sie gemustert wären. Die Narbenverzierungen erheben sich wie die Ränder von Blumenknospen. Manche haben sich nur an den Schläfen eine kleine Blüte oder einen Vogel einritzen lassen ... einige sind über und über so vernarbt, dass sie an unsere Pikten [Ureinwohner Schottlands] erinnern.*

Als sie nicht mehr gebraucht wurde, erhielt Aphra wie auch viele andere Spione kein Geld mehr. Nach ihrer Rückkehr nach England wurde sie kurzzeitig inhaftiert. Schon bald nach ihrer Entlassung gab sie ihre Geschichten heraus, ihre Stücke wurden häufig auf den Bühnen gespielt. Der Erfolg veränderte ihren Charakter. Man nannte sie liederlich und leichtfertig. Spätere prüde Generationen verdammten sie für die Lüsternheit ihrer Stücke. Aber ihre Schauspiele waren und sind noch heute populär, weil sie das Leben der Kolonisten und die Missstände der Sklaverei, der Zwangsheiraten und anderer Ungerechtigkeiten, die Frauen widerfuhren, in Worte fasste. Nichts illustriert ihren Erfolg besser als die Tatsache, dass ihre Stücke immer noch an englischen und amerikanischen Theatern gespielt werden und ihre Romane noch immer im Handel sind.

Metamorphose

ANNA MARIA SIBYLLA MERIAN
DEUTSCHE BOTANIK-MALERIN (1647–1717)

Porträt von Anna Maria Sibylla Merian (1679). Grund für ihre gefährliche Reise nach Suriname war ihre Liebe zu den seltsamen exotischen Insekten sowie der Wunsch, diese in ihrer natürlichen Umgebung zu beobachten.

Im Juni 1699 schiffte sich die 52-jährige Anna Maria Sibylla Merian zusammen mit ihrer 21-jährigen Tochter in Amsterdam ein. Sie gingen auf eine lange Seereise nach Suriname in der Neuen Welt. Merian war weder Kolonistin noch Ehefrau, noch Missionarin oder Hure; sie war eine Naturforscherin auf der Suche nach neuen Ländern, um dort zu sammeln, aufzuzeichnen und zu malen. Tatsächlich hatte noch kein Biologe zuvor den Lebenszyklus der Insekten in ihrem natürlichen Lebensraum beschrieben.

Merian wurde 1647 in eine Frankfurter Künstlerfamilie geboren. Ihr Vater, Matthäus Merian, war ein berühmter Kupferstecher und vor allem für seine *Topographia* mit Hunderten von Stadtansichten bekannt. Sibylla Merian war erst drei, als ihr Vater starb. Ihre Mutter heiratete bald darauf den Künstler Jakob Marrel. Von ihrer Mutter hatte das Mädchen die Liebe zu den Insekten und das Talent für das Sticken geerbt, doch den größten Einfluss in ihrer Jugend hatte ihr Stiefvater auf sie. Er lehrte sie, naturgetreue Ölbilder und Aquarelle anzufertigen, dazu die Kupferstecherei und das Malen auf Stoff.

Als junge Frau studierte sie zusammen mit den Malern Abraham Mignon und Johann Graff, beide Schüler ihres Stiefvaters. 18-jährig heiratet sie Graff, sie bekamen zwei Töchter. Es war keine glückliche Ehe, und Sibylla Merian ließ sich scheiden und nahm ihren Mädchennamen wieder an – für die damalige Zeit höchst ungewöhnlich. Um den Lebensunterhalt für sich und die Töchter zu sichern, verkaufte sie Stickereien, Blumen- und Insektenbilder, gelegentlich auch Porträts.

Aus einer Familie von Malern, Kupferstechern und Verlegern stammend, war es nicht überraschend, dass sie später Autorin werden würde. Noch verheiratet, gab ihr Mann ihr erstes Buch heraus; es hieß *Neues Blumenbuch* (in drei Teilen von 1675 bis 1680). Ihr Interesse für die Stickerei und Blumenmuster widerspiegelnd, war ihr Buch folglich eine Serie von farbigen Blumenstichen, die als Stickereivorlagen dienten. Ein Buch des Wissenschaftlers Johannes Goedaert, *Metamorphosis Naturalis* (1665), brachte sie auf ihr nächstes Thema: den Lebenszyklus von Insekten. Die erste Ausgabe ihrer Trilogie hatte den Titel *Der Raupen wunderbare Verwandlung und sonderbare Blumennahrung* (1679). Darin waren fünfzig Kupferstiche und ausführliche Texte über ihre Beobachtungen enthalten. Die nächsten beiden Ausgaben ihrer Trilogie wurden erst 1683 und 1717 veröffentlicht. Merians Interesse an Raupen und ihrem Wandel von der Puppe über den Kokon zum geflügelten Insekt wurde ein Spiegel ihres tiefen christlichen Glaubens. Ihr Glaube war so stark, dass sie 1685 in eine religiöse Glaubensgemeinschaft eintrat. Als sie nach sechs Jahren diese Gemeinschaft verließ, war Merian bereit zu einem persönlichen Wandel: Sie beschloss, in die Neue Welt zu reisen.

Merian wurde in erster Linie durch ihre Begeisterung für Insekten und den Wunsch, diese in ihrer natürlichen Umgebung zu studieren, nach Suriname geführt. Ihre Tochter Johanna hatte einen niederländischen Kaufmann mit Handelsbeziehungen nach Suriname geheiratet. Durch ihn wurde es der Malerin möglich, eine eigene Sammlung südamerikanischer Arten anzulegen. Ihr war jedoch klar, dass dieser Formenreichtum aus der Ferne nicht vollständig zu erfassen war. »Deshalb«, schrieb sie, »sah ich mich veranlasst, eine lange und kostspielige Reise nach Suriname zu unternehmen.«

Anders als ihre männlichen Vorgänger und Zeitgenossen erhielt Merian keine Unterstützung, obwohl sie eine anerkannte Malerin und Naturforscherin war. Somit wurde sie zu einem neuen Forschertyp – bindungslos und nur sich selbst verpflichtet. Um die Überfahrt für sich und ihre Tochter Dorothea bezahlen zu können, verkaufte sie ihre Gemälde sowie ihre Insekten- und Pflanzensammlung, borgte sich das übrige Geld und warb mit künftigen Sammelstücken und Gemälden als Pfand. Sie schiffte sich zu Sommerbeginn 1699 nach Suriname ein.

Dort angekommen, nahmen Sibylla und Dorothea Quartier in Paramaribo. Sie erforschten das Land zumeist per Kanu, begleitet und unterstützt von ihren schwarzen Sklaven und Indioführern. Zwei Jahre später, 1701, erlitt Merian einen Zusammenbruch. Zwar konnte sie nun nicht mehr allein entlang den Flüssen und durch die

Regenwälder streifen, war inzwischen jedoch so bekannt, dass ihr die Eingeborenen und schwarzen Sklaven besonders interessante Insektenexemplare mitbrachten. Mutter und Tochter legten außerdem eine Sammlung an Präparaten an, die sie für weitere Studien und zum Verkauf mit zurück nach Amsterdam nehmen wollten. Das Hauptwerk aus den Jahren in Suriname mit dem Titel *Metamorphosis Insectorum Surinamensium* brachte sie 1705 in Amsterdam selbst heraus. Das Werk enthält 60 kolorierte Stiche mit umfangreichen Kommentaren.

Sibylla Merian ermutigte ihre Töchter dazu, Malerinnen und Biologinnen zu werden und selbst Forschung zu betreiben. Johanna folgte dem Beispiel ihrer Mutter und fuhr immer wieder nach Suriname, um die dortige Flora und Fauna zu malen. In einer posthumen Veröffentlichung zeigte Dorothea Werke ihrer Mutter und Schwester.

Das Werk der Malerin inspirierte auch den großen Forschungsreisenden Alexander von Humboldt. Carl von Linné zitiert sie in seiner grundlegenden Klassifikation der Tier- und Pflanzenarten. Gemälde von ihr hingen in berühmten Sammlungen, unter anderem in derjenigen von Peter dem Großen in Russland. So wurde auch der Schriftsteller und Schmetterlingssammler Vladimir Nabokov von ihr inspiriert.

Eine Botschaft im Orient

LADY MARY PIERREPONT WORTLEY MONTAGU
ENGLISCHE SCHRIFTSTELLERIN (1689–1762)

Lady Mary Wortley Montagu in türkischer Tracht

Lady Mary Pierrepont Wortley Montagu war im England des frühen 18. Jahrhunderts sehr bekannt für ihre beißenden Satiren über Literaten und das höfische Leben. Über diesen Teil ihres Schaffens weiß man wenig, da ihre Tochter, entsetzt über das exzentrische Verhalten ihrer Mutter, viele ihrer Aufzeichnungen nach deren Tod verbrannt hatte. John Mullen bemerkte in einer der jüngsten Biographien über Montagu: »Es war eine Tat literarischen Vandalismus, gleichzusetzen mit der posthumen Zerstörung von

Byrons Memoiren, [aber was erhalten ist, ist] ein außergewöhnlicher Reisebericht: schimmernde Poesie, provokante Essays und viele kunstvolle, lebhafte Briefe.«

Montagu findet nicht wegen ihres geistvollen und brillanten Schreibstils Aufnahme in diesem Kapitel, sondern für etwas, das sie nur als einen Seitenweg in ihrer Laufbahn betrachtete: Montagu brachte von ihren Reisen ein Heilmittel gegen die Pocken, die damals gefürchtetste und weltweit verbreitete Krankheit, nach England. Die Infektionskrankheit war eine Geißel, im 18. Jahrhundert starb beinahe ein Viertel der Einwohner Englands an der Krankheit, darunter auch Marys kleiner Bruder. Viele andere – auch Mary – waren durch Pockennarben verunstaltet. Niemand kannte die Ursache, und niemand wusste Abhilfe.

Montagu war eine Tochter des Earl of Kingston, eines führenden Politikers und Gelehrten. Sie wuchs in engem Kontakt zu den wichtigen Männern ihrer Zeit auf und las alles an Literatur, was in Englisch und mehreren anderen europäischen Sprachen für sie erreichbar war. Sie war noch ein Kind, als sie, wie sie später schrieb, »die lateinische Sprache stahl«. Später erlernte sie Türkisch und Arabisch während ihrer Reisen.

Trotz ihrer Begabungen wurde Mary jede klassische Ausbildung vorenthalten. Wie sie berichtet, erwartete man von ihr den Erwerb »weiblicher Fertigkeiten«, etwa die Kunst höflicher Konversation, Zeichnen, ein wenig Musik und genügend Kenntnis in Haushaltsführung. Ihre Zukunft lag in einer standesgemäßen Heirat. Schon früh fühlte sie sich berufen, selbst zu schreiben. Mit vierzehn verfasste sie eine Gedichtsammlung, mit siebzehn einige lange Oden und Geschichten über klassische Themen. Bald schon erschienen ihre Essays und Satiren in Zeitungen. Schriftsteller begannen, das Haus ihres Vaters aufzusuchen, um sich mit ihr zu unterhalten.

Inzwischen hatte ihr Vater mit der aufwändigen Suche nach einem standesgemäßen Ehemann begonnen. Der Mann, auf den seine Wahl fiel, trug den ungewöhnlichen Namen Clotworthy Skeffington. War es der Name, der Mann oder die Art des Auswahlverfahrens – Mary war jedenfalls vom Gedanken an eine kommende Ehe verschreckt. Später bemerkte sie dazu: »Menschen meines Schlags werden wie Sklaven verkauft. Ich kann nicht vorhersagen, wie hoch mich mein Meister taxieren wird.« Mary tat etwas Ungewöhnliches. 1712 floh sie mit Edward Wortley Montagu und brachte die Mitgift ihres Vaters durch.

Die Heirat beruhte nicht auf wilder romantischer Leidenschaft. Sie selbst verglich sie mit der Ehe ihres Vaters, indem sie sagte: »Die Vorhölle ist besser als die Hölle.« Aber ihr Ehemann war reich, intelligent und wurde allseits bewundert. 1716 wurde er als britischer Botschafter an den osmanischen Hof entsandt. Begleitet von ihrem kleinen Sohn und 20 Dienern, reisten die Eheleute zu Schiff, in der Kutsche und auf dem Pferderücken nach Wien und von dort weiter nach Konstantinopel. Um den Kontakt mit den vielen Freunden in England zu halten, schrieb Montagu zahlreiche Briefe mit witzigen Reiseschilderungen. Später wurden diese in Buchform gebunden und als *Turkish Embassy Letters* (Türkische Gesandtschaftsbriefe) veröffentlicht. Aus ihnen spricht Montagus Abenteuerlust und die Begeisterung für fremde Bräuche.

Manch einer ihrer Entdeckungen ließ sich auf das praktische Leben in England anwenden. Jeder auf den Britischen Inseln – ob reich oder arm – litt unter der feuchten Kälte und dem winterlichen Fehlen an frischen Früchten und Gemüse. Als Montagu über die Wiener Märkte ging, war sie überrascht, wie viel Frischobst und Gemüse auch außerhalb der Saison angeboten wurde.

Das Staunen war aber nicht nur auf ihrer Seite. In Sofia ging sie in ein türkisches Bad, wo die anderen Frauen verblüfft ihr Korsett betrachteten. Sie schrieb: »Sie glaubten, ich sei in dieser Vorrichtung so fest verschlossen, dass es nicht in meiner eigenen Macht stehen könne, diese zu öffnen, und dass dies meinem Gatten obliege... Übereinstimmend sahen sie darin etwas äußerst Barbarisches und bedauerten die armen Frauen in Europa, solcher Sklaverei ausgesetzt zu sein.«

Als sie in Konstantinopel ankamen, trat sie mit den führenden Gelehrten in Kontakt, um so viel wie möglich über Kleinasien zu lernen, und nahm Unterricht in Türkisch. Sie schrieb einem englischen Freund: »Meine orientalischen Studien sind schon hübsch weit vorangeschritten, um die Wahrheit zu sagen, ich lerne sehr eifrig.« Es genügte ihr nicht, in der großen Hauptstadt zu verweilen. In weite Gewänder und einen Schleier gehüllt, reiste sie viel in der Türkei umher. Oft wurde sie dazu eingeladen, mit den Frauen im Harem zu speisen, was ihr als Zeitvertreib sehr zusagte. »Ich trug meine Reisekleidung, ein Reitkostüm, und sah sicher ganz ungewöhnlich in ihren Augen aus. Trotzdem war da keiner, der nur eine Spur von Überraschung oder lästiger Neugier gezeigt hätte, sondern jeder legte Höflichkeit an den Tag. Ich wüsste keinen europäischen Hof, an dem die Damen sich einer Fremden so entgegenkommend erwiesen hätten.« Sie war verblüfft, wie unabhängig die türkischen Frauen waren, und schrieb dies zum Teil ihrer Kleidung zu: Verschleiert zu sein vermittle ein Gefühl von Bewegungsfreiheit. Auch das Gefühl, unbelastet von Sünde zu sein, mache sie im Gegensatz zu den englischen Frauen so viel selbstbewusster. »Insgesamt sehe ich in den türkischen Frauen die einzigen freien Personen im Weltreich.«

Dass überhaupt persönliche Aufzeichnungen von Mary Montagu überdauert haben, ist ihrer Geistesgegenwart zu verdanken. Bevor sie nach England zurückkehrte, übergab sie einem Freund in Holland eine Kopie der Briefe und bat ihn, diese zu veröffentlichen, wenn er es wünschte.

Auf ihren Reisen war sie Zeugin, wie man sich mit einfachen Mitteln gegen Pocken schützt:

> *Pocken, so furchtbar und allgegenwärtig bei uns, sind hier gänzlich harmlos, weil man eine Einritzmethode erfunden hat ... Eine Anzahl alter Frauen führen diese in jedem Herbst aus. Die Operation geschieht im September, wenn die größte Hitze vorbei ist. Die Leute geben einander Nachricht davon, ob irgendwer [gegen Pocken] geritzt werden will ... Eine alte Frau kommt mit einer Nussschale voll Pockenflüssigkeit der heftigsten Sorte und fragt die Person, welche Ader geöffnet werden soll. Sogleich ritzt sie [die Ader] auf, die man ihr hinhält (was schmerzhafter ist als ein gewöhnlicher Kratzer), und gibt von dem Gift so viel in die Ader, wie auf der Nadelspitze Platz findet; danach verbindet sie die kleine Wunde mit einem Stückchen von einer Muschelschale.*

Montagu kehrte 1721 nach England zurück, gerade als die große Pockenepidemie ausbrach. Sie war sehr darauf bedacht, ihre Tochter vor der Krankheit zu schützen, die sie einst selbst entstellt hatte, deshalb wandte sie in Gegenwart von Ärzten eigenhändig die türkische Impfmethode als Prophylaxe an. Sobald er davon erfuhr, protestierte der Klerus heftig gegen das Verfahren, da es von ketzerischen Moslems erdacht worden war. Auch die Ärzteschaft schwor weiterhin auf den traditionellen Aderlass.

Streitschriften für und wider die Impfmethode wurden von beiden Seiten verfasst. Gegner der Methode schrieben: »Es kann wohl kaum glaubhaft gemacht werden, dass ein Heilungsversuch, der von ein paar unwissenden Frauen eines unbelesenen, gedankenlosen Volkes durchgeführt wird, dazu geeignet ist – aufgrund eines fadenscheinigen Versuchs –, von einem der höchst kultivierten Völker aufgegriffen zu werden oder gar in den Palast des Königs zu gelangen.« Dennoch und trotz aller »Ketzerei« kam das Mittel in den Palast – die Prinzessin von Wales wandte die Prophylaxe erfolgreich an.

Mary veröffentlichte eine Gegenschrift *A Plain Account of the Inoculating of the Small Pox by a Turkish Merchant* (Eine klare Beschreibung der Impfmethode gegen Pocken, von einem türkischen Kaufmann), in der sie die Vorteile der türkischen Impfmethode noch einmal verdeutlichte. Sie schrieb: »Aus Mitleid mit den vielen, die unter der Torheit und Unwissenheit unserer Ärzte zu leiden haben, fasse ich nochmals das Verfahren der Impfmethode von Konstantinopel zusammen, die dort mit ständigem Erfolg und ohne schädliche Folgen ausgeübt wird.« Nach einem Test an sechs Häftlingen und Waisenhauskindern bekam die Methode immer mehr Anhänger. Aber wegen des anhaltenden Widerstands seitens der Kirche und der Ärzteschaft geriet die Methode in Vergessenheit, insgesamt waren nur 800 Personen geimpft worden. Erst 70 Jahre später gelang es Edward Jenner, die Impfung erneut einzuführen; sie entwickelte sich zur weltweiten Standardbehandlung gegen Pocken.

Weitere 23 Jahre reiste Mary Montagu allein durch Europa und schickte ihren Freunden laufend Berichte. Ihre Unvoreingenommenheit, Fairness und Ehrlichkeit den Menschen und ihrem Brauchtum gegenüber machen die Reisebriefe noch heute nach fast 300 Jahren zu einer erfrischenden und unterhaltsamen Lektüre.

Allein auf dem grenzenlosen Ozean

IDA PFEIFFER, GEB. REYER
ÖSTERREICHISCHE SCHRIFTSTELLERIN (1797–1858)

Ida Pfeiffers Abenteuerlust und ihr Blick für das Detail gaben ihren Lesern immer wieder das Gefühl, dabei gewesen zu sein. Leute, die nicht so reiselustig waren, kamen so nach Kanton, Tahiti und nach Feuerland und erfuhren vieles über die Menschen und ihre Sitten. Ein Biograph sagte über sie: »Ida Pfeiffer rangiert unter jenen Frauen, die fehlenden Liebreiz durch bemerkenswerte Energie und sonst selten anzutreffende Intelligenz kompensieren.«

Ida Pfeiffer begann als 45-Jährige zu reisen. Ihr erstes »Fahrtenbuch« entstand 1842 nach einem Aufenthalt im Heiligen Land. Mit dem Verkaufserlös konnte sie die zweite Reise finanzieren – diesmal nach Island, um dort Pflanzen und Mineralien zu sammeln. Auch über diese Reise verfasste sie ein Buch. Ihre erste Weltreise führte sie auf einem Segelschiff nach Brasilien, erste Anlaufstation auf einer Reise, die selbst nach heutigen Maßstäben beeindruckend ist. Pfeiffer war zweieinhalb Jahre unterwegs und legte dabei 45000 Kilometer auf dem Land und 35000 Seemeilen zurück. Dabei dokumentierte sie das Leben und die Bräuche der Völker, die Witterungsverhältnisse, Naturphänomene, die Geographie und die Reisebedingungen als solche. Ihre Leserschaft erfuhr von ihren Erlebnissen mit fliegenden Fischen und Meeresleuchten. Sie schrieb: »Im Kielwasser des Schiffes tat sich ein feuriger Lichtstrahl auf, so hell, dass ich leicht in seinem Licht hätte lesen können; das Wasser um das Schiff sah wie ein glühender Lavastrom aus, und jede Woge warf Funken in die Höhe.«

Mit Ida Pfeiffer fuhren die Leser erstmals über den Äquator, sahen das Kreuz des Südens und standen etliche Stürme durch. Über einen Sturm vor Südamerika schrieb sie:

> *Kurz nach acht brach der Hurrikan los. Blitze rasten über den Horizont und beleuchteten die arbeitenden Seeleute. Die aufgewühlte See war in ein brillantes Licht getaucht. Gewaltiges Donnergrollen übertönte die Stimme des Kapitäns ... Solch ein Sturm gibt mir viel Stoff zum Nachdenken. Allein auf dem grenzenlosen Ozean, weitab von jeder menschlichen Hilfe und gleichsam den Elementen ausgesetzt, fühle ich mich der Allmacht Gottes unterworfen ... Im Angesicht derart mächtigen Aufruhrs in der Natur überkommt mich stets ein Gefühl stiller Freude. Ich ließ mich oft nahe beim Steuermann festbinden und ließ die Wellenbrecher über mich hinwegstürzen, um so viel wie möglich von dem Geschehen um mich herum aufzunehmen. Dabei fühlte ich keine Beunruhigung, sondern Zufriedenheit und Ruhe.*

Zu ihren Ratschlägen zur Vorbereitung einer Seereise gehörte auch eine Liste, welche Nahrungsmittel mitzunehmen seien: »Ein gutes

Quantum an Eiern, die, wenn das Schiff in südliche Gefilde fährt, zuvor in konzentriertes Zitronenwasser getaucht oder in Kohlenstaub gehüllt werden sollten; dann Reis, Kartoffeln, Zucker, Butter ... Denjenigen, die Kinder dabei haben, würde ich auch dringend empfehlen, eine Ziege mitzunehmen.« Für die eigene Bequemlichkeit empfiehlt sie das Mitbringen einer Matratze.

Ihre Leser erhielten Einblick in ihre südamerikanischen Lebensbedingungen: »Ich breitete einen Umhang auf dem Boden aus, rückte mir ein Holzstück als Kissenersatz zurecht und setzte mich für einen Moment auf meine großartige Couch. Inzwischen bereiteten meine Gastgeber den Affen und den Papagei vor, spießten beide auf Stöcke und rösteten sie am Feuer.« Auf Tahiti stutzte sie, als sie das freizügige Geschlechtsleben sah. Sie dinierte mit Königin Pomaré und »Prinz Albert« und beschrieb die phantastischen Muscheln im kristallklaren Wasser. Sie erlebte, wie jungen Chinesinnen die Füße eingeschnürt wurden: »Vier Zehen werden fest unter die Fußsohle gebunden und angedrückt. Es scheint, als ob die Nägel mit der Fußsohle verwachsen. Nur der große Zeh bleibt in seiner Normalstellung ... Der verkrüppelte Klumpfuß ist nur um die zehn Zentimeter lang und drei Zentimeter breit.« Von ihrer Reise nach Indien stammt ein Bericht über das Tadsch Mahal im Mondschein; sie berichtet von den indischen Antilopen und gibt eine Fahrt von Delhi nach Bombay auf dem Ochsenkarren und hoch zu Kamel zum Besten.

In Bagdad besuchte sie den Harem des Paschas und schloss sich dann einer Karawane quer durch die Wüste bis ins persische Täbris an. Auf Borneo besuchte sie die als Kopfjäger gefürchteten Dajak und fand sie »aufrichtig, gutmütig und bescheiden«. Auf Sumatra suchte sie den Kontakt mit den Batak, die man für Kannibalen hielt. Ida Pfeiffer war die erste Europäerin, die ihr Stammesgebiet betreten durfte und über ihr Leben berichtete.

Pfeiffers Bücher wurden in Österreich und London veröffentlicht und fanden Tausende von neugierigen Lesern. Ihre Beschreibungen waren anregend und zugleich lehrreich. Sie reiste in gefährliche und unwirtliche Teile der Erde, getrieben von einem nicht versiegenden Wissensdurst. Ihre Beharrlichkeit und ihr Mut kamen ihr dabei zugute. Von ihren Reisen brachte sie Informationen über die Geographie der Welt, über die Völker und die Geschichte, außerdem Pflanzen, Tiere und Mineralien mit. Sie schrieb: »Genauso wie der Künstler ein unstillbares Verlangen zu malen in sich fühlt und der Poet seinen Gedanken freien Lauf lassen muss, fühlte ich mich gedrängt von einem unbezwinglichen Wunsch, die Welt zu sehen. In meiner Jugend träumte ich vom Reisen – im Alter erfreue ich mich über die Erinnerungen an diese Reisen.«

Als Ida Pfeiffer 66-jährig in Wien verstarb, hatte sie in 16 Jahren 32180 Kilometer und 150000 Seemeilen zurückgelegt.

Das weltumspannende Leben einer Dame

ISABELLA LUCY BIRD BISHOP

ENGLISCHE SCHRIFTSTELLERIN (1831–1904)

Die Autorin in einem Mandschu-Kostüm

Aus der Düsternis eines englischen Winters segelte Isabella Bird ins Paradies. Die kleine enthusiastische Lady landete im Januar 1873 auf Hawaii, damals noch als Sandwichinseln bekannt. Auf Hawaii erlebte sie aufregende Zeiten, ritt auf dem Pferderücken durchs Land, bestieg Vulkane und durchquerte vegetationslose Landschaften. Die Reise machte aus der kränklichen und depressiven Frau innerhalb von sechs Monaten eine vitale und begeisterte Abenteuerin.

Von der Royal Geographical Society wurde sie als eine der »perfektesten Reisenden ihrer Zeit beschrieben«, doch zunächst war die Überwindung ihrer Krankheit die eigentliche Motivation zu reisen. Bishop kam als Tochter eines englischen Geistlichen 1831 in Yorkshire zur Welt. Mit achtzehn Jahren hatte sie einen Wirbelsäulentumor. Trotz medizinischer Hilfe litt sie unter andauernden Kopfschmerzen, Schlaflosigkeit und allgemeinem Unwohlsein. Ihr Arzt gab ihr den Rat, es mit einem Ortswechsel zu versuchen.

Zunächst reiste sie nur bescheidene Strecken, etwa von ihrem Heim in Nordengland in die schottischen Highlands. Unterwegs milderten sich die Beschwerden, aber wieder zu Hause, kehrte das Unwohlsein zurück – ein Phänomen, das sich durch ihr ganzes Leben zog. Bishop genoss die Freiheit, die sie auf ihren weltweiten Reisen erlebte, und beschrieb ihre Reiseerfahrungen detailliert.

1854 reiste sie nach Nordamerika und legte fast 10 000 Kilometer in Kanada und den USA zurück. Ihr erstes Buch, *An Englishwoman in America* (Eine Engländerin in Amerika), beschrieb 1856 diese Reise. Als ihr Vater 1858 starb, entschloss sie sich, sich in Edinburgh niederzulassen.

16 Jahre vergingen, in denen sie ihre Abenteuerlust zu unterdrücken versuchte. Sie verbrachte ihre Zeit mit dem Schreiben von Artikeln und verrichtete die Arbeit einer frommen Hausfrau. In diesen Jahren verschlechterte sich ihr Gesundheitszustand dramatisch. Isabella Bird gab schließlich ihrem Reisetrieb nach und schiffte sich 1872 Richtung Australien ein. Aber weder Australien noch Neuseeland sagten ihr zu, und so fuhr sie auf einem verrotteten Raddampfer weiter nach Kalifornien. Auf dieser chaotischen Reise kehrten ihre Lebensgeister zurück.

Wie 26 Jahre zuvor Ida Pfeiffer, fühlte auch sie sich von einem rasenden Taifun wie beseelt. Der Sturm drohte den alten Kahn zum Kentern zu bringen, doch sie schrieb: »Endlich habe ich mich verliebt, der alte Gott des Meeres hat mein Herz gestohlen und meine Seele so durchdrungen, dass ich auch danach, wenn zwar nicht körperlich, so doch im Geiste weiter mit ihm sein werde.« Die Zeit an Bord war für sie ein Leben in einer neuen Welt: frisch, vital, sorglos, ungebunden, voller Neugier.

Auch in die Insel Hawaii verliebte sie sich. Dort lernte sie im Herrensitz reiten, was sie von den lähmenden Rückenschmerzen, die der Damensitz ihr verursacht hatte, befreite. Sie trug ein spezielles Reitkostüm mit einer lockeren türkischen Hose, über die sie einen langen Rock anzog. Der sittsame Rock über den aufrührerischen Hosen spiegelt ihren Zwiespalt – im Herzen konservativ, wollte sie dennoch Widerstand leisten. Ihre Hawaiireise war der Beginn eines Doppellebens zwischen passioniertem Reisen in ferne Länder und bedrückenden Tagen zu Hause in Schottland.

Isabella durchquerte Amerika, meist zu Pferde, und hatte dabei offensichtlich ein romantisches Treffen mit einem rauen Bergbewohner in Colorado. Sie beschrieb ihn in ihrem populären Buch *A Lady's Life in the Rocky Mountains* (Eine Dame in den Rocky Mountains). Als Nächstes fuhr sie nach Asien, um im Norden Japans als erste Frau auf die Ainu zu treffen. Die folgenden zehn Jahre lebte sie in Schottland, heiratete einen schottischen Arzt, der aber schon nach fünf Ehejahren verstarb. Wieder unabhängig, machte sie sich erneut auf die Reise, diesmal nach Pakistan, Indien, Tibet. Um nach Persien und Kurdistan zu kommen, schloss sie sich einer Karawane an. Ihr nächstes Reiseziel waren China und die Grenze zu Tibet.

Isabella Birds Schriften zeichnen ein lebhaftes Bild ihres Alltags an entlegenen Orten. Sie beschreibt eine japanische Mahlzeit als einen »Eintopf aus Abscheulichkeiten mit Salz, rohem oder getrocknetem Fisch, Tang, Nacktschnecken und verschiedenem Grünzeug ... dazu kommen noch wilde Wurzeln, Beeren, frisches oder getrocknetes Wildbret und Bärenfleisch ... wirklich alles, was sie kriegen können und was nicht giftig ist«. »Die Tibeter essen«, so schreibt sie, »Brei aus Gerstenmehl, kalte Knödel aus Gerstenteig, Fleischbrühe, Käse, Sauermilch und Dörraprikosen« und 60 Jahre alte Butter!

Sie berichtete über die Unterbringung, Trachten und Charaktere, über Politik und Wirtschaft und begeisterte ihre Leser mit den Beschreibungen ihrer gefahrvollen Abenteuer. Isabella durchquerte viele wilde Flüsse, was ihr in Tibet beinahe zum Verhängnis werden sollte. In Persien ritt sie sechs Stunden lang durch Regen- und Graupelschauer, »mein Maultier bis zu den Knien im Schlamm«, und kam »in eines der schmutzigsten Dörfer, die ich je gesehen hatte«. In China schildert sie das Überqueren eines tückischen Passes:

> *Es war 8.30 Uhr und sehr dunkel. Ein Schneesturm zog auf, dicht und jede Sicht nehmend, mit heftigem Wind. Zwei Männer zerrten mich mehr, als dass sie mir beim Laufen halfen, sie fielen oft hin, weil wir an einem steilen Hang waren, und es herrschte dichtes Schneetreiben ... Mehrmals versank ich bis zum Hals in einer Wehe, meine durchnässten Kleider froren an mir fest, der Schnee wurde tiefer, wirbelte, wurde verweht, stach wie Nadelspitzen. Aber die Schrecknis dieses öden Bergs entzieht sich jeder Beschreibung: das gespenstische Licht, die verwirrenden, alles verhüllenden Schneewolken, die lähmende Kälte, das Stöhnen ringsumher, denn bei den anderen und bei mir war jedes Atmen ein Stöhnen ... Insgesamt war dies mein übelstes Erlebnis.*

Als sie dies niederschrieb, war sie 62 Jahre alt. Durch alle ihre Berichte von Mühsal und Plage zieht sich als roter Faden ihre Begeisterung für außergewöhnliche und extreme Lebenserfahrungen. Diese Reiseberichte motivierten später andere, nach ähnlichen Erfahrungen zu suchen und diese mit Worten, Fotos und Filmen zu dokumentieren.

Die Blumendame

MARIANNE NORTH

ENGLISCHE PFLANZENBUCH-ILLUSTRATORIN (1830–1890)

Marianne North an ihrer Staffelei

Marianne North reiste in der zweiten Hälfte des 19. Jahrhunderts alleine in entlegene Teile des britischen Empires und über seine Grenzen hinaus. Auslöser waren ihre Liebe zur Pflanzenkunde und der Wunsch, exotische Pflanzen in ihrer natürlichen Umgebung zu malen. Sie hatte das Glück, nicht nur finanziell unabhängig für ihre jahrelangen Reisen zu sein, sondern auch den Mut zu besitzen, entlegene Orte aufzusuchen. Sie übergab ihre Arbeit und das dafür konzipierte Ausstellungsgebäude dem Königlichen Botanischen Garten in Kew bei London, wo ihre Werke noch heute zu besichtigen sind. Ihr Lebenswerk umfasst 832 Ölbilder, auf denen über 1000 Pflanzenarten aus 727 Gattungen festgehalten sind.

Durchs Paradies schweben

MARGARET URSULA BROWN MEE

ENGLISCHE MALERIN UND BOTANIKERIN (1909–1988)

1988 fuhr Margaret Mee im Alter von 79 Jahren im Kanu den Rio Negro hinab.

Margaret Mee wuchs in England auf. Schon früh wurde sie von ihrer Tante, einer Kinderbuch-Illustratorin, dazu ermutigt, ihre Fähigkeiten als Künstlerin zu entwickeln. Ihr Vater, ein Biologe, förderte ihre Naturstudien. Erst als sie über vierzig war, begann Mee mit ihrem großen Werk, einer Dokumentation der Pflanzen am Amazonas. Bei einer Reise 1952 war sie beeindruckt und fasziniert vom herrlichen, wenig bekannten Pflanzenleben im Einzugsbereichs des Stromes. 1956 unternahm sie ihre erste eigene Expedition. 32 Jahre bereiste sie die Region, zumeist per Kanu; manche der Reisen dauerten mehrere Monate. Neben ihrer bedeutenden Pflanzensammlung aus dem Amazonasgebiet wurde Margaret Mee eine wichtige Führungsperson im Kampf gegen die Zerstörung des Regenwaldes.

Ihre Augen beobachten

ZORA NEALE HURSTON
AMERIKANISCHE VÖLKERKUNDLERIN
ANTHROPOLOGIN (1891–1960)

Zora Hurston auf einer Reise in die Sümpfe Floridas.

Während die meisten Amerikaner, ob schwarz oder weiß, mit den Folgen der Depression zu kämpfen hatten, durchstreifte Zora Neale Hurston in den Dreißigerjahren Seitenstraßen in Florida, lebte in kleinen Dörfern auf Haiti, Jamaika und den Bahamas, um dort die Lieder, Geschichten, Tänze und Rituale der afroamerikanischen Bevölkerung aufzuzeichnen. 1936 bereiste sie mit einem Stipendium der Guggenheim-Stiftung Haiti, um die geheimnisvolle und oft Furcht einflößende Welt des Voodoo zu erforschen. Ihre Untersuchungen waren nicht nur deshalb wichtig, weil sie ihr einen akademischen Rang einbrachten, sondern weil die junge Frau einen wesentlichen Beitrag zu den afroamerikanischen Studien allgemein leistete.

Voodoo ist eine Verschmelzung west- und zentralafrikanischer Überlieferungen, die von Sklaven in die Neue Welt gebracht und heimlich praktiziert wurden. Zora Hurston interessierte insbesondere das Phänomen der Zombies, denen man nachsagt, dass sie die Grenze zwischen Leben und Tod überschreiten können. »Niemand kann lange in Haiti bleiben, ohne früher oder später von Zombies zu hören«, schrieb sie, »und die Angst lastet auf dem Land wie kalter Bodennebel. Die Angst sitzt tief und ist allgegenwärtig.« Hurston wurde gewarnt, nach diesen albtraumhaften Kreaturen zu suchen, denn die Suche könne fürchterliche Folgen für sie haben. »Ich würde«, so schrieb sie, »in etwas Schreckliches einbezogen, dem ich mich nicht mehr lebendig entziehen könne. Man prophezeite mir, dass ich den Tag verfluchen würde, an dem ich mit der Suche beginnen würde.«

Zora Hurston kam aus dem ländlichen Süden mit seiner Rassentrennung und den alltäglichen Entbehrungen. Ihre Kindheit verlebte sie in Eatonville, Florida, einer der ersten selbstständigen schwarzen Städte Amerikas. Sie war stolz auf ihren Vater, der dreimal zum Bürgermeister von Eatonville gewählt wurde und Geistlicher der Zion Hope Baptist Church war. Trotz seiner Karriere verschlechterten sich die Vater-Tochter-Beziehungen nach dem Tod der Mutter. Als er sich wieder verheiratete, wollte sie nur noch fort. Sie erinnert sich: »Ich saß auf dem Torpfosten und ließ die Welt vorbeiziehen.« Mit 13 Jahren verließ Zora ihr Elternhaus.

Sie wollte unabhängig sein, doch die einzige Möglichkeit, als junge Schwarze alleine zu leben, bestand in einer Anstellung als

Hausmädchen. Erst mit 27 Jahren konnte sie die Highschool abschließen, 1919 schrieb sie sich an der Howard University ein, 1925 wurde ihr ein Stipendium am Barnard College gewährt. An der Columbia University waren so herausragende Völkerkundler wie Franz Boas und Ruth Benedict ihre Lehrer. Boas half Zora Hurston, für ihre Feldforschungen Fördergelder zu erhalten. 1928 ging sie nach New Orleans, um ihre Forschungen über das Brauchtum der afroamerikanischen Gesellschaft zu beginnen. Sie interessierte sich für die Quellen des afroamerikanischen Volksglaubens sowie für den Wandel, dem dieser durch das Trauma der Sklaverei unterlegen war. Letztlich wurde sie dadurch auch mit Voodoo konfrontiert, dem später ihr eigentliches Interesse galt.

Aber lediglich als Zaungast Voodoo-Geheimnisse zu lüften war unmöglich. Sie musste schon voll in die Sache einsteigen. Nur so würden ihr die Anhänger des Kultes Vertrauen schenken und über ihren Glauben berichten. Später schrieb sie: »In New Orleans lernte ich Hoodoo oder Zauberei durch Besprechen kennen. Ich lernte gemeinsam mit Frizzly Rooster und all den anderen bekannten ›Doktoren‹. Ich lernte Routineübungen wie Ehen zu knüpfen oder zu trennen, Feinden zu entkommen und sie zu verfluchen, einen Richter und Geschworene günstig zu stimmen, durch Fernbeeinflussung zu töten und vieles mehr.«

Zoras Erfahrungen waren einzigartig: Bei einem Initiationsritus in Louisiana musste sie tagelang nackt auf einem Tisch liegen und bekam lediglich Wasser zu trinken, um durch das Stadium des Verhungerns Visionen zu erlangen. Ein anderes Mal »schnitten sie mir in den Finger, und ich wurde Blutsschwester einer Klapperschlange. Wir sollten einander auf ewig helfen.«

Zu Beginn ihrer Studien und Erfahrungen war New Orleans nicht schlecht, doch nicht zu vergleichen mit den Ursprungsorten der Voodoo-Kultur. Sie beschloss, zu den Ausgangsorten des Voodoo zu reisen. Ihre erste Station waren die Bahamas, wo die Schwarzen, so wurde ihr gesagt, noch viel von ihrem afrikanischen Erbe bewahrt haben sollten. Von dort aus reiste sie weiter nach Jamaika und kam schließlich nach Haiti.

Sie war wild entschlossen, dorthin zu gehen, wohin ihre Spurensuche sie führen würde. Was sie fand, war immer aufregend, manchmal verblüffend und oftmals beängstigend. Sie schrieb: »Forschung ist offizielle Neugier. Es ist ein zweckgerichtetes Stochern und Stöbern. Es ist ein emsiges Suchen, das demjenigen, der es sich wünscht, Zugang zu den kosmischen Geheimnissen der Welt ermöglicht.« Auf den Antillen erlebte Zora Hurston viele Zeremonien und Feiern mit deutlich afrikanischen Ursprüngen.

Zora studierte auch den Volksglauben an die Geisterwelt. Sie meinte, in den *duppies* eine Reaktion auf das Trauma der Zeit der Sklaverei in der Neuen Welt zu erkennen. *Duppy* ist die »Lebenskraft«, der Geist, den die jeweilige Person (als vom Körper getrenntes Wesen) in ihrer Existenz bewahrt. »Wenn der *duppy* den Körper verlässt, gibt es nichts, was ihn zurückhalten könnte, und er tut schrecklichere Dinge, als sich ein normaler Mensch je träumen lässt.« Man berichtete ihr Folgendes über *duppys*:

> *[Sie] leben in Seiden- und Mandelbäumen. Man sollte keinen dieser Bäume zu nah ans Haus pflanzen, weil die duppys darin leben und auf die Leute, die ein und aus gehen, »Hitze« werfen. Man merkt die Nähe eines* duppys, *weil einem dann heiß wird und der Kopf anschwillt. Der Kopf kann ganz schön wachsen, nur weil der* duppy *nah genug dran ist. Aber wenn man Tee vom Schlangenkraut, das auch als Geisterkraut bekannt ist, trinkt, können dich die* duppys *nicht berühren. Du kannst in einen Raum gehen, wo alles mögliche Böse lauert und wo* duppys *sind, und du bist völlig sicher.*

Von den relativ harmlosen *duppys* wandte sich Hurston den ernster zu nehmenden Zombies zu, Mittelpunkt des Voodoo-Kultes. Auslöser ist, so Zora Hurston, »der feste Glaube an das Leben nach dem Tod, oder besser daran, dass da kein Tod ist. Das Tun und Lassen schwenkt nur in andere Bereiche.« Man sagte ihr: »Zombies sind Körper ohne Seelen, lebende Tote.«

Zombies werden von einem gewissen Bocor erschaffen, einer Person, die diesen Dienst gegen eine Gebühr ausführt, sei es, weil der Auftraggeber einen Groll auf den künftigen Zombie schiebt oder weil er eine Arbeitskraft braucht. Der Zombie geht auf eine Zielperson zu und »saugt ihr die Seele aus. Wenn die Person stirbt und beerdigt ist, kommt der Bocor in dieser Nacht und weckt sie wieder auf – doch ohne Seele ist die Person kein Mensch mehr. In einer bestimmten Zeremonie bekommt sie einen Tropfen Flüssigkeit, dann hat sie kein Gedächtnis mehr ... es ist offensichtlich, dass dies[e Droge] das Sprachzentrum im Gehirn zerstört und auch den Sitz des Willens. Das Wesen kann sich bewegen und handeln, hat aber keine Gedanken.«

Zoras Feldforschung endete 1937, als sie zu weit in die Voodoo-Szene eingedrungen war, um noch in Sicherheit zu sein. Zum Glück konnte sie ihre Interessen nun vom Geisterhaften auf die Kultur der Karibik lenken. Mehr noch als die Region begann sie den Tanz und die Musik zu lieben. Sie schrieb: »Die Folklore ist der eingedickte Saft menschlichen Lebens. Sie gehört keiner fest umrissenen Zeit, keinem bestimmten Ort oder Menschen an. Kein Land ist so primitiv, dass es keine Überlieferung besitzt, und es ist auch noch kein Land so überzivilisiert, dass keine Folklore mehr innerhalb seiner Grenzen entsteht.«

Nach ihren Forschungsreisen veröffentlichte Zora Hurston eine Autobiographie, Romane, Schauspiele und ihre Arbeit über Glaubenssysteme in Haiti und Jamaika. Aber Tantiemen und Aufträge kamen nur sporadisch. Obwohl sie für ihre Schriften gewürdigt wurde, musste sie sich oft ihren Lebensunterhalt durch Lohnarbeit verdienen, genauso wie in ihrer frühen Dienstmädchenzeit. Schließlich war ihre Gesundheit zerrüttet, und sie war mittellos. Sie starb 1960 in einer Sozialwohnung und erhielt ein Armengrab ohne Inschrift.

Erst Jahre später sollte ihr Lebenswerk eine angemessene Würdigung erfahren. Heute nimmt Zora Neale Hurston einen wichtigen Platz unter den Pionieren des Studiums südlicher afroamerikanischer und karibischer Kulturen ein. Sie war eine mutige Frau, die sich in Gefahr begab, um zu den Wurzeln einer ihr fremden Kultur vorzustoßen.

Der Januskopf einer Karriere

LENI RIEFENSTAHL

DEUTSCHE FILMEMACHERIN / FOTOGRAFIN (1902–2003)

Leni Riefenstahl hinter der Kamera

Leni Riefenstahl – noch heute steht dieser Name für eine Künstlerin, die mit ihrem Werk polarisierte und bei allen Parteien die Wellen der Emotionen höher schlagen ließ.

Riefenstahl wuchs in Berlin auf und träumte schon früh davon, Schauspielerin zu werden. Als Jugendliche entdeckte sie ihr Tanztalent; eine Knieverletzung beendete jedoch frühzeitig ihre Karriere als Balletttänzerin. Der Kinofilm *Der Berg des Schicksals* sollte ihrem Leben eine neue Richtung geben: Sie traf den Regisseur Dr. Arnold Franck, einen Pionier des Stummfilms, der von Leni Riefenstahl so beeindruckt war, dass er einen Film mit ihr in der Hauptrolle konzipierte: *Der heilige Berg* (1925/26). Ihre folgenden Filme, allesamt erfolgreich, zwangen sie dazu, schwierige Kletterszenen selbst darzustellen. In *Die weiße Hölle von Piz Palü* (1929) wurde sie einen steilen, vereisten Hang hochgezogen, während über und neben ihr Lawinen herunterbrachen. In *Stürme über dem Montblanc* (1930) überquerte sie tiefe Klüfte auf dünnen Leitern, und in *Das blaue Licht* (1931/32) musste sie barfuß und ohne Seil über Eiswände klettern.

Wie so viele Zeitgenossen hatte sie ihr erstes Zusammentreffen mit Hitler, als sie voller Neugier eine Großversammlung der NSDAP im Berliner Sportpalast besuchte. Seine Rede und die aufgeheizte Reaktion der Massen faszinierten auch sie. Später – Hitler war als »Führer und Reichskanzler« an die Macht gelangt – packte sie die Gelegenheit beim Schopf, als er sie fragte, ob sie für ihn Filme drehen könne. 1933 erhielt sie vom Propagandaministerium den Auftrag, einen Film über den Parteitag der NSDAP zu machen. Sie drehte den Kurzfilm *Sieg des Glaubens*, der den Auftraggebern gefiel. Es folgten *Triumph des Willens* (1934) über den Reichsparteitag in Nürnberg und – im Auftrag des Olympischen Komitees – der zweiteilige Film *Olympia – Fest der Völker* und *Olympia – Fest der Schönheit* (1938). Auch im Ausland fand *Triumph des Willens* Anerkennung – nicht nur im faschistischen Italien, sondern auch auf der Pariser Weltausstellung 1937, wo man das Werk mit einer Goldmedaille auszeichnete. Noch Jahrzehnte später galt dieser Film bei den einen als reine Propaganda, andere sahen darin eine »außergewöhnliche Mischung aus inspirierter Kunst, Regieleistung und Kino«. Gleichzeitig beklatschte die Welt, nicht mit Auszeichnungen sparend, die Olympiafilme als ästhetisches Meisterwerk – konträre Auffassungen bis heute.

Nach dem Krieg wurde Riefenstahl als Begünstigte im Umfeld Hitlers und wegen Verherrlichung des Nationalsozialismus inhaftiert und weitgehend geächtet. Bis zu ihrem Tod 2003 war sie für die einen die »Nazisse« ohne Parteibuch, für die anderen die bald hundertjährige gefeierte Künstlerin. Für Leni Riefenstahl war Kunst autonom, stets ging es ihr um das Ideal körperlicher Vollkommenheit, um einen Schönheitsbegriff, in dem der Körper Seele und Geist spiegeln sollte, auf dass ein harmonischer Dreiklang entstehe. Daran hielt sie bis zuletzt fest, doch nach dem Krieg war klar, dass sie auf Grund ihrer einstigen Verbindungen zum »Führer« niemals mehr Geldmittel für einen Film oder eine Hauptrolle erhalten würde. Sie musste neu beginnen. Auf beiden Seiten der Kamera hatte sie schon Erfolg gehabt, als Schauspielerin und als Regisseurin, nun wechselte sie ins Fach der Dokumentarfotografie.

Leni Riefenstahl reiste erstmals 1956 nach Afrika und traf dort Stammesangehörige der Massai. Sie war hingerissen und beschloss, für eine Fotoserie zurückzukehren. Sie sagte: »Ich war wie besessen von dem Gedanken an ein ganz bestimmtes Afrika – den dunklen, mysteriösen und noch kaum erforschten Kontinent.« Von den unwirtlichen Wüstenlandschaften fühlte sie sich angezogen; irgendwie ähnelten sie den Landschaften, in denen sie in den Zwanziger- und Dreißigerjahren Filme gedreht hatte. 1962 bekam sie ihre Chance, als die deutsche Nansen-Gesellschaft, die anthropologische Feldforschung förderte, Kontakt mit ihr aufnahm. Sie sollte einen Dokumentarfilm über das wenig bekannte Volk der Nuba in Kordofan im Südsudan drehen. Sie musste tagelang Richtung Westen fahren, bis sie endlich fand, was sie suchte: »Im Licht der untergehenden Sonne [standen] ein- oder zweitausend Leute, ... auffällig bemalt und mit Schmuck herausgeputzt. Sie sahen aus wie Wesen von einem anderen Planeten. Hunderte von Speerspitzen tanzten vor dem blutroten Ball der Sonne ..., endlich war ich unter den Nuba.«

Während der nächsten Jahre unternahm Leni Riefenstahl mehrere Expeditionen nach Afrika, und es ergaben sich dauerhafte

Beziehungen zu den Einheimischen. Sie verbrachte viele Monate bei den Völkern der Kau, Nuba und Massai und fotografierte ihre Tänze, ihre rituellen Messerkämpfe, die auffällige Körperbemalung und ihre Tätowierungen.

In den Siebzigerjahren brach Leni Riefenstahl zu neuen Ufern auf. Der Auslöser war 1972 ein Urlaubstag in Malindi, Kenia. Zufällig las sie das englische Wort *goggling* auf einer Informationstafel, gemeint war »Schnorcheln«. Neugierig meldete sie sich zu ihrem ersten Tauchgang an. Das Tauchen machte ihr solchen Spaß, dass sie mit 72 Jahren noch den Sporttauchschein erwarb.

Sie war mit ihrem neuen Element bald gänzlich vertraut und begann mit der Unterwasserfotografie und -filmerei zu experimentieren. Während nächtlicher Tauchgänge fotografierte sie das Leben unter Wasser und erforschte Unterwasserhöhlen. Als über Neunzigjährige war Leni Riefenstahl immer noch vom Zauber des Meeres gefesselt. Vielleicht fand erst hier in den Tiefen des Meeres die Suche nach ästhetischer Harmonie ihre Erfüllung.

Rettung einer verlorenen Welt

GERTRUDE ELISABETH LOERTSCHER DUBY BLOM
SCHWEIZERISCHE UMWELTSCHÜTZERIN
UND FOTOGRAFIN (1901–1993)

Gertrude Blom mit Lacandón-Schamanen. Sie verbrachte Jahrzehnte auf Yucatán und fotografierte die Lacandón-Indianer. Ihr umfassendes Archiv ist jetzt im Kulturzentrum untergebracht, das sie in Chiapas, Mexiko, aufgebaut hat.

Als die spanischen Konquistadoren im 16. Jahrhundert begannen, die mexikanischen Indios zu bekehren, gelang es einigen der Maya, sich in den weitläufigen Dschungel von Chiapas zu flüchten. Dort schlugen sie sich kümmerlich durch und versuchten, etwas ihrer früheren Gesellschaft Vergleichbares aufzubauen. Ihre Nachkommen, die Lacandón-Indianer, lebten jahrhundertelang im Regenwald versteckt. In diese abgeschiedene Welt kam 1943 die Schweizerin Duby.

Gertrude (»Trudi«) Duby wuchs in den Schweizer Alpen auf. In den Zwanziger- und Dreißigerjahren arbeitete sie als Journalistin. Sie war sehr betroffen vom Anwachsen der faschistischen Bewegung in Europa und nutzte jede Gelegenheit, dies öffentlich zu verdammen.

Als ihr 1940 bekannt wurde, dass sie auf der Todesliste der Gestapo stand, floh sie nach Mexiko, das damals viele europäische Flüchtlinge aufnahm. Auf dem Schiff, das sie über den Atlantik brachte, las sie *Terre Indienne*, ein Werk des französischen Anthropologen Jacques Soustelle, in dem er über seine Kontakte zu den Lacandón-Indianern schreibt. Sie erklärte: »Mein Entschluss stand fest, ich wollte sie ebenfalls kennen lernen.«

1943 erfuhr sie, dass der Forscher Frans Blom eine Expedition nach Chiapas vorbereitete, um von dort aus nach den Lacandón-Indianern zu suchen. Bald schon fand sie sich als Teilnehmerin an der Forschungsexpedition in einem kleinen Buschflugzeug wieder. Sie war derart fasziniert von dem, was sie hörte und sah, dass sie beschloss, den Indios den Rest ihres Lebens zu widmen. Sie wollte Fotos machen und alles Menschenmögliche unternehmen, um den Regenwald, ihre Heimat, zu retten. Auf Kamera-Exkursionen zu Fuß und zu Pferd hielt sie alles fest, was sie sah: »Ich wollte diese Eindrücke nicht nur in meinem Gedächtnis bewahren, sondern festhalten, damit auch andere daran teilhaben können.«

Trudi verliebte sich in Frans Blom und heiratete ihn später. 1960 zogen beide nach San Cristóbal im Hochland von Chiapas, wo sie eine verlassene Priesterschule kauften. In ihrem weiträumigen Zuhause, das sie Na-Balom oder »Haus des Jaguars« nannten, richteten sie ein Maya-Kulturzentrum ein. Heute beherbergt es eine Spezialbibliothek über die Indios sowie das Gertrude-Blom-Archiv mit etwa 50000 Fotos und Tonbandaufnahmen sowie ihr anthropologisches Museum.

Bestürzt über die zunehmende Zerstörung des Regenwalds in Chiapas, legte sich Trudi Blom mit den Holzhandelsfirmen, den Bauern und Viehzüchtern an. 1975 startete sie sogar ein Wiederaufforstungsprojekt, das pro Jahr zirka 40 000 Jungbäume setzte.

Gertrude Bloms Interesse galt einer wenig bekannten und stark bedrohten Indianerkultur. Durch den Kontakt zur Außenwelt kamen die Lacandón-Indianer mit ihnen bis dahin unbekannten Krankheitserregern in Berührung, zum Beispiel dem Grippevirus, durch den sie 1963 fast vollständig ausgerottet wurden. Bloms fotografische Dokumentation ihres Alltags und ihres Umfelds wurden dadurch umso bedeutsamer. Anders als die früheren Glaubensboten, die oftmals die einheimischen Religionen, die Bräuche und die Umwelt zerstörten, verfolgte Trudi Blum einen neuartigen Missionierungsansatz: Ihr war es wichtig, den Lacandón-Indianern bewusst zu machen, dass ihr angestammter Glaube das Fundament ihres Lebens ist.

Ein Lacandón-Indianerkind auf dem Najasee (1959)

Der vergessene Engel

RUTH AGNES McCALL ROBERTSON

AMERIKANISCHE FOTOGRAFIN (1905–1998)

Die Forscherin vor dem venezolanischen Salto Angel

In der Forschungsgeschichte gibt es viele Berichte über große Abenteuer und mutige Menschen. Leider gibt es auch Forscher, deren Bemühungen in Vergessenheit geraten sind. Verwegene Expeditionen, die der Welt Wissen vermittelt haben, blieben ohne die verdiente Anerkennung. Solch eine in Vergessenheit geratene Expedition wurde 1949 von Ruth Robertson geleitet.

Ruth Robertson war während und nach dem Zweiten Weltkrieg Fotoreporterin. Als sie einen Schreibtischjob bei der *New York Herald Tribune* antrat, wurde ihr das Leben schnell langweilig. So nahm sie begeistert einen Auftrag an, der sie nach Venezuela zum Salto Angel (Churún-merú) – dem höchsten Wasserfall der Erde –, führte. Bereits in New York hatte Ruth Robertson von dem gigantischen Wasserfall gehört. Als sie endlich in Venezuela war, gelang es ihr, Piloten zu überreden, sie zu den majestätischen Kaskaden zu fliegen, um sie fotografieren zu können. Aber die Momente in der Luft genügten nicht – sie wollte den Wasserfall vom Fuß aus fotografieren. Bisher waren schon vier Expeditionen bei dem Versuch, den Salto Angel von Land her zu erreichen, gescheitert.

Der Wasserfall stürzt im Hochland von Guayana in Südost-Venezuela über die Kante einer hoch aufragenden Sandsteintafel (Auyantepui). Oben sammelt sich der Regen, fließt unterirdisch ab und kommt schließlich aus einer Höhle am Berghang wieder zu Tage. Unten angekommen, ergießt sich das Wasser in den Rio Churún, der sich durch Hunderte von Quadratkilometern undurchdringlichen und unerforschten Regenwalds schlängelt.

Ruth brauchte Monate, um Geldmittel zu beschaffen, sich auf die Reise vorzubereiten und ein Team zu organisieren. Am Abend vor ihrem Aufbruch stellte sie den Wecker auf 3.45 Uhr und streckte sich aus für die wenigen verbleibenden Stunden Schlafs. Sie zweifelte, ob sie nicht doch im Begriff war, etwas Dummes zu tun. Aber sie hatte monatelang davon geträumt, zum Wasserfall zu gelangen, und der Gedanke daran »hatte jeden dieser Tage in ein buntes Licht gehüllt«.

Am 23. April 1949 brachen sie zu einem dreiwöchigen Abenteuer auf. In Kanus fuhren sie den Rio Acanaan hoch und campten im strömenden Regen. Sie ernährte sich von Ölsardinen, Ananas und Spaghetti und verlor zehn Kilo. In ihrem Buch *Churún Merú – The*

Tallest Angel beschreibt sie die rauen Bedingungen, die unzähligen Insekten, unter ihnen die gefürchtete Tarantel.

Mit der Machete bahnte sich das Team seinen Weg durch den Urwald und kletterte über unzählige Felsen. Am 12. Mai erblickten sie erstmals den Salto Angel – ein überwältigender Anblick. Die Robertson-Expedition erreichte als erste die Basis der Wasserfälle und vermaß sie: Mit 978 Metern sind sie fünfzehnmal so hoch wie die Niagarafälle. Die Presse trug ihren Triumph in die Welt und schadete damit leider auch Robertsons Exklusiv-Story für das National-Geographic-Magazin. Heute sind die Fälle nach Jimmy Angel benannt, einem amerikanischen Urwaldpiloten, der sie erstmals von oben sah. Der Forscherin Ruth Robertson, die die Fälle vermaß und dabei ihr Leben riskierte, wurden keine Ehren zuteil.

Im Herz der Finsternis

EMILY HAHN

AMERIKANISCHE SCHRIFTSTELLERIN (1905–1997)

Emily Hahns Porträt, bevor sie in den Kongo ging

»Krokodile habe ich schon vorher gesehen, aber nie so nahe und intim«, schrieb die 25-jährige Emily Hahn während ihrer Reise den Kongo flussabwärts. »Ich konnte das Biest riechen, ein scheußliches klebriges Fischeln. Und es schaute noch nicht einmal zu uns her, lag nur da und wartete. Es glotzte das Kanu an, das nur eine kleine Fingerspanne über dem Wasser lag, und mein Ellbogen tauchte manchmal ein, wenn etwas Wellengang war, dann, ohne dass sich meine Angst löste, formte ich die Worte, mit denen ich zu Hause über das Krokodil erzählen würde, sollte ich je wieder heimkommen und zu schreiben beginnen können.« Tatsächlich gelang es Emily, nicht nur heimzukommen, sondern mehr als 50 Bücher und über 200 Artikel zu schreiben, die meisten für das Magazin *The New Yorker*. Sie berichtete von ihren Reisen nach Afrika und China und erzählte von Tieren, die sie sah, besonders aber von den großen Affen, die sie sich ständig als Haustiere hielt.

Zwei Jahre lang lebte sie bei den Pygmäen im damaligen Belgisch-Kongo. Dieses Erlebnis war entscheidend für ihr zukünftiges Leben. Zunächst war es nicht leicht gewesen, dorthin zu kommen. Sie schrieb: »In den Zwanzigerjahren war Afrika kein gewöhnliches Hobby für ein junges Mädchen, und ich lernte durch schmerzliche Erlebnisse, dass die meisten Männer meine Ambitionen missverstanden.« Aber Emily machte sich nicht viel daraus, was Leute dachten oder erwarteten.

Als Kind in St. Louis war sie eine richtige Leseratte gewesen, die die Abenteuer in den Büchern intensiv miterlebte. »Ich ließ mich wie Huck Finn den Fluss hinabtreiben und verirrte mich wie Tom Sawyer, fuhr mit dem Schiff hierhin und dorthin, über die ganze Welt, mit all jenen, denen die Luft drinnen auch zu schal geworden war.« Dieser Freigeist ermutigte sie auch, sich am College für ein Seminar einzuschreiben, das nur Studenten des Ingenieurwesens vorbehalten war. Sie wechselte rasch das Hauptfach und schrieb sich für das rein männliche Fach Maschinenbau ein. 1926 schaffte sie als erste Frau den Abschluss für Bergbau an der Universität von Wisconsin.

Nachdem sie ihre erste Anstellung in einer Mine angetreten hatte, schien ihr Traum vom Kiwu-See an der Grenze von Uganda zu Belgisch-Kongo realistischer zu werden. Aber Emily wurde enttäuscht: »Ich wurde an einen schlichten grünen Metallschreibtisch in einem simplen Büro gesetzt«, und sie erhielt weniger Gehalt als ihre männlichen Kollegen. Sie kündigte, und nach einem Intermezzo als Führerin in New Mexico fand sie sich in New York als Geologielehrerin wieder und träumte weiter von Afrika.

Ihre Chance kam, als sie Patrick Putnam traf. Der Sprössling einer alten Bostoner Familie hatte mit allen Heiratstraditionen gebrochen und sich mit einer Frau vom Stamme der Mangebutu in Belgisch-Kongo vermählt. Er war auf einer Expedition gewesen, die Harvard gesponsert hatte; verärgerte Amtsträger hatten jedoch seine Ausreise aus dem Kongo erzwungen. Als Freiwilliger des Roten Kreuzes konnte er in den Kongo zurückkehren. Über diese Einrichtung kam auch Emily Hahn nach Afrika. 1930 segelte sie mit medizinischen Hilfsmitteln zum Putnam-Camp im Urwald. In Boma an der Mündung des Kongo angekommen, ließ sie sich 3000 Kilometer stromaufwärts zu Putnams Camp in Penge bringen. Sie war erstaunt, dass er nicht nur eine, sondern drei Frauen hatte, alle mit spitz zurechtgefeilten Zähnen.

Emily arbeitete fast zwei Jahre in Putnams Behelfslager. Sie lernte Kingwana zu sprechen, was ihr später bei ihrer eigenen Expedition half. Nach 20 Monaten in Penge wurde Putnams Verrücktheit unerträglich. Auslöser des Zerwürfnisses war ihre Bitte an ihn, ihr beim Frisieren zu helfen. Putnam hatte sie angeschrien: »Niemand aus meiner Familie hält sich mit solchen Halbheiten auf dem Kopf auf! Das gilt für dich wie für die anderen Mädchen ... abschneiden oder gar nichts!« Sich derselben Prozedur zu unterwerfen wie seine Ehefrauen war für sie eine schrecklichere Vorstellung als eine Enthauptung. Wenig vorbereitet, floh sie am folgenden Morgen; es folgte ein mehrwöchiger Marsch durch den Dschungel.

Über ihren 1300 Kilometer langen Weg durch Wälder und Sümpfe zum Lake Kivu schrieb sie:

Ich hatte einen langen Fußweg bis zur Ostküste vor mir, denn der Wald gab die Route vor. Es existierten aber keine Straßen durch das Baumdickicht, nur ein Netz von Pfaden, von denen wenigstens die Hälfte Elefantenwechsel waren. Außer meinem Boy Shabani brauchte ich noch einen Führer, um die richtigen Pfade zu finden. Es war ein Pygmäe, dessen Volk natürlich alle Wege der Elefanten kannte. Pygmäen konnte man immer vertrauen.

In späteren Schilderungen dieses Marsches zählte Emily die möglichen Gefahren auf: Treffen mit Kannibalen, Sklavenhändlern und unberechenbaren Elefanten, die Furcht, dass ihre Träger sie verließen, die Angst, sich ein tödliches Fieber einzuhandeln, und die Sorge um das Essen. Die Dschungelkarawane bestand neben ihrem Boy und dem Pygmäenführer noch aus ihrem fünfjährigen Adoptivkind Matope und ihrem zahmen Pavian Angelique sowie weiteren zwölf Trägern.

Emily Hahn war für viele Waldbewohner, die sie unterwegs trafen, die erste weiße Frau, die sie je zu Gesicht bekommen hatten, und zweifellos die erste Expeditionsleiterin. Beim Nachdenken über ihre gegenwärtige Situation kam sie zu dem Schluss: »Ich fürchtete mich vor einer Rückkehr in eine weiße Umgebung und dem Gerede der Leute. Seit Monaten hatte ich keine Konversation mehr machen müssen – und ich hatte auch keine Lust mehr darauf. Es war alles zu anstrengend: die Probleme anzupacken, unbequeme Kleidung zu tragen und Zugeständnisse machen zu müssen.«

Nach ihren Jahren in Afrika lebte sie neun Jahre in China als Konkubine eines chinesischen Dichters; eine Zeit lang war sie opiumsüchtig. Sie hatte eine skandalöse Beziehung zu dem verheirateten Chef des britischen Nachrichtendienstes in Hongkong. Sie bekam ein Kind von ihm und durchlitt sieben Hungerjahre und das Leben einer Unterprivilegierten während der japanischen Besetzung der Insel. All dies floss in ihre Bücher ein, auch die intimsten Vorfälle. Ihr ganzes Leben hindurch schrieb sie leidenschaftlich über fehlverstandene Kulturen und Tiere, besonders Affen. Als Kämpferin für die Gleichberechtigung der Frauen starb sie 1997 als 92-Jährige in New York.

Eine Fremde in der Welt

LEILA ELIOTT BURTON HADLEY

AMERIKANISCHE SCHRIFTSTELLERIN (*1925)

In der Takelage der »California«. In ihrem Buch »Give Me the World« schreibt Leila Hadley: »Die Wasserfläche zwischen uns und den violetten Schatten von Nancowry und Camorta schwankte im Gold der Sonne. Überall war Raum, und die Inseln kamen jetzt näher, wurden dunkler, streckten sich zu einem langen, niederen bewaldeten Hügel. Die Palmen drängten sich so dicht, dass sich kein Baum abhob. Alles war wie ein Palisadenzaun mit einem bewegten Blätterdach darüber.«

1950 bestieg die 25-jährige Leila Hadley entgegen dem Rat ihrer Freunde in San Francisco ein Schiff Richtung Westpazifik. Sie hatte ihren fünfjährigen Sohn bei sich. »Ich wollte wegkommen ... Ich wollte eine Fremde sein in einer Welt, in der alles, was ich sah, hörte, berührte und schmeckte, frisch und neu war.« Leila schrieb preisgekrönte Memoiren über ihre persönlichen Erlebnisse in der exotischen Welt des Pazifiks und die folgenden Reisen nach Indien. Leila Hadley wuchs in einer Intellektuellenfamilie in New York auf. Die Sommer ihrer Kindheit verbrachte sie in Schottland, wo eine gestrenge viktorianische Großmutter das Sagen hatte. Hin und her gerissen zwischen diesen beiden Welten fühlte sie sich aber keiner von beiden zugehörig. Als Außenstehende besaß Leila eine scharfe Beobachtungsgabe und lernte, das Wahrgenommene auch in eine lyrische Form umzusetzen.

Obwohl Ausbildung und Lernen wichtige Werte in ihrer Familie waren, durfte sie dennoch nicht auf das College gehen; stattdessen drängte man sie als 17-jährige, zu heiraten. Mit 20 war sie schon wieder geschieden und hatte ein Kind. Da sich bereits ihr Talent zum Schreiben zeigte, bekam sie einen hoch bezahlten Job in der Werbebranche. Trotz ihrer Erfolg versprechenden Karriere war sie verzweifelt darum bemüht, von dort wegzukommen. Für den Ausstieg aus der New Yorker Gesellschaft wählte sie einen dramatischen Weg, indem sie für sich und ihren Sohn ein Einfach-Ticket auf einem Frachtschiff nach Fernost kaufte.

In Bangkok änderte ein zufälliges Treffen ihr Leben. Eines Nachmittags wurde sie auf den Dreimast-Schoner *California* eingeladen, der für Reparaturarbeiten im Dock lag. Die Vier-Mann-Besatzung befand sich auf einer gemütlichen Weltumseglung. Das war das Abenteuer, nach dem sie suchte, und Leila überredete die Männer, sie und ihren Sohn mitzunehmen. In Singapur gingen sie auf das Schiff. Schnell gelang es ihr, sich an einen Lebensrhythmus ohne feste Reiseroute zu gewöhnen. Immer wenn Land in Sicht war, wurde Halt gemacht. Ihr erstes Buch *Give Me the World* (Schenk mir die Welt) ist eine Chronik dieser Reise durch den Pazifik und den Indischen Ozean bis hin zum Mittelmeer.

Eine zweite Ehe, Kinder und die Notwendigkeit, sich ihren Lebensunterhalt verdienen zu müssen, unterbrachen die Abenteuerzeit. Schließlich waren ihre vier Kinder erwachsen und sie wieder geschieden.

Endlich konnte sie nach Asien zurückkehren und gab vor, ihre ältere Tochter in Indien zu suchen. In *Journey with Elsa Cloud* lässt sie diese Reise mit einem Telefonanruf beginnen: »Meine Tochter ging mir in einer Welt, die ich nicht verstehe, verloren. Ich ging ihr in einer Welt verloren, die sie verlassen hat und verschmäht. Seit zwei Jahren habe ich nicht mehr mit ihr gesprochen. Jetzt hat mich das Klingeln des Telefons geweckt.«

Obwohl der starke Drang, ihre geliebte Tochter wieder zu sehen, der vordergründige Anlass für ihren Aufbruch war, war es doch vor allem ihre Neugier, die sie nach Indien reisen ließ. Sie wollte über das Wesen Indiens schreiben, über die Bräuche und die Religionen dieses Landes.

Von einer hinduistischen oder buddhistischen Zeremonie wurde sie zur nächsten gelockt – eine Welt, die damals noch für viele Europäer sehr fremd war; durch ihr schriftstellerisches Können wurde sie den Lesern näher gebracht. Hadleys Eindrücke, die indischen Geräusche und Gerüche, werden hautnah beschrieben. So wandert sie beispielsweise durch eine staubige Gasse, die von einer Seitenstraße des Marktes von Bangalore abgeht; »nicht weit von den Abtritten der Frauen traf ich auf eine ayurvedische Apotheke für Unbemittelte«.

Sie war neugierig, wie die Kräuter verwendet würden, fragte bei den Händlern nach und bekam zu hören: »Chili, Ingwer und

Pfeffer sollen die innere Hitze fördern und den Körperschleim reduzieren; Melasse und Rosenblätter, in einem fest verschlossenen Krug schichtweise eingelegt, sollen kühlen und lindern, sie eignen sich gut gegen Verstopfung und Hämorrhoiden; Knoblauch in Sesamöl hilft gegen chronische Ohrenbeschwerden; weiße Zwiebeln in etwas braunem Zucker, um Müdigkeit zu beheben.«

Schließlich erreichte Leila Hadley ihr eigentliches Reiseziel, das geistige Zentrum des tibetischen Buddhismus und den Wohnsitz des religiösen Oberhauptes, des Dalai Lama, Dharamsala. Nachdem sie den Dalai Lama traf, schreibt sie: »Ich fühle mich leicht und frei, ohne Kummer, als ob die engen Hüllen der Sorge, Ängstlichkeit, Depression, der ermüdenden Lehrmeinungen des 20. Jahrhunderts von mir abgestreift worden wären, um ein anderes Selbst freizulegen – kein gänzlich neues, aber eines, das besser, erträglicher ist.«

Als sie Mitte der Siebzigerjahre aus Indien zurückkehrt, widmet sich Leila Hadley der Verständigung zwischen den USA, Indien und Tibet. Mit ihren Büchern und Vorträgen gehört sie zu den wenigen Forschern, die die Fähigkeit besitzen, ihre Erfahrungen und Gedanken verständlich zu vermitteln und ihre Leser mit in eine andere Welt zu nehmen.

Linien im Sand

MARIA REICHE
DEUTSCHE MATHEMATIKERIN (1903–1998)

Maria Reiche 1946 auf einer Leiter, um einen besseren Überblick zu gewinnen. Sie schrieb über ihre Arbeit in der Nasca-Wüste: »Niemand verstand, was ich so ganz allein unter der harten Wüstensonne tat. Einige glaubten, ich sei eine Hexe, andere hielten mich für verrückt. Ich hatte aber kein Interesse daran, sie eines anderen zu belehren, so ließen sie mich wenigstens in Ruhe.«

Maria Reiche hörte 1939 in Lima von rätselhaften Landmarkierungen, die sich durch eine Wüste im Süden Perus zogen und kurz zuvor vom Historiker Paul Kosok entdeckt worden waren. Als sich die deutsche Mathematikerin mit ihm traf, berichtete er von seiner Theorie, nach der die Linien zu einem riesigen Observatorium gehört haben könnten, das einst vielleicht zur Himmelskartierung und für Wettervorhersagen genutzt worden ist. Maria Reiche war voller Neugier, packte ein paar Wasserkanister, Obst und Zeichenmaterial ein und reiste mit Kosok zu den Nasca-Linien. Die nächsten 50 Jahre sollten ihr die peruanischen Hochebenen zur zweiten Heimat werden, und sie stellte ein Verzeichnis der weitläufig gezogenen Linien auf.

Nach Hitlers Machtübernahme sah sich Maria Reiche 1932 gezwungen, Deutschland zu verlassen. Sie nahm eine Assistentenstelle mit Lehrauftrag in Cuzco in Peru an und machte dort auch ihre erste archäologische Grabung. Fasziniert von diesen Erfahrungen, trat sie mit peruanischen Altertumsforschern in Kontakt und hörte so auch von Kosok und seiner Entdeckung.

Die Untersuchungen Maria Reiches bewiesen, dass Kosok zumindest teilweise mit seiner These von der Stern- und Wetterwarte Recht hatte. Einige Linien, so ihre Ergebnisse, standen in Zusammenhang mit astronomischen Erscheinungen, etwa eine 64 Meter lange Ritzzeichnung von einer Spinne mit dem Sternbild des Orion. Andere Linien markierten an ihren Schnittstellen Sonnwendpunkte oder Jahreszeitenwechsel. Aber abgesehen von dieser naturwissenschaftlichen Funktion, so war sie überzeugt, mussten die Linien auch eine verborgene Bedeutung haben.

Maria Reiche war fasziniert von den unerwarteten mathematischen Prinzipien, die die Altperuaner durch ihre Muster ausdrückten. Die Linien sind ungewöhnlich und vielfältig, bilden Pflanzen und Tiere ab, darunter Vögel, Spinnen, Hunde, Haie, Wale, Kolibris, Affen und Fabeltiere. Die Bilder werden von geometrischen Gebilden und Spiralen überlagert oder sind mit ihnen verwoben. Mehr als 13000 Linien bedecken etwa 1000 Quadratkilometer Wüste, sind aber nur ein Bruchteil dessen, was einst wohl existiert hat.

Maria Reiche schreibt: »Ich begann, die Linien entlangzuwandern, um ihre Bedeutung zu erkennen, und merkte, dass sie ein

Ganzes bildeten. Ich folgte ihnen, versuchte sie zu zeichnen und verstand durch das Abzeichnen, dass ich auf einen gigantischen Nasca-Kalender schaute.«

Maria Reiche widmete den Rest ihres Lebens einer systematischen Übersicht und Kartierung der Linien und des komplexen Kanal- und Zisternensystems, die die Ebene durchziehen. Ihre Arbeiten werden in einem von ihr gegründeten Museum, dem Nationalmuseum von Nasca, aufbewahrt. In den Siebzigerjahren arbeitete Maria Reiche mit Marilyn Bridges zusammen, um die Linien mit Hilfe von Luftbildern zu dokumentieren.

Um die Stätten zu schützen, überzeugte Maria Reiche die peruanische Regierung, einen Großteil zum Nationalpark zu erklären; so konnte sie an den Grenzen Wächter patrouillieren lassen. Durch ihren unermüdlichen Einsatz erreichte sie 1994, dass die Nasca-Linien zum UNESCO-Welterbe erklärt wurden. Maria Reiche starb mit 95 Jahren und erhielt ein Grab neben den Linien, deren Entschlüsselung sie ihr Leben gewidmet hat.

1977 vermaß Maria Reiche die Nasca-Linien mit dem Messband.

Zeichen – aus der Luft gesehen

MARILYN BRIDGES

AMERIKANISCHE FOTOGRAFIN (*1948)

Weit hinausgelehnt aus kleinen Flugzeugen, fotografiert Marilyn Bridges die rätselhaften Zeichen und Strukturen, die Menschen vor Jahrhunderten auf der Erdoberfläche hinterlassen haben. Ihre Fotografien verschafften der Forschung neue Perspektiven und Einsichten in frühgeschichtliche heilige Orte in Europa, Amerika, Asien und Afrika.

1976 traf Marilyn Bridges die deutsche Mathematikerin Maria Reiche, die seit 37 Jahren die Nasca-Linien studierte. Reiche führte die damals 26-Jährige in die Zeichensprache der riesigen Linien ein, die vor 2000 Jahren von Menschen in Felsoberflächen gekratzt worden waren. Marilyn war natürlich sofort klar, dass man diese monumentalen Muster am besten aus der Luft sehen würde. Hier im freien Luftraum brachte Marilyn ihre Begeisterung für Geschichte, Fotografie und spirituelle Forschung auf einen gemeinsamen Nenner, und sie begann ihr Lebenswerk: das Fotografieren von Heiligtümern aus der Luft.

Die mysteriösen Linien als Luftbilder festzuhalten ist zugleich gefährlich und spannend. Die kleinen Flugzeuge müssen zwischen Bergspitzen fliegen, zwischen denen starke Aufwinde und Stürme herrschen. Dann wieder geht es im Tiefflug übers Land, um gute Detailaufnahmen zu erzielen. Da nicht jeder Berufspilot dieses Risiko auf sich nehmen wollte, wurde sie selbst Pilotin. »Ich wusste von den großen Gefahren, die ich einging. Für die Aufnahmen musste ich niedrig und langsam fliegen, Kurven und Wendungen machen, um alles richtig auf das Bild zu bekommen. Bei einem anderen Piloten war ich mir oft unsicher, was er tat. Jetzt, wo ich selbst fliege, weiß ich, woran ich bin.«

Das Cherhill-Pferd in England. Marilyn Bridges fotografierte dieses prähistorische Ritzbild 1985.

Die Plätze, die Marilyn Bridges anziehen, sind heilige Orte, die es in Arizona, New Mexico, Südamerika, England, Ägypten, Griechenland und Indonesien gibt. Viele davon sollten von den Göttern »im Himmel« gesehen werden, über die Bilder wollten die Menschen in Kontakt mit diesen treten. Luftbilder sind eine der wenigen Möglichkeiten, diese enge Verbundenheit der Völker mit ihrem Land zu visualisieren.

Sie sagt: »Aus der Luft schaut man ganz anders auf die Erde. Ich fühle mich wie vorherbestimmt für diese Arbeit. Fliegend wähne ich mich wie neugeboren. Als erdgebundene Wesen richten wir auch unsere Gedanken auf den Boden als körperliche Ebene, was uns am transzendenten Denken hindert oder dieses zumindest verringert ... Von oben hinabschauen ist nicht dasselbe wie von unten hochschauen. Das liegt nicht allein am Standpunkt. Ich brauchte immer ganz schön lange, die Informationen aus solch einem weiten Blickwinkel heraus zu verdichten. Zuerst ist die Vogelperspektive für ein Menschenauge verwirrend – man verliert sich in einem Kaleidoskop von Vorstellungen und Gefühlen, und alles unter einem erscheint so flach. Aber wenn man wie ich im Tiefflug fliegt und fotografiert, heben die Schatten die Dinge schon wieder vom Boden herauf, und ... die Vertrautheit kehrt zurück.«

Das Ende des fünfhundertjährigen Schweigens

LINDA SCHELE
AMERIKANISCHE INSCHRIFTENFORSCHERIN
(1942–1998)

Linda Schele war 28 Jahre alt, als sie 1970 mit ihrem Mann und einer Gruppe ihrer Kunststudenten von Alabama nach Mexiko reiste. Der Ausflug sollte nicht nur ihr Leben, sondern auch die Sichtweise der Weltöffentlichkeit hinsichtlich der Maya-Kultur Altmexikos verändern. Vor ihrer Arbeit galten die Piktogramme oder »Glyphen«, die die Ruinen auf der Halbinsel Yucatán bedecken, als unlesbar. Es wurde zu ihrer großen Leidenschaft, die mysteriösen Zeichen auf den Tempelruinen von Palenque zu entziffern. Linda Schele war derart besessen davon, dass eine geplante Zwei-Stunden-Wanderung zu einem zwölftägigen Marathon wurde. Sie sagte: »Es war der schönste und heiligste Platz, an dem ich je in meinem Leben gewesen bin.« Von diesem Augenblick an beschloss sie, sich den Rest ihres Lebens dem Studium der Maya-Zivilisation zu widmen. »Ich war so angetan von der Kunst der Maya, dass ich mir geradezu zwanghaft die Fragen stellte: Wer hat das gemacht? Wann und warum haben sie es getan?« Mit dieser Fragestellung wurde Linda eine der berühmtesten Inschriftenforscherinnen der Welt. Um Informationen über diese frühe Kultur zu erhalten und den Verständnisprozess zu beschleunigen, initiierte sie die »Maya Meetings« an der Universität von Texas. Bei diesem zehntägigen Kolloquium trafen sich Studenten und Lehrer, um die Schriftzeichen zu entziffern. Auf Grund der Pionierarbeit von Schele und ihren Kollegen im Regenwald ist jetzt ein großer Teil davon entziffert. Als sie mit 55 Jahren an Krebs starb, hinterließ Linda Schele ein unschätzbares Erbe, denn sie gab den Maya nach Jahrhunderten eine Stimme.

Fahrt in die Antarktis

ELIZABETH ANN ARTHUR

AMERIKANISCHE SCHRIFTSTELLERIN (*1953)

Elizabeth Arthur war so »wild auf Wildnis«, dass sie nach ihrem Schulabschluss in Concord, Massachusetts, in den Westen ging und in Wyoming Naturführerin wurde. Nachdem sie zwei Jahre lang Rucksacktouren durch die Region Wind River Range geleitet hatte, ging ihr auf, dass sie eigentlich ihr ganzes Leben draußen verbringen wollte. Sie verließ Wyoming und zog auf eine einsame Insel im Stuart Lake in Kanada.

Ihre Erlebnisse in Wyoming und Kanada brachten sie zum Schreiben. Sie erklärt: »Ich war wie verliebt in mein Leben abseits der Zivilisation. In der Natur zu sein förderte meine Vorstellungskraft.« Eines der Hauptthemen ihrer Romane und Erinnerungen sind die Erfahrungen, die Menschen in der Wildnis machen, wenn sie so unmittelbar den Kräften der Natur ausgesetzt sind. Ihre Personen sind einfache Menschen in Ausnahmesituationen, die bei der Konfrontation mit den Extremen einzigartige Erfahrungen machen.

Begeistert von der Antarktis, unternahm Arthur 1990 eine Reise in den tiefen Süden. Möglich wurde dies durch das *Antarctic Writers and Artists Program*, das von der U.S. National Science Foundation gefördert wurde. Die Vorbereitungen waren gewaltig, »so als ob man in die Armee eintritt«, schrieb sie. Aber einmal angekommen, wusste sie, dass sich das Warten gelohnt hatte. Ihre Erfahrungen beim Campen in einem »Wannigan« (Biwak) beschreibt sie als »transzendent«. Der daraus entstandene Roman, *Antarctic Navigation* (Fahrt in die Antarktis), beschreibt den Versuch einer Frau, Robert Scotts letzte Südpolexpedition nachzuvollziehen.

Elizabeth sieht den besonderen Anreiz, der jemanden dazu treibt, extreme Unbequemlichkeit auf sich zu nehmen, im Gefühl der inneren Grenzüberschreitung. Dieses versucht sie beim Schreiben in Worte zu fassen. So sagt eine ihrer Heldinnen: »Es gibt noch eine andere Antarktis. Die, in der man fast stirbt ... wo dich der Sturm und die Gletscherspalte vereinnahmen. Ich wusste, schon lange bevor ich hierher kam, dass mir das passieren und dass ich hier sterben würde. Ich starb aber nicht, und trotzdem habe ich das Eis so nah gesehen wie sonst kaum jemand.«

Sie schildert auch »eine Art verzauberter Wahrheit, die einem nur von Zeit zu Zeit zuteil wird«, und die das eigentliche Ziel jedes Forschungsreisenden ist. In ihren Büchern kann man die klirrende

Kälte der Antarktis körperlich spüren und den Kampf gegen den beißenden Wind nachempfinden, der über einen Bergrücken fegt. Elizabeth Arthurs schöpferische Talente sind eine weitere Facette im Strauß der persönlichen Motivationen für die Suche nach neuer Erkenntnis.

Elizabeth Arthur steht vor Captain Robert F. Scotts Hütte in der Antarktis.

Lockungen des Unbekannten
Entdeckerinnen in Grenzbereichen

Abenteuerliche Forschungsreisen haben viele Formen: Sie sind mehr oder weniger gefahrvoll, manchmal wohl durchdacht und sorgfältig geplant oder ergeben sich zufällig. Während einige nur dem Selbstzweck dienen, sind andere der Kunst oder Wissenschaft gewidmet. Jede Forschungsarbeit ist gewissermaßen ein Glücksspiel, und niemand weiß, ob sie sich einmal auszahlen wird.

Es gibt allerdings Neuland, das zu betreten lebensbedrohlich ist. Nennen wir es ruhig »extreme Forschung«. Dabei Fehler zu machen kann tödlich sein. Egal ob es sich um Reisen in den Weltraum oder in die Tiefsee, hoch in die Lüfte oder zu Fuß übers Packeis handelt, sie alle gehen an die menschlichen Grenzen.

Frauen, die sich solch extreme Ziele setzen, gehen bewusst das Risiko ein, wollen über die Kante respektive die Felsklippe ins Unbekannte schauen. Ihre Motivation, in unwirtliche Gegenden zu ziehen, kann eine wissenschaftliche Frage sein, ist oft aber auch nur die Neugierde auf etwas Schönes und Unbekanntes.

All diesen Reisezielen ist gemeinsam, dass sie nur mit technischen Hilfsmitteln vom Menschen aufgesucht werden können, sei es, weil es dort keinen Sauerstoff zum Atmen gibt, sei es, weil es zu heiß oder zu kalt ist oder der Druck zu hoch ist. Meist hilft nur ausgereifte Technologie weiter.

Technik ist die Erkenntnis und Beherrschung der besten Mittel, ein gesetztes Ziel zu erreichen. Viele glauben, Technologie würde erst heute bei Entdeckungen zum Einsatz kommen. Aber auch Vasco da Gama, Kolumbus oder Magellan nutzten die für ihre Zeit modernste Technik, profitierten zum Beispiel von der Revolution im Schiffbau.

Alle bis dahin gebauten Schiffe eigneten sich nicht für eine Atlantiküberquerung. Es waren große, für das Mittelmeer konzipierte Schiffe, die in einer relativ ruhigen See oft noch Ruderer als Antriebshilfe einsetzten und nachts an Land gezogen werden konnten. Ihre Segel waren nicht für die Stürme und weiten Strecken auf offenem Ozean geeignet. Mit der neu entwickelten Karavelle des 15. und 16. Jahrhunderts versuchte man, diese Missstände zu korrigieren: Neben veränderten Segeln sollte das Schiff einen flachen Schiffsrumpf haben, der es erlaubte, ohne großen Tiefgang die Küste zu erkunden. Keine der großen Entdeckungsreisen wäre ohne diese Innovation möglich gewesen.

Herausragendes Merkmal des 20. Jahrhunderts sind wohl die technologischen Revolutionen, die stattgefunden haben: Allein im Unterwasserbereich hat es zahllose Testjahre gebraucht, bis dickwandige Taucherkugeln, Tauchglocken, schlauchlose Anzüge und Sauerstoffgeräte für Froschmänner sowie Unterwasserkameras entwickelt waren. Ähnliches gilt für die Luft- und erst recht für die Raumfahrt. Zugleich mussten alle Forscher auf dem Weg in das Weltall wie in die Tiefen des Ozeans bestens ausgebildet sein, um die Gerätschaften bedienen zu können.

Um zu unserem Thema zurückzukommen: Der Himmel war den Frauen schon immer auf besondere Weise zugetan. Der Mond wurde bei vielen Völkern als weiblich betrachtet, und Priesterinnen waren mit Aufgaben wie der Berechnung der Ekliptik beauftragt. Obwohl sich sicherlich viele Frauen der Himmelsbetrachtung gewidmet haben, gibt es wenige, deren Leistung wahrgenommen wurde. Caroline Herschel (1750–1848) zum Beispiel, die Schwester eines der ersten großen Astronomen der Neuzeit, Friedrich Wilhelm Herschel, entdeckte selbst acht neue Kometen sowie drei interstellare Nebel und revidierte die damals gültige Karte des Sternenhimmels.

Erst 1875 machte Harvard einen ersten Schritt und nahm Frauen in die Abteilung für Astronomie auf. 1895 nahm die Radcliffe University Annie Jump Cannon (1863–1941) als Sonderstudentin auf, im Jahr darauf katalogisierte sie die Sterne für das Harvard-

Observatorium. Seit damals ist die Astronomie offener für Frauen geworden, und es gibt inzwischen viele herausragende Astronominnen.

Während viele vom Studium des Himmels angezogen wurden, durften seither nur einige Auserwählte ins Weltall fliegen. Seit 1903 die Gebrüder Wright ein paar Meter vom Boden abhoben, sind Flugpioniere, darunter viele Frauen, immer weiter und höher vorgedrungen. Frauen beteiligten sich von Anfang an am Raumfahrttraining, um Astronautinnen zu werden. Sowjetische Kosmonautinnen waren die ersten, die ins Weltall abhoben.

1963 war Walentina Tereschkowa für insgesamt 70 Stunden im Orbit. Erst 20 Jahre später hatte sie eine amerikanische Nachfolgerin. Die Physikerin Sally Ride verbrachte 1983 sechs Tage in einem Raumschiff. 1999 wurde Colonel Eileen Collins der erste weibliche Shuttle-Kommandeur. Dabei handelte es sich keineswegs um einen PR-Trick. Abgesehen von ihrem körperlichen und technischen Training hatte Collins mehr als 5000 Flugstunden in 30 verschiedenen Flugzeugtypen absolviert, um sich auf ihre Mission vorzubereiten. Eine ganze Reihe ähnlich gut ausgebildeter Astronautinnen wartet auf ihren zukünftigen Einsatz.

Der Weltraum ist nicht der einzige Grenzbereich für den Menschen: Den Sprung in die Tiefen des Wassers mit neuen Sauerstoffflaschen wagte in den Vierzigerjahren erstmals Jacques Cousteau. Plötzlich erlebte man das Meer als eine Welt der Wunder, deren Weite und Vielfalt alles Bekannte in den Schatten stellte. Die Sauerstoffflaschen beschränkten die Tauchtiefe zunächst auf circa hundert Meter, später wurde mit einer Art Mini-U-Boot tieferes Tauchen möglich. Trotzdem haben die Forscher erst einen kleinen Teil der Unterwasserwelt erkunden können. Heute ähnelt der Meeresboden den großen weißen Flecken auf den Landkarten, die im vorigen Jahrhundert einen so starken Reiz auf die Entdecker ausübten.

Manche Frauen, wie die Biologin Cindy Lee Van Dover, füllen nun einige dieser leeren Flächen aus. Als erste Pilotin des Tauchboots *Alvin* drang Cindy mehrere Kilometer in die Tiefe vor, beobachtete seltsame Tierarten, entdeckte untermeerische Schlote, aus denen geschmolzene Mineralien aus dem Erdboden herausquellen.

Zu ihrem Kummer stellen die heutigen Forscher fest, dass ihre Entdeckung oft die neu entdeckten Orte unmittelbar gefährdet. Die Geologin Katharine Fowler-Billings klagte über Bergbaugesellschaften, die – sobald sie ihr Buch über die Mineralien Sierra Leones abgeschlossen hatte – über das Land herfielen und es ausplünderten. Andererseits haben einige Forscherinnen der Weltöffentlichkeit die Augen so weit geöffnet, dass ein bis dahin nicht gekanntes ökologisches Bewusstsein für die Gefährdung des Planeten in die Köpfe der Menschen Eingang fand.

Irina Kuznetsova fotografiert ein Pinguinküken bei der Mirny-Station in der Antarktis.

Der Blick ins Himmelszelt

MARIA MITCHELL
AMERIKANISCHE ASTRONOMIN (1818–1889)

Maria Mitchell beim Blick durch das »Little Dolland«-Teleskop. Das Gemälde schuf Hermione Dassel 1851.
Am 2.3.1854 schrieb die Astronomin: »Ich schlief letzte Nacht zwei Stunden, und zwar in drei Abschnitten. Es war eine große Nacht – kein Lüftchen regte sich, kein Wölkchen am Himmel, alles klar, alles schön. Ich genieße die Arbeit, nur mein Rücken ermüdet rasch. Ich sah zwei Nebel im Löwen, die ich nicht kannte, und das entlohnte mich für dieses Mal.«

Auf Grund ihrer bahnbrechenden astronomischen Forschungen wählte die amerikanische Akademie für Kunst und Wissenschaften Maria Mitchell 1848 zu ihrem ersten weiblichen Mitglied. Die Ehrung war wohlverdient, denn im Allgemeinen hatten die Leistungen der Astronominnen des 19. Jahrhunderts wenig Anerkennung gefunden. Der Vatikan verweigerte Mitchell den Zutritt zum besten Observatorium der damaligen Welt, obwohl sie 1847 den »Miss-Mitchell-Kometen« entdeckt hatte. Verärgert über diese geschlechtsbezogene Diskriminierung ging sie in die Vereinigten Staaten zurück. Dort setzte sie ihre Forschungen über Sonnenflecken, die Venus und Sternbewegungen fort, zunächst daheim am eigenen Teleskop, dann am Vassar College, wo sie Professorin für Astronomie wurde.

Gipfelstürmerin

ANNIE SMITH PECK

AMERIKANISCHE BERGSTEIGERIN (1850–1935)

Atelieraufnahme von Annie Peck. Sie schrieb über ihre Vorbereitungen: »Nach meinem intensiven Bemühen, Sponsorengelder zu erhalten, und wenigen Tagen hastiger Vorbereitung war ich froh, an Bord des Dampfers zu gehen, wo mir etwas Ruhe sicher war ... Auf meiner vierten Reise nach Südamerika bestieg ich einen echten Seelenverkäufer. Jedes Mal war's etwas schlimmer als zuvor, ich konnte praktisch nichts zwischen den Reisen fertig vorbereiten.«

Auf einer Reise durch die Schweiz sah die 35-jährige Annie Peck 1885 die Alpen – es war Liebe auf den ersten Blick. Das höchste europäische Gebirge blieb für sie eine lebenslängliche Herausforderung. Sie liebte die Alpen, wollte sie aber nicht nur sehen, sondern auch besteigen. Sie schrieb: »Ich fühlte, dass ich niemals mehr glücklich sein könnte, wenn ich nicht auch diese Wände besteigen würde, die schon so viele nach oben gezogen haben ...«

Fast zehn Jahre vergingen, ehe Peck wieder in die Schweiz kam, um das Matterhorn zu besteigen, einen Berg, der ihr Leben veränderte. Der markante Berggipfel bei Zermatt war 30 Jahre zuvor erstmals bestiegen worden und hatte bereits einige Menschenleben gefordert. Annie war zu allem bereit und wurde die dritte Frau, die das Matterhorn erstieg. Nicht nur ihr Kraftakt wurde zur Sensation, sondern auch die Tatsache, dass sie dabei Kniebundhosen trug. In den USA wurden Frauen zu dieser Zeit noch bestraft, wenn sie sich öffentlich in halblangen Hosen zeigten. Aber Peck war eine eingefleischte Suffragette und hielt es für töricht, in einem Rock einen Berg zu besteigen. Bei ihrer Rückkehr nach New York war sie schon so berühmt, dass die Singer-Nähmaschinenfabrik mit ihr im Bergsteigergewand warb.

Annie Smith Peck war in Rhode Island als einziges Mädchen unter lauter Jungen aufgewachsen. Sie wetteiferte mit ihren Brüdern im Sport und um schulische Ehren. Später wurde sie Grundschullehrerin, strebte aber nach Höherem. Die Universität von Michigan hatte ihre Tore erst kurz zuvor für Frauen geöffnet, Peck schrieb sich 1874 ein. Sie bestand die Abschlussprüfung in Altphilologie und machte später ihren Master in Griechisch. Die Purdue University bot ihr eine Professur für Latein an, Peck wurde eine der ersten Professorinnen in den USA. 1884 unternahm sie oben genannte schicksalhafte Reise nach Europa – eigentlich wollte sie nur die klassischen Altertümer besuchen, über die sie studiert hatte.

Nach ihrer Rückkehr aus Europa erhielt Annie einen Ruf an einen Lehrstuhl für Latein am Smith College. Um ihr schmales Salär aufzubessern, hielt sie Vorträge, die sie mit den Bildern ihrer Europareise ausschmückte. Auf den Plakaten pries man sie als klassische Gelehrte, begnadete Archäologin und talentierte Musikerin. Diese

Vortragsreihe wurde so erfolgreich, dass sie sich von ihrer renommierten und sicheren Position am Smith College zurückziehen konnte. Obwohl sie auf die Fünfzig zuging, widmete sie sich nun ausschließlich dem Bergsteigen.

1897 ging sie nach Mexiko und erstieg den Orizaba und den Popocatepetl. Ihr eigentliches Ziel aber war eine Erstbesteigung.

Annie schielte nach einem Gipfel in Bolivien, dem Monte Sorata oder Illampu, der östlich vom Titicacasee lag; er galt zur damaligen Zeit als höchster Berg Südamerikas. 1903 machte sie sich mit dem Schiff nach Bolivien auf. Sie nahm zwei Führer aus der Schweiz mit und einen amerikanischen Professor, der, so hoffte sie, die notwendigen wissenschaftlichen Untersuchungen ausführen würde, um die exakte Höhe festzustellen und ihren Rekord zu bestätigen.

Peck hatte aber leider die falschen Begleiter gewählt, die die Nerven verloren und ihrer aller Leben gefährdeten. Ihr Aufstieg zum Illampu war ein Desaster. Der Professor geriet in Panik und wollte nicht mehr aus seinem Schlafsack heraus. Daraufhin streikten die Träger. Als der Professor seinen Abstieg verkündete, wusste Annie, dass sie den Gipfel vergessen konnte. Später schrieb sie über den Widerstand: »Niemals zuvor hatte ich mich so hilflos gefühlt. Mir schmerzte das Herz, doch ich sagte nichts. Es war keine Frage meiner eigenen Fähigkeiten, ich konnte klettern, aber mit Sicherheit konnte ich keine Zelte, Schlafsäcke usw. nach oben schleppen. Drei Männer in meinem Sinne zu beeinflussen schien mir über meine Kräfte hinauszugehen. Vielleicht wäre dies einer meiner verheirateten Schwestern geglückt, die mehr Erfahrung damit haben ... Wut und Demütigung erfüllten meine Seele.«

Nachdem sie weitere Gelder aufgetrieben hatte, kam sie 1904 noch einmal dorthin, hatte aber noch mehr Schwierigkeiten mit ihren Führern als beim ersten Mal. Sie führte eine Seilschaft über eine Schneebrücke, die zwischen tiefen Schluchten lag. Später schrieb sie darüber: »Während ich sorgsam voranschritt und jedes Mal kräftig meinen Eispickel über mich in den gefrorenen Schnee schlug, hörte ich ein wischendes Geräusch, dann riefen die anderen, ich solle zurückkommen. Ich erkannte das Geräusch, es war alarmierend ... Es bestand die Gefahr, dass eine Lawine abging, die mich Hunderte von Metern nach unten reißen würde ... aber die Sonne war gerade über die andere Seite des Kamms gewandert ... damit nahm die Gefahr eines Abgangs ab; deshalb ging ich ohne Pause und ohne zurückzuschauen langsam weiter«. Als sie sich schließlich bewusst wurde, dass sie doch umkehren musste, wandte sie sich an den Träger, der mit ihr am Seil ging. »Zu meinem Entsetzen sah ich, dass das Seilende lose über den Schnee schleifte. Die beiden Männer waren noch dort, wo ich sie zurückgelassen hatte. An einem steilen, gefährlichen Hang am Rande einer Schlucht, wo schon ein einziger unachtsamer Tritt zum Sturz in die Tiefe geführt hätte – und kein Mensch sicherte das Seil! Es blieb nichts anderes übrig, als zum Zelt zurückzugehen.«

Ihr nächster Versuch richtete sich auf den Huascarán in Peru. Dieser Berg war noch nie zuvor bestiegen worden; er könnte, so dachte sie, der höchste Berg Südamerikas sein. Bereits 1904 war sie durch schwere Schneefälle an seiner Besteigung gehindert worden. Vor ihrer Rückreise nach New York, wo sie neue Gelder auftreiben wollte, bestieg Annie noch einige kleinere Gipfel.

Enttäuscht von ihren gescheiterten Bergbesteigungen, wandte sie sich von den Gipfeln ab und machte sich, wie viele vor ihr, den ostwärts fließenden Flüssen folgend auf die Suche nach der Quelle des Amazonas. Diese Suche hatte sich bisher als ähnlich schwierig wie diejenige nach den Quellen des Nils erwiesen.

Bei einer Passüberquerung wurde Peck von einem Muli abgeworfen und trug Rippenbrüche und Wunden davon. Dennoch ritt sie noch Hunderte von Meilen weiter, den Marañón und Ucayali hinauf, immer auf der Suche nach der Amazonasquelle. Als sie an den Gletscherbach kam, der letztlich zum Marañón wird, befand sie sich bereits in einer größeren Höhe als der Gipfel des Montblanc.

Das Magazin *Harper's* unterstützte sie 1908 bei einer weiteren Reise nach Peru. Wieder heuerte sie Schweizer Führer an, auf deren Tourenerfahrung sie vertraute – vergeblich. Während der eine unter der Höhenkrankheit litt, brach der andere vor Erschöpfung zusammen. Keiner war Peck gewachsen. Erst beim sechsten Versuch war sie erfolgreich. Vier Jahre der Vorbereitung machten sich letztendlich bezahlt. Doch dieses Mal stürmte einer ihrer Führer vor ihr auf den Gipfel des Huascarán – ein bergsteigerisches Sakrileg. Als sie schließlich auf dem Gipfel ankam, war der Wind so heftig, dass

Der Boston Herald *zeigte dieses Foto mit der Bildunterschrift: »Miss Annie S. Peck, bekannte Bergsteigerin, die die höchsten Andengipfel Südamerikas erstiegen hat. Miss Peck ist Autorin von* A Tourist's Guide to South America, *jüngst kehrte sie an Bord der* S.S. Aquitania *in unser Land zurück.«*

Annie nicht in der Lage war, die genaue Höhe zu messen. Sie errechnete 7315 Meter, was später auf 6768 Meter korrigiert wurde. Ihr zu Ehren benannte die Regierung Perus einen der Nebengipfel des Huascarán »Cumbre Ana Peck«.

Auch der Coropuna in Peru wurde eine Zeit lang als höher als der höchste Berg Südamerikas, der Aconcagua, betrachtet. Um etwas für die damalige Frauenbewegung zu tun, beschloss Annie, auch diesen Gipfel zu besteigen. Im Wettstreit mit zwei männlichen Seilschaften der Universität Yale erreichte sie problemlos die zwei höchsten Gipfel und hatte schon Flaggen mit der Aufschrift: »Wahlrecht für Frauen« gesetzt, ehe überhaupt einer der Männer oben angekommen war. Damals war sie 61 Jahre alt.

Bis zu ihrem 70. Lebensjahr arbeitete sie an den Verbesserungen der Beziehungen zwischen Süd- und Nordamerika. Um für die vielen neuen südamerikanischen Fluglinien zu werben, nahm sie im Alter von 80 Jahren die Strapazen eines 32 000-Kilometer-Fluges rund um den Kontinent auf sich. Auch das Bergsteigen setzte sie fort, häufig im Bundesstaat New Hampshire. In ihrem letzten Lebensjahr, kurz vor ihrem Tod, erstieg sie noch den Hügel der Akropolis in Athen – wohin sie bereits 50 Jahre zuvor eine Studienexkursion geführt hatte.

Annie Peck war in verschiedenen Forschungsgesellschaften aktiv, wurde 1917 als Mitglied in die Royal Geographical Society gewählt und war sowohl Gründungsmitglied des American Alpine Club als auch der Society of Women Geographers. Bis zum heutigen Tag hält Annie Peck den Rekord, die einzige Frau zu sein, der die Erstbesteigung eines Gipfels von Weltgeltung gelang.

Himmel ohne Grenzen

BESSIE COLEMAN

AMERIKANISCHE PILOTIN (1893–1926)

Bessie Coleman war die erste Afroamerikanerin, die einen internationalen Flugschein erwarb und Pilotin wurde. Ihr Erfolg fiel in eine Zeit, in der Amerika durch strikte Rassentrennungsgesetze gespalten war, Bessie lernte deshalb das Fliegen in Europa. Sie kehrte in die Staaten zurück und war entschlossen, ihr Leben am Himmel zu führen und andere afroamerikanische Frauen zum Nacheifern anzuregen.

Bessie Coleman wurde im ländlichen Texas als zwölftes von dreizehn Kindern geboren. Ihre Mutter war noch Sklavin gewesen, auch Bessie lernte, dass bestimmte Dinge immer noch außerhalb der Reichweite einer Schwarzen lagen, dazu gehörte auch die Ausbildung. So brachte sie sich selbst das Lesen bei und kam in eine nach Rassen getrennte Schule. Sie war wild entschlossen, die Highschool zu Ende zu bringen – für ein schwarzes Mädchen damals ein schwieriges Unterfangen. Sie schreibt: »Ich will's nicht leichter hinstellen, als es war, aber ich entschloss mich, auch aufs College zu gehen.« Da ihre Mutter sich so etwas nicht leisten konnte, arbeitete sie nebenher in einer Wäscherei und bügelte, um das Schulgeld aufzubringen.

Etwa zur gleichen Zeit, als ihre Brüder aus dem Ersten Weltkrieg aus Frankreich zurückkehrten, war sie mit dem College fertig. Am liebsten hörte sie deren Geschichten über die Fliegerei. Für die 27-Jährige, die in einem Schönheitssalon arbeitete, hatte das Fliegen etwas Magisches. Als sie von ihren Brüder hörte, dass in Paris auch Frauen fliegen dürfen, sparte sie so lange, bis sie das Geld zusammen hatte, um mit dem Schiff nach Frankreich zu fahren. Dort schrieb sie sich in der École d'Aviation des Frères Caudron ein. Was sie dort sah, war aufregend und alarmierend: Die Flugzeuge flogen, aber sie stürzten auch oft ab. Die Flugschüler scherzten, dass es nur zwei Wege aus der Schule gäbe – den Abschluss oder den Absturz. 1921 erhielt Bessie Coleman, die die einzige Frau in ihrer Flugschulklasse war, ihren Pilotenschein und war damit die erste schwarze Frau, der dies gelang. Ihre Rückkehr nach New York machte Schlagzeilen. Aber Fliegen kostete viel Geld, und Geld zu verdienen war in diesen Tagen schwierig. Es gab keine Fluglinien, die Luftpost selbst unterlag der Rassentrennung und war nur Männern vorbehalten. So blieb ihr nicht anderes, als Wahlreden zu halten.

Bessie nahm ihr zweites großes Ziel in Angriff, die Gründung der ersten Flugschule für Afroamerikaner. In einem Interview, das sie 1925 der *Houston Post Dispatch* gab, sagt sie: »Die Schwarzen sind die einzige Rasse ohne Piloten, und ich möchte sie für das Fliegen interessieren, denn das scheint mir der beste Weg zu sein, die schwarze Rasse aufzurichten.« Und plötzlich hatten ihre Wahlreden ein Ziel. Sie wollte nicht, dass die anderen Schwarzen denselben schwierigen Weg zu gehen hätten wie sie. Da sie Geld brauchte, nahm sie an Flugshows und Ausstellungen teil und hielt Vorträge über das Fliegen. Ihre Hautfarbe, zuerst ein Nachteil, zog jetzt die Massen an.

Wie ihrer Zeitgenossin Amelia Earhart war es auch Bessie Coleman wichtig, Frauen für das Fliegen zu begeistern. Auch in Kindern sah sie künftige Piloten. Leider endeten ihre Träume tragisch – auf einem Routineflug in Jacksonville. Beim Test ihrer erst kurz zuvor erstandenen, schon betagten *Jenny* mit einem Kopiloten sackte das Flugzeug in etwa 1000 Metern Höhe durch und stürzte ab. Das Flugzeug hatte keine Sitzgurte, Bessie wurde hinausgeworfen und starb. Obwohl sie nur 33 Jahre alt wurde, hatte Coleman doch gezeigt, dass der Himmel auch für eine arme schwarze Frau keine Grenze war und dass ein Traum auch die größten Barrieren überwinden konnte.

Westwärts mit der Nacht

BERYL CLUTTERBUCK MARKHAM
ANGLO-KENIANISCHE FLIEGERIN (1902–1986)

Das große Abenteuer der ersten Jahrzehnte des 20. Jahrhunderts war das Fliegen. Man begann mit dünnen Flugzeugen, die kaum von den staubigen Rollbahnen hochkamen, später standen größere Flieger zur Verfügung, die so lange in der Luft bleiben konnten, wie der Benzinvorrat reichte. Die Erforschung des Himmels und immer neu aufgestellte Langstreckenrekorde beflügelten die Phantasie ganzer Generationen von Fliegern. Unter denjenigen, die damals im Flug die Freiheit suchten, waren Amelia Earhart, Charles und Anne Morrow Lindbergh sowie Jack Harding.

In einem Atemzug mit diesen Berühmtheiten sollte eine weitere Person genannt werden, ein Stallmädchen auf einer der großen Plantagen in Kenia. Eigentlich konnte sie nicht erwarten, je fliegen zu lernen, und noch weniger, je ein Flugzeug zu besitzen. Ihr Name: Beryl Markham.

Beryls Vater war 1905 zusammen mit seiner dreijährigen Tochter nach Ostafrika gegangen, auf eine Farm in Njoro, damals noch eine Wildnis im Hinterland von Nairobi. Sie wuchs unter Pferden auf und entwickelte schon bald Trainerfähigkeiten, die sie später bekannt machten. Besonders ihre erfolgreiche Arbeit mit Rennpferden brachte sie in Kontakt mit Mitgliedern der englischen Oberklasse, unter denen einige waren, die sie später bei ihrer Fliegerei unterstützten. Das Fliegen bot Markham eine »zeitweise Flucht aus der irdischen Haft«.

1933 bekam sie die Fluglizenz Nummer 11 in Britisch-Ostafrika – und war damit zugleich die erste Pilotin in Ostafrika. Den kommerziellen Flugschein brauchte Markham, um ihre teure Leidenschaft zu finanzieren. Als Pilotin verbrachte sie Tausende von Stunden über Tälern und Hochländern und suchte nach Trophäen für die Großwildsafaris, die von den berühmten weißen Jägern Denys Finch-Hatton und Bror Blixen geleitet wurden.

Dauerhaften Ruhm erntete Markham am 4.9.1936, als sie von Abingdon in England allein über den Atlantik flog. Ihr kleines Botenflugzeug, das sie *Gull* (Möwe) nannte, war mit Zusatzbenzinkanistern voll gestopft. Leicht betäubt von den eingeatmeten Benzindämpfen und gegen den fehlenden Schlaf kämpfend, flog sie über den Ozean. Die Gesamtstrecke betrug 5800 Kilometer, davon 3200 Kilometer über offener See; die meiste Zeit über herrschte Finsternis.

Auf ihrem Flug durch die Dunkelheit musste Markham gegen einen Sturm ankämpfen, der sie zu einer Flughöhe nur wenige 100 Meter über den Wellenbergen zwang. Dann, im ersten Tageslicht, in Sichtweite von Nova Scotia, setzte auch noch ihr Motor aus. Später fand sie heraus, dass die Benzinleitung durch Eis blockiert worden war. Mit viel Glück konnte sie noch etwas Höhe gewinnen, bevor der Motor ganz aussetzte. Ohne Antrieb glitt sie über eine Felsenküste und war zu einer Bruchlandung in einem Sumpf gezwungen. Es war keine glorreiche Landung, keine jubelnde Menge begrüßte sie wie einst Charles Lindbergh bei seiner Ankunft in Paris. Als erste Person, die westwärts über den Atlantik geflogen war, wurde Beryl augenblicklich zum Star, wurde von der Presse als Heldin des Tages beiderseits des Atlantiks gefeiert.

Nach vielen öffentlichen Auftritten entschloss sich Beryl Markham zu einer neuen Karriere als Autorin. Ihre Liebe zum Fliegen hielt sie in ihren Memoiren *West with the Night* (Westwärts mit der Nacht) fest. Bei Hemingway kamen ihre Worte so gut an, dass er sagte: »Sie hat so gut geschrieben ..., dass ich von mir selbst nur mit Scham als Schriftsteller sprechen kann.«

Verschollen

AMELIA MARY EARHART

AMERIKANISCHE FLIEGERIN (1897–1937)

Eine Ikone des Mutes, der Intelligenz und des guten Stils war Amelia Earhart, die vielleicht bekannteste Forscherin des 20. Jahrhunderts. Bei ihren Flügen in den Zwanzigerjahren setzte sie Rekorde bei Höhe, Weite und Erstflügen. Sie war eine Pionierin in der kommerziellen Fliegerei und die Größte unter allen Pilotinnen. Auf der Höhe ihres Ruhms aber verschwand sie über dem Pazifik, ihr mysteriöser Abschied beschäftigt noch Generationen später.

Amelia wurde in Atchison, Kansas, geboren und sah ihr erstes Flugzeug an ihrem elften Geburtstag, als ihr Vater sie mit zu einer Messe nach Iowa nahm. Damals war sie nicht sonderlich beeindruckt. Erst als sie 1920 die Gelegenheit hatte mitzufliegen, erkannte sie ihre Berufung: »Sobald wir vom Boden abgehoben hatten, wusste ich, dass ich selbst fliegen wollte.« Sie arbeitete bei einer Telefongesellschaft, um die Flugstunden bezahlen zu können, und konnte noch im selben Jahr ihr erstes eigenes Flugzeug kaufen. 1928 arbeitete sie in einem Bürohaus in Boston, als sie den Anruf bekam, der ihr Leben grundsätzlich verändern sollte. Amy Phipps Guest, eine reiche Erbin, wollte den ersten Atlantikflug einer Frau finanzieren. Sie suchte nach der richtigen Amerikanerin und wählte dafür Amelia Earhart aus. Amelia nahm das Angebot an und flog als erste Frau über den Atlantik – jedoch nicht als Pilotin, sondern als Passagier. Den Sponsoren war das Risiko letztendlich zu groß gewesen. Obwohl Amelia enttäuscht war, nicht selbst fliegen zu dürfen, war sie doch angetan vom Ruhm, der ihr vorauseilte, als sie in Wales landete. Von nun an war es ihre Bekanntheit, die sie antrieb. Sie wollte fliegen, »um wenigstens einen Teil der netten Dinge, die über mich gesagt werden, auch zu verdienen«.

Durch ihren Ruhm kam sie in Kontakt mit dem Verleger George Putnam, der sie zu weiteren Flugrekorden antrieb, um seine Verkaufszahlen anzuheizen. Die beiden verliebten sich, heirateten.

Amelia kämpfte um neue Flugrekorde: 1928 flog sie als erste Frau alleine von Küste zu Küste und nahm an Querfeldein-Luftrennen teil. Später, 1935, war sie der erste Mensch, der die gefährliche Route über das offene Wasser von Mexiko nach Newark und von Hawaii nach Kalifornien flog. Mit ihrer Rekordjagd wollte sie auch beweisen, dass Frauen genauso gut fliegen können wie Männer. Um ein Forum für Pilotinnen zu schaffen und um deren Aktivitäten zu publizieren, schuf sie das *Women's Air Derby* und half bei der Gründung der »Ninety Nines«, einem Verein weiblicher Piloten.

Endlich war sie für den großen Atlantiksprung bereit, diesmal allein: »Mir war ganz klar, dass ich flog, weil ich fliegen wollte und weil ich zeigen wollte, dass es eine Frau mit der entsprechenden Ausbildung schaffen würde.« Um einen günstigen Ausgangspunkt zu haben, startete Earhart am 20.5.1932 von Harbor Grace in Neufundland. Durch ihr Cockpit sah sie den Sonnenuntergang und die ersten Sterne. »Dann«, so Earhart, »geschah etwas, das in meinen zwölf Flugjahren noch nicht vorgekommen war. Der Höhenmesser versagte.« Es war also nicht mehr möglich, den Abstand zum Boden zu ermitteln. Um Mitternacht flog sie in ein schweres Gewitter, das das kleine Flugzeug von einer Seite zur anderen schüttelte.

Um dem Sturm zu entkommen, flog sie höher, aber in der Höhe begann das Flugzeug zu vereisen. Sie wusste, dass das Eis die Kontrollgeräte zufrieren lassen würde und das Flugzeug nicht mehr navigierbar sein würde; sie musste also in wärmere Luftschichten gelangen. Aber ohne Höhenmesser im Dunkeln, wo zusätzlich Nebel die Sicht auf das Wasser verhinderte, konnte sie unmöglich ihre Flughöhe korrekt einschätzen. Sie ging so tief, wie sie es wagen konnte, wartete, bis das Eis schmolz, um dann wieder rasch höher zu steigen – weg von den Wellen, aber es bildete sich sogleich wieder neues Eis auf der Windschutzscheibe. Diesen Nerven zerrüttenden Auf-und-ab-Flug übte sie bis zur Morgendämmerung. Als sie merkte, dass auch noch ihre Abgas-Sammelleitung locker war und der Reservetank leckte, wusste sie, dass sie landen musste. Zu ihrem Glück kam Land in Sicht. Sie flog die Küste entlang, bis sie einen sicheren Landeplatz entdeckte – eine Kuhweide bei Londonderry in Irland. Mit einer richtigen Landung hatte das nichts zu tun. Aber die West-Ost-Route über den stürmischen Atlantik war erstmals von einer Frau bewältigt worden.

Es war nicht das Fliegen allein, durch das Earhart berühmt wurde. Sie war attraktiv, hatte ein warmes Lächeln und ein gewinnendes Wesen. Ihre Vorträge, mit denen sie für ihre Bücher und Flüge warb, waren immer ausgebucht. Bei Landungen begrüßten sie Tausende. Sie war so beliebt, dass die Purdue University sie als Karriere-Beraterin anwarb und ihr auch den Traum ermöglichte, den Äquator entlang um die Welt zu fliegen. Die Universität bezahlte das Flugzeug, eine damals ultramoderne Lockheed Electra 10E.

Am 17. März 1937 startete Earhart zu diesem historischen Flug. Zusammen mit ihrem Navigator, Fred Noonan, startete sie von Kalifornien nach Honolulu. Dort hatte sie wegen eines Motorschadens einen Unfall. Das Flugzeug hatte aber nicht viel abbekommen und war rasch repariert. Bis heute halten sich Spekulationen, dass der Unfall vorgetäuscht wurde, um das Flugzeug heimlich mit neuen Gerätschaften und Spionagekameras auszustatten, die Daten und Bilder über geheime Aktivitäten der Japaner im entlegenen Pazifik liefern sollten.

Am 21.5.1937 setzten sie in der Dämmerung ihren Flug fort, revidierten jedoch ihre geplante Route und flogen gen Osten. Die Route führte über Brasilien und den Atlantik nach Nordafrika, weiter über Saudi-Arabien nach Indien und Indonesien. Ihr letzter Halt datiert vom 29.6. in Lae auf Neuguinea. Sie waren bis dahin 35 200 Kilometer geflogen. Aber der gefährlichste Teil der Reise lag noch vor ihnen: Von Lae aus mussten sie Howland Island, einen winzigen Klecks im Pazifik, ansteuern.

Dort kamen sie jedoch nie an. Ein Schiff der US-Navy nahe Howland erhielt ihren letzten Funkspruch. Ihre Position konnte aber nicht mehr zuverlässig ermittelt werden. Präsident Franklin Roosevelt veranlasste eine ausgedehnte Suche auf einer Fläche von über 40 000 Quadratkilometern; das Flugzeug blieb aber für immer verschollen.

Es gibt zahlreiche Mutmaßungen über das, was passiert sein könnte. Einige meinten, das Flugzeug während des Zweiten Weltkriegs in Saipan gesichtet zu haben. Andere sagten aus, Earhart sei dort Gefangene gewesen und später erschossen worden. Die obskurste Geschichte besagt, dass sie zu Ende des Kriegs aus einem Gefangenenlager gerettet wurde und, um die Rolle der US-Regierung bei diesem Abenteuer zu verschleiern, den Rest ihres Lebens versteckt in Amerika gelebt habe.

Viele Expeditionen haben sich auf Spurensuche begeben. Man fand einen Schuh, Knochen, kleine Metallstücke, einen Sextanten – aber nichts Konkretes. Das Schicksal dieser ungewöhnlichen Frau bleibt weiterhin ein Rätsel.

Lesen zwischen den Zeilen

MARIE THARP
AMERIKANISCHE MEERESKARTOGRAPHIN (*1920)

Tharp in den Fünfzigerjahren an ihrem Zeichentisch am Lamont Geological Observatory, wo sie über Jahrzehnte zusammen mit Bruce Heezen detaillierte Karten vom Meeresboden zeichnete.

Als Marie Tharp anfing, die Böden der Weltmeere zu erkunden, wusste man noch sehr wenig über die Beschaffenheit der Erde. Entsprechend wurde 1952 Tharps Behauptung, im Atlantik zöge sich über Tausende von Kilometern ein Graben durch das untermeerische Gebirgssystem, von den Geologen sowohl mit Erstaunen als auch mit Spott quittiert.

Tharp hatte an der University of Michigan Geologie studiert. Während des Zweiten Weltkriegs, als alle Männer zum Militärdienst eingezogen waren, gelang es ihr, bei einer Ölfirma eine Stelle als Geologin zu erhalten. Später wurde sie vom Lamont Geological Observatory der Columbia University angestellt, das sich auf die Erforschung des Meeresbodens spezialisiert hatte. Die ersten fünfzehn Jahre war sie noch von der Feldarbeit auf den Forschungsschiffen ausgeschlossen, auf denen die Schallmessungen stattfanden und die Rohdaten für ihre wissenschaftliche Arbeit gesammelt wurden. Marie musste sich damit begnügen, hinter verschlossenen Labortüren die Kartierung der Meeresböden durchzuführen; schließlich zog ihr Labor sogar zu ihr nach Hause um.

Zum Glück für sie und die Geologie lag ihr das Kartenzeichnen im Blut, und sie gab allen Widerständen zum Trotz einfach nicht auf. Ihr Vater war Landvermesser beim US Bureau of Chemistry and Soils gewesen, als Kind zog sie mit ihm von Bezirk zu Bezirk. Ihr Wochenende bestand darin, ihm hinterherzutrödeln, während er die Farmen vermaß.

Als Tharp 1948 bei der Columbia University anfing, traf sie auf Bruce Heezen, der ihr Mitarbeiter für die nächsten 30 Jahre werden sollte. 1950 starteten die beiden ihr ehrgeiziges Projekt, die Kartierung der Meeresböden.

Zu der Zeit, als die Tiefseetechnologie noch in den Kinderschuhen steckte, waren mit Sonar und Radar ausgestattete Schiffe erforderlich, um den Meeresboden kartieren zu können. Tharp erkannte schnell, dass die daraus resultierenden Daten voller Fehler waren. Große Abschnitte des Meeresbodens wurden nicht von den Vermessungsschiffen erfasst: Manchmal fehlten bis zu 800 Kilometer bis zum nächsten Messstreifen. Ihr geologisches Fachwissen ermöglichte es Marie ungefähr abzuschätzen, was zwischen diesen Linien lag. Die sich daraus ergebenden physiographischen Diagramme übertrug sie in die Karten, wodurch sie sich sowohl künstlerisch als auch in ihren Rückschlüssen freier bewegen konnte. Durch dieses Skizzieren entstand 1959 die erste Karte vom Meeresboden, die Details von Unterwasserbergen und -tälern enthielt. Auch ihr zugängliche Informationen über Erdbeben wertete sie aus, und konnte so viele der weißen Flecken auf ihren Karten füllen. Tharps Vorstellungen wurden bestätigt, als die ersten Satellitenbilder vom Meeresboden sich fast zu hundert Prozent mit ihren handgezeichneten Karten deckten.

Doch der revolutionärste Teil ihrer Arbeit lag in den Beweisen, die sie über die Theorie der Plattentektonik vorlegen konnte. Ihre Hypothesen versuchten zu erklären, wie sich die Platten der Erdoberfläche bewegen und zusammenstoßen und damit Erdbeben und andere geologische Phänomene verursachen. Als sie ihre Karten von den Meeresböden des Atlantiks zusammensetzte, stieß Marie auf das Phänomen, das oberirdisch als Kontinentalverschiebung bekannt war. Auf ihre Arbeit angesprochen, sagte Tharp: »1952, am Anfang meiner Karriere, hatte ich gerade die sechs transatlantischen Profile des Meeresbodens im Nordatlantik zusammengetragen. Die Lotungen dafür waren weitgehend von Bruce Heezen vorgenommen worden, der auf der *Atlantis 1* des Woods Hole Oceanographic Institute arbeitete ... Eine tiefe V-förmige Spalte im Kamm des Mittelatlantischen Rückens, deren Position ich in eine Karte eintragen wollte, hatte mich ganz besonders in Bann gezogen. Das war sie, die Linie, die – basierend auf sechs Punkten –, genau in der Mitte des Nordatlantiks und parallel zu den angrenzenden Kontinenten einbrach. Als ich das Bruce zeigte, stöhnte er nur und sagte: ›Das kann nicht sein. Es ähnelt viel zu sehr der Kontinentalverschiebung.‹ In den frühen Fünfzigerjahren kam dies wissenschaftlicher Ketzerei gleich, so als wäre man Kommunist in der McCarthy-Ära.«

Sie brauchte mehr als ein Jahr, um Bruce Heezen davon zu überzeugen, dass die tiefen Senken im Kamm des Mittelatlantischen Rückens die Ränder der Platten waren, die sich voneinander entfernten – und viele weitere gemeinsame Jahre, bis auch die wissenschaftliche Öffentlichkeit davon überzeugt war. Sie hielt an ihrer Theorie fest, bis schließlich bewiesen war, dass sie Recht hatte.

Tharp vertrat auch die Ansicht, dass die Weltmeere eine Einheit darstellen, nicht voneinander isolierte Wasserkörper. Ihre Karte der Weltmeere wird heute noch als Standardkarte verwendet. In Anerkennung ihrer Leistungen hat die Phillips Lee Phillips Society der Library of Congress sie zu einem der vier wichtigsten Kartographen des 20. Jahrhunderts ernannt.

Hoch und runter

SYLVIA ALICE EARLE

AMERIKANISCHE MEERESBIOLOGIN (*1935)

Sylvia Earle nach einem erfolgreichen Tauchgang in Bonaire

Sylvia Earle war fünfzehn, als sie sich einen kupfernen Taucherhelm überzog und das erste Mal in den Fluss Weekiwachee in Florida eintauchte. Seit jenem ersten Tauchausflug hat sie bei gut 50 Expeditionen über 6000 Stunden unter Wasser zugebracht.

Bekannt wurde Earle 1970, als sie dem Tektit-Projekt beitrat, einem Langzeitexperiment über Unterwasseraufenthalte vor der Küste der Jungferninseln. Die NASA, die US-Marine und das Innenministerium wollten die Auswirkungen eines Lebens in Isolation über einen langen Zeitraum herausfinden und die dabei gewonnenen Erkenntnisse für ihr Weltraumprogramm nutzen. Nachdem der

Plan, das Unterwasserprojekt mit Männern und Frauen gemeinsam durchzuführen, auf Widerstand traf, wurde unter der Leitung von Sylvia Earle ein reines Frauenteam gebildet, das durch seinen riesigen Erfolg auch den Weg für die Zulassung von Astronautinnen bei der NASA ebnete. Innerhalb kurzer Zeit wurde aus dem wissenschaftlichen Unternehmen ein Medienereignis.

Die Aufmerksamkeit der Medien bescherte Earle eine Plattform, von der aus sie für den Schutz der Ozeane werben konnte. Sie warnte vor der Überfischung der Weltmeere und kämpfte gegen rücksichtslose Umweltverschmutzung und für die Einrichtung von Wasserschutzgebieten (*Marine Parks*) – analog zu den terrestrischen Nationalparks. Und sie leistete weiterhin Pionierarbeit in der Erkundung der Unterwasserwelt.

Zusammen mit den namhaften Biologen Roger und Katy Payne sowie dem Filmemacher Al Giddings, mit dem sie den Dokumentarfilm *Gentle Giants of the Pacific* (Die sanften Riesen des Pazifiks) gedreht hatte, konzentrierte sie sich auf das Verhalten und den »Gesang« der Buckelwale und begleitete diese von Alaska nach Hawaii. Es genügte ihr nicht, einfach ein Mikrofon aus dem Boot baumeln zu lassen – sie tauchte gemeinsam mit ihnen. Einmal – sie befand sich keine 15 Meter von einem Buckelwal entfernt – war es wie bei einem Rockkonzert: »Mein ganzer Körper vibrierte von seinen Tönen. Das ist so eindringlich, dass es fast schon wehtut.«

Schließlich verdiente sich Sylvia den liebevollen Titel *Her Deepness* (»Ihre Tiefe«), als sie sich 1979 bereit erklärte, einen speziell angefertigten Tauchanzug zu tragen, der einen Druck von 453 Kilogramm aushielt; mit ihm stellte sie den Rekord für den tiefsten Tauchgang ohne Leine auf. Mit einem Tauchboot wurde sie auf den Meeresgrund vor Hawaii gebracht, wo sie zweieinhalb Stunden lang den Boden untersuchte. Wäre an irgendeiner Stelle ihres Tauchanzugs ein Loch aufgetreten, wäre sie auf der Stelle zerdrückt worden.

Allein in der dämmrigen Finsternis, sah sie einen Hai mit leuchtend grünen Augen, rote Krabben, die sich an pinkfarbenen Korallen festhielten, und riesige Rochen, die über sie hinwegschwebten. Die meisten Lebewesen in der Tiefe sind biolumineszent, selbst die Korallen geben Licht ab.

Earle tat sich mit Graham Hawkes zusammen – der auch ihr zweiter Ehemann wurde –, um 1982 die *Deep Ocean Engineering* zu gründen. Ihr gemeinsames Ziel war es, tiefseetaugliche Tauchboote zu entwickeln, zu bauen und zu testen. Ihr erstes Gefährt, *Deep Rover*, lief 1984 vom Stapel und war mit einer Plastikkuppel versehen, die ungehinderte Sicht auf das Meer bot. Mit diesem Boot tauchte sie 1000 Meter von der kalifornischen Küste entfernt in einem Gebiet, das nie zuvor ein Mensch gesehen hatte.

Nachdem sie sich bei nahezu allem, was irgendwie mit dem Meer zusammenhing, engagiert hatte, konzentrierte sich Earle auf die Weiterbildung. Jeder Mensch sollte, so war es ihr Wunsch, im Ozean mehr als nur einfach Wasser und im Fisch mehr als nur eine Mahlzeit sehen. »Für das Wohl der Ozeane«, sagte sie, »ist Unwissenheit die größte Bedrohung. Wir müssen noch viel lernen, bevor wir auf intelligente Weise einen harmonischen Platz für uns auf diesem Planeten schaffen können. Am besten fangen wir damit an, einzusehen, welche Folgen unsere Unwissenheit hat, und aufzuhören, Spezies und Ökosysteme, die wir nicht wieder erschaffen können, zu zerstören. Gerade jetzt befinden wir uns an einem Scheideweg, und wir haben die Möglichkeit, den richtigen zu wählen.«

Earle ist eine außergewöhnliche Forscherin. 1990 wurde sie zur Forschungsleiterin der National Atmospheric Administration (NOAA) ernannt – die erste Frau, die einen solchen Posten je innehatte. Unermüdlich kämpft sie weiter für den Schutz dieser ihrer Welt, die sie so liebt. Ihre Botschaft ist – wenn auch mahnend – voller Zuversicht.

In der Mitternachtssonne stehen

VALENTINA MIHAILOVNA KUZNETSOVA (*1937)
IRINA MIHAILOVNA KUZNETSOVA (*1961)
RUSSISCHE POLARFORSCHERINNEN

Irina und Valentina Kuznetsova

Valentina Mihailovna hatte wie viele russische Frauen eine schwierige Kindheit. Nach dem Krieg bekam ihr Vater eine Stelle als Fahrer bei der sowjetischen Fluglinie Aeroflot, dadurch erhielt sie die Möglichkeit, mit den Kindern der Oberschicht zur Schule zu gehen. Als man aber bei ihr ein Herzleiden feststellte und ihr alle anstrengenden Tätigkeiten untersagte, war sie in ihrer Klasse nicht nur das ärmste und unwichtigste Mädchen, sondern auch noch das unsportlichste – in einer Gesellschaft, in der Sport einen sehr hohen Stellenwert hatte.

Doch Valentina widersetzte sich dieser Ausgrenzung und begann Ski zu laufen. Sie nahm an Rennen teil und konzentrierte sich auf den Langstreckenlauf. 1966 organisierte sie einen Sieben-Tage-Lauf mit einer Laufdistanz von durchschnittlich 100 Kilometern pro Tag. Nach diesem Erfolg organisierte sie drei Jahre später ein 33-Tage-Rennen von Moskau nach Finnland; bei diesem Lauf kam ihr die Idee für die Metelitsa-Expedition.

Metelitsa wurde die erste Expedition russischer Frauen mit dem Ziel, die Antarktis auf Skiern zu durchqueren. Valentina wusste, dass man auf Skiern große Entfernungen überbrücken konnte, und war überzeugt, dass auch andere Frauen die gleichen strapaziösen physischen Herausforderungen würden meistern können.

Es brauchte eine ganze Weile, bis die russischen Behörden, die bislang Frauen auf ihren Polarstationen, insbesondere in der Antarktis, nicht zugelassen hatten, überzeugt werden konnten. Als die Zustimmung kam, begann sie mit der Planung, der Auswahl des Teams und dem Training. 1988 landete das Metelitsa-Team bei der russischen Myrny-Station und lief 30 Tage lang auf Skiern nach Wostok in der Mitte des Kontinents. Die Tour durch die Antarktis war die Belohnung für alle Mühen, denen sich Kuznetsova 14 Jahre lang unterworfen hatte.

Die biologisch-medizinischen Untersuchungen des Metelitsa-Teams lieferten Daten, die von russischen Wissenschaftlern zahlloser Organisationen, einschließlich der Russischen Akademie für Medizin und des Instituts für Arktische Geophysik, ausgewertet wurden, um zukünftige Erkundungen von so unwirtlichen Gegenden wie dem Mond oder anderen Planeten planen zu können. Was Valentina noch viel mehr freute als die öffentliche Anerkennung, die sie für ihre Arbeit erhielt, war der Umstand, dass sich 1985 ihre Tochter dem Team anschloss.

Irina wurde 1961 in Moskau geboren, zu einer Zeit, in der ihre Mutter noch an internationalen Skirennen teilnahm. Sie wuchs in einer Moskauer Wohnung auf, die in ihrer Rückschau stets voller Forscherinnen war. Sie erinnert sich:

Natürlich wollte ich immer bei einer der Expeditionen meiner Mutter dabei sein. 1979 bekam ich eine Kamera, und damit sah ich plötzlich eine Möglichkeit, zu ihren Expeditionen beizutragen: Ich konnte die Fotografin sein. 1985, als ich 24 war, ging ich das erste Mal mit meiner Mutter auf eine Expedition. Doch obwohl ich gut Ski fahren konnte, war die Reise körperlich extrem anstrengend. Der Boden war uneben, und wir mussten starke Steigungen bewältigen und in tiefe Schluchten abfahren – alles auf Skiern und mit der Ausrüstung im Schlepptau.

Mit ihrer Mutter arbeitete Irina daran, weiteren russischen Frauen den Weg zur Entdeckung der Polarregionen zu ermöglichen. Dabei galt es zunächst, an die wenigen noch vorhandenen Mittel für wissenschaftliche Untersuchungen zu kommen. Die neuen Pläne von Mutter und Tochter sehen vor, die Arktis unter Einbeziehung aller Länder, die an den Nordpol angrenzen, zu umrunden. Sie möchten damit die Aufmerksamkeit auf die Gefahren richten, denen die Arktis ausgesetzt ist. Zugleich soll eine Kette von Beobachtungsstationen entlang der Route aufgebaut werden, die Messungen über Verschmutzung, Temperatur, Radioaktivität und andere klimatische und umweltrelevante Themen durchführen.

Mittwinternachtstraum

DAS AMERIKANISCHE TRANSANTARKTIS-TEAM
ANN BANCROFT, EXPEDITIONSLEITERIN (*1955),
SUNNIVA SORBY (*1960), ANNE DAL VERA (*1953),
SUE GILLER (*1946)

Die amerikanische Frauenexpedition am Ziel. Bancroft über diese Reise: »Wir wollten als Vierergruppe zum Pol gelangen – der Pol selbst war enttäuschend … Nur der Weg zählt.«

Die Antarktis, dieser mysteriöse eisige Kontinent am unteren Ende der Welt, hat zu den tragischsten Expeditionen überhaupt angeregt. Die Antarktis ist eine einzigartige Landmasse, auf der es weder eine Menschheitsgeschichte noch Eingeborene gibt. Kein Individuum hielt sich dort länger als ein paar Jahre auf. Heute sind die Menschen, die dort arbeiten, entweder Militärangehörige oder Wissenschaftler. Und bis vor kurzem waren die meisten davon Männer.

Neuerdings haben die Expeditionen von Russinnen und Amerikanerinnen bewiesen, dass auch Frauen der Herausforderung gewachsen sind, unter den schwierigsten Bedingungen dieses Kontinents zu überleben. Bald nach der sowjetischen Metelitsa-Expedition 1988 reiste ein amerikanisches Skiteam unter der Leitung von Ann Bancroft zur Antarktis. Die erfahrene Bergsteigerin und Skifahrerin hatte sich zum Ziel gesetzt, ohne Unterstützung und Nachschub von außen mit einem reinen Frauenteam die Antarktis bis zum Südpol auf Skiern zu durchqueren. Ein ehrgeiziger Plan, nicht nur wegen der physischen, sondern auch wegen der finanziellen Herausforderung. Im Nachhinein meinte Bancroft: »Für mich steht die Tatsache, dass wir keine Sponsoren hatten, unmittelbar im Zusammenhang mit dem Umstand, dass es ein reines Frauenprojekt war, vor allem wenn ich sehe, dass männliche Kollegen weiterhin ihre Mittel erhalten.« Zwar wurden sie von Hunderten von Leuten unterstützt, ihr Informations- und Lehrprogramm, das sie über ihre Reise erstellt hatten, erreichte 450000 Schulkinder, doch den Frauen gelang es nicht, Unternehmen zum Sponsoring zu bewegen: Die Expedition endete mit Schulden von 500000 Dollar.

Trotz aller Hindernisse und Schulden flogen vier Frauen – Ann Bancroft, Anne Dal Vera, Sunniva Sorby und Sue Giller – von Chile nach Hercules Inlet am Rand des antarktischen Schelfs. In den folgenden 67 Tagen liefen sie auf Skiern und mit ihren Schlitten, die jeweils mit über 100 Kilogramm Verpflegung beladen waren, 1126 Kilometer über das Eis zum Südpol.

Auf halber Strecke verletzte sich eine der Frauen. Um den angeschlagenen Knöchel medizinisch versorgen zu lassen, hätte man in jedem Fall die Expedition abbrechen müssen – doch alle, einschließlich der Betroffenen selbst, lehnten diese Möglichkeit ab. Sie alle wollten einen Weg finden, um auch die Verletzte zum Pol zu bringen. Doch sie waren nur so schnell wie ihr langsamstes Mitglied. Langsam und unter großer Belastung zogen sie weiter. Unbeschadet schafften sie es bis zum Südpol, doch dort mussten sie die Durchquerung abbrechen. Schon bald danach begannen Sunniva Sorby und Ann Bancroft mit der Planung einer neuen Expedition.

Leben im Dunkeln

LOUISE HOSE

AMERIKANISCHE GEOLOGIN (*1952)

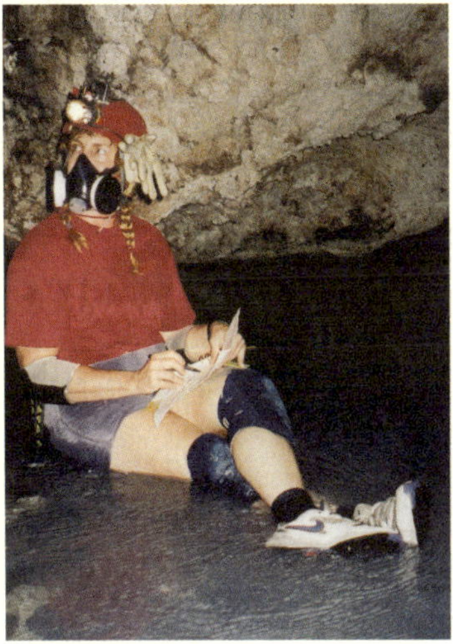

Hose mit Maske in der Cueva de Villa Luz, Mexiko

Vor langer Zeit entdeckten die Zoque-Indios in der Sierra de Chiapas eine dunkle, schwefelhaltige Höhle, von der sie glaubten, sie sei ein Verbindungsgang zu den Göttern. Im Eingangsbereich hielten sie ihre Frühlingsrituale ab, die eine gute Ernte sichern sollten. Die Höhle war für die Indios die Quelle allen Lebens, ein heiliger Platz, wo sie ihren Göttern nahe sein konnten. Später erfuhren die Spanier von der Höhle und nannten sie wegen der Lichtstrahlen, die von den verschiedenen Eingängen her einfielen, *Cueva de Villa Luz* (Höhle des Lichthauses).

Über viele Jahre hinweg wurde die Höhle nicht beachtet. 1989 rief der Höhlenforscher Jim Pisarowicz seine Kollegin Louise Hose, Geologieprofessorin und erfahrene Höhlenforscherin, an, um ihr von dieser Höhle zu berichten. Er erzählte Hose, wie er einen milchigen Wasserlauf mit eigenartigen blass rosafarbenen Fischen hinaufgewatet und zu einer ihm völlig fremden Art von Höhle gekommen sei. Die Wände wären mit glitschigen Gebilden bedeckt und die Luft sehr giftig.

Als Louise Hose 1996 zur Höhle kam, entdeckte sie, dass die scheinbar unwirtliche Höhle nur so vor Leben wimmelte. Es war, wie sie später schrieb, »ein Naturlaboratorium von Weltformat«. Eine unglaubliche Fülle an blassen Fischen bevölkerte das Wasser, die zähflüssigen Schichten, die an der Decke und den Wänden klebten, waren mikrobiotische Schleier, die sich fast zwei Kilometer tief in die Gänge dieser tödlichen Höhle hineinzogen. Spätere Analysen der Proben ergaben, dass es sich hierbei um bislang völlig unbekannte Kolonien mikrobischen Lebens handelte. Während die meisten Lebewesen von der Sonne abhängig sind, ziehen diese Mikroorganismen ihre Lebensenergie aus dem Oxidationsprozess, der durch die chemische Reaktion von Hydrogensulfiden aus den Tiefen der Erde mit dem Sauerstoff der Luft resultiert. Diese Schleier sind das erste Glied einer Nahrungskette innerhalb der Höhle, zu der Spinnen, Fledermäuse und Fische gehören – ein einzigartiges Ökosystem, das nicht auf Sonnenlicht, sondern auf einer andersartigen Atmosphäre beruht. Hose hatte neue Lebensformen entdeckt.

Der Entdeckertrieb hatte Louise Hose sehr früh erfasst. Ihre Leidenschaft für Höhlen begann schließlich 1970, als sie sich in die Church Cave in Kalifornien abseilen ließ. Auf dem College war Geologie in den frühen 70er-Jahren nur eine Nebensache. Louise musste bald erfahren, dass dieses Fachgebiet für sie eine Sackgasse war, da sich die Geologie fest in Männerhand befand. Sie wechselte zur Pädagogik, aber ihre Liebe zur Geologie holte sie wieder ein. Hose kehrte zur Wissenschaft zurück, verbrachte ihre freie Zeit mit dem Erkunden und Aufzeichnen der Höhlen im amerikanischen Nordwesten und promovierte in Geologie.

Seit dieser folgenschweren ersten Reise zur Cueva de Villa Luz 1996 ist sie immer wieder dorthin zurückgekehrt, um das Innere der Höhle zu kartographieren. Jeder Ausflug ist wie eine Reise in die Tiefen des Ozeans oder zu einem anderen Planeten, zumal sie viele lebenserhaltende Ausrüstungsgegenstände mitschleppen muss.

Louises Entdeckungen haben weitreichende Folgen. Die Geologie nahm lange Zeit an, dass Kalksteinhöhlen durch anorganische Prozesse entstanden sind, als Ergebnis der chemischen Reaktion von Regenwasser und Kohlendioxid, durch die Kalk gelöst wird und sich Hohlräume bilden. Durch die Entdeckung mikrobischer Schleier müssen Geowissenschaftler nun darüber forschen, ob vielleicht auch diese Lebewesen bei der Entstehung der riesigen Kammern eine Rolle spielten.

Auch Astronomen sind fasziniert von den Möglichkeiten, die durch diese einzigartige Umgebung denkbar werden: neue Szenarien, wie das Leben auf der Erde entstanden sein könnte und wie es vielleicht auf anderen Planeten, von denen man weiß, dass es dort sowohl Schwefel als auch Wasser gibt, existieren mag. Vielleicht könnten schwefelhaltige Bakterien auch entscheidend zur Reinigung toxischer Umgebungen beitragen, wie etwa bei den Abfällen von Schwefelminen. Wie schon Hose sagte: »*Die Cueva de Villa Luz* ist für Freizeit-Höhlenforscher die ekelhafteste Höhle auf der ganzen Welt – für Wissenschaftler die aufregendste.«

In den Himmel spähen

JILL CORNELL TARTER

AMERIKANISCHE ASTROPHYSIKERIN (*1944)

Jill Tarter

Vom frühen 20. Jahrhundert an wurden jede Menge Funksignale – von Radiosendern, Fernsehsendern, Mobiltelefonen – ins All geschickt, und sie verursachten dort ein Höllenspektakel, sodass jeder zuhörende Außerirdische sicherlich taub geworden wäre. Doch so wie wir das Universum mit Zeichen unserer Existenz bombardiert haben, gibt es – einigen wenigen Weltraumforschern zufolge – auch Außerirdische, die es mit uns genauso gemacht haben. Um herauszufinden, ob wir nun das All mit anderen intelligenten Wesen teilen oder nicht, fördert die NASA das so genannte SETI-Projekt (Suche nach extraterrestrischer Intelligenz).

1974 sandten Wissenschaftler unter der Führung von Frank Drake eine komprimierte, dreiminütige Botschaft über unsere Erde und das Sonnensystem in das Universum. Diese Nachricht zielt auf M13, einen Sternhaufen in der Milchstraße mit Hunderttausenden von Sternen. Natürlich rechnet niemand mit einer echten Verständigung, denn die Botschaft braucht 23000 Erdjahre, um den Haufen zu erreichen, und vermutlich noch einmal so lange, bis überhaupt eine intelligente Lebensform antworten kann. Doch das SETI-Team hofft, dass sich eines Tages in ferner Zukunft eine Zivilisation auf einem Planeten entwickelt und eine vergleichbare Nachricht in die Leere des Alls sendet.

Die Astronomin Jill Tarter leitet eine kleine Gruppe von Astronomen, die sich der Aufgabe verschrieben hat, Signale aus dem Weltraum zu empfangen. Die letzten 25 Jahre verbrachte sie mit dem Absuchen des Himmels. Ihre Computerbildschirme in der Zentrale von SETI in Mountain View in Kalifornien sind übersät mit blinkenden Punkten, die die Geräusche jener tausend Sterne der Milchstraße darstellen, die als wahrscheinliche Quelle in Betracht kommen. Doch bis jetzt haben sie noch keinen Hinweis auf wirkliche Botschaften aus dem All gefunden. Bei vielen stellte sich heraus, dass sie letztlich von der Erde stammen. Wehmütig sagt Tarter: »Alles, was wir bis heute empfangen haben, sind ›weiße Geräusche‹ – sie werden wie Schnee auf dem Bildschirm dargestellt. Was wir zu finden hoffen, ist eine gerade Linie mit einem fest stehenden oder pulsierenden Licht.« 1985 wurde mit Jills Hilfe das nichtkommerzielle SETI Institute gegründet, das mit der NASA zusammenarbeitet, um die Kosten so gering wie möglich zu halten. Als der Kongress seine finanzielle Projektunterstützung beendete, sorgte das SETI Institute dafür, dass Tarter und ihr Team mit privaten Mitteln ihre Forschungsarbeit fortsetzen konnten. Auch nach Ablauf dieses Projekts hofft Jill, dass sie durch die erzielten Fortschritte und die Begeisterung der Leute private und öffentliche Geldgeber dafür gewinnen kann. Es sollen speziell für SETI entwickelte Teleskope gebaut werden. So könnte man eine Parabolantenne auf der erdabgewandten Seite des Mondes, wo es keine Geräusche von der Erde gibt, aufstellen, wobei sie hofft, dann ebenfalls dort zu sein und zu horchen. Danach befragt, was ihre Forschungsarbeit für sie persönlich bedeute, meinte Tarter, dass die Entdeckung außerirdischen Lebens eine tiefgreifende Bedeutung für uns alle habe. »Seit Menschengedenken fragen wir uns, ob wir allein auf dieser Welt sind. Es ist durchaus denkbar, dass wir allein sind, aber ich halte es für unwahrscheinlich«, sagt sie. »Der Lösung dieser Frage möchte ich mein Leben widmen. Jede Antwort hat weitreichende Folgen. Sind wir allein, so wird es uns dabei helfen zu erkennen, dass wir ein bisschen vernünftiger mit anderen Menschen und unserer sensiblen Umwelt umgehen müssen. Wenn wir nicht allein sind, wird es uns dabei helfen, unser Menschsein zu definieren.«

Spaziergang im Weltraum

KATHRYN D. SULLIVAN
AMERIKANISCHE
ASTRONAUTIN (*1951)

Sally Ride und Kathryn Sullivan auf einer Raumfahrtmission

Am 5. Oktober 1984 flog die Astronautin Kathy Sullivan für acht Tage in den Weltraum und war die erste Frau, die einen Weltraumspaziergang absolvierte. Bei ihrem zweiten Raumflug 1990 half sie, das riesige Hubble-Teleskop auszusetzen. 1992 war sie als Projektleiterin und Nutzlast-Verantwortliche an einem Raumflug beteiligt. »Als wir losflogen«, sagt sie, »war das wie Schlittschuhlaufen auf einer Sahnetorte. Der Flug, die Aussicht, der Start, alles war unübertrefflich.«

Kathy begann mit ihren Forschungen, als sie für ihr Abschlussexamen in Geologie arbeitete. Zunächst führte ihr Karriereweg jedoch eher nach unten als nach oben. Sie nahm an Gruppenprojekten am Woods Hole Oceanographic Institute teil, das den Mittelatlantischen Rücken, das Neufundland-Becken sowie die Grabenbruchzonen an Kaliforniens Pazifikküste untersuchte. Sie stellte fest, dass die See und der Himmel einander nicht ausschließen. Von der US-Marine-Station ging Sullivan zur NASA und wurde 1978 für das Raumfahrtprogramm ausgewählt.

Sullivan ist stolz auf die Arbeit, die sie in ihrer Laufbahn geleistet hat. »Das Aufregendste und Befriedigendste an meiner Arbeit bei der NASA bestand darin, dass ich ein vollwertiges Mitglied im Projektteam war.«

Literaturhinweise

BÜCHER ÜBER ENTDECKERINNEN

Adams, H. Davenport. *Celebrated Women Travellers of the Nineteenth Century.* London: W. Swan Sonnenschein & Co., 1883.

Aitken, Maria. *A Girdle Round the Earth.* London: Constable and Co., 1987.

Alic, Margaret. *Hypatia's Heritage.* Boston: Beacon Press, 1986.

Allen, *Alexandra. Travelling Ladies.* London: Jupiter, 1980.

Barstow, Anne. *Witchcraze.* San Francisco: Pandora, 1994.

Bonta, Marcia. *Women in the Field.* College Station: Texas A & M, 1991.

Casson, Lionel. *Travel in the Ancient World.* Baltimore, Md.: Johns Hopkins University Press, 1994.

D'Auvergne, Edmund. *Adventuresses and Adventurous Ladies.* New York: J. H. Sears and Co. N.d.

Dowie. *Women Adventurers.* London: Fisher Unwin, 1893.

Hamalian, Leo. *Ladies on the Loose.* New York: Dodd, Mead and Company, 1981.

Jansz, Natania und Miranda Davies. *Women Travel.* New York: Prentice-Hall, 1990.

Keay, Julia. *Mehr Mut als Kleider im Gepäck.* München: Frederking & Thaler, 2000.

Middleton, Dorothy. *Victorian Lady Travellers.* Chicago: Academy Chicago Publishers, 1982.

Ogilvie, Marilyn Bailey. *Women in Science.* Cambridge, Mass.: MIT Press, 1986.

Olds, Elizabeth Fagg. *Women of the Four Winds.* Boston: Houghton Mifflin, 1985.

Robinson, Jane. *Wayward Women.* Oxford: Oxford University Press, 1990.

– *Unsuitable for Ladies.* Oxford: Oxford University Press, 1994.

Schiebinger, Londa. *Nature's Body.* Boston: Beacon Press, 1993.

Shteir, Ann. *Cultivating Women, Cultivating Science.* Baltimore: Johns Hopkins University Press, 1996.

Slung, Michele. *Unter Kannibalen.* München: Frederking & Thaler, 2002.

Stanley, Jo. *Bold in Her Breeches.* London: Pandora 1995.

Stark, Suzanne. *Female Tars.* Baltimore: US Naval Press, 1996.

Tiltman, Marjorie Hessell. *Women in Modern Adventure.* London: George G. Harrap & Co. Ltd., 1935.

Tinling, Marion. *Women into the Unknown.* Westport, Conn.: Greenwood Press, 1989.

Hinter dem Horizont. Von der Erkundung Afrikas bis zur Eroberung des Mount Everest. Die fotografischen Schätze der Royal Geographical Society. München: Frederking & Thaler 2001.

Danksagungen

Zu diesem großen Buchprojekt haben so viele Menschen wertvolle Beiträge geleistet, dass es unmöglich ist, sie alle namentlich zu erwähnen. Folgenden möchten wir jedoch ganz besonders danken:

Leila Hadley Luce für ihre ungewöhnliche Freundschaft.

Unseren großartigen Agenten und Freunden Nicholas Smith und Andrea Pedolski.

Caroline Schimmel, die unsere Leidenschaft für Entdeckerinnen teilt und der wir für ihre Großzügigkeit so sehr zu Dank verpflichtet sind.

Unserem hervorragenden Verlagsteam bei Clarkson Potter: Annetta Hanna, Jan Derevjanik, Marysarah Quinn, Maggie Hinders, Margot Schupf, Jean Lynch, Vanessa Hughes, Elizabeth Royles, Jane Searle, Merri Ann Morrell, Rebecca Strong und Elizabeth Herr.

Der Rechercheurin und ebenfalls Entdeckerin Nicola Jenns.

Angela Ramirez und Bill Zimmerman.

Gertrude Dole, die uns zuerst auf die Wichtigkeit hinwies, mündliche Berichte von Entdeckerinnen zu sammeln.

Jane Robinson, Marion Tinling und Marcia Bonta, deren erstaunliches Wissen viele Frauen vor dem Vergessenwerden rettete.

Den Kollegen und Freunden, insbesondere William Polk, Francine Douwes Whitney, Diana Green, Steve Soter, Virginia Dean, Nina Prusinowski, Caroline Sheen, Gayle Fitzpatrick, Jeff Liang und Lisa Sonne.

Und:

Paul Abell, unseren Freunden von Fishers Island, Isany P. Alexander, Carmela Del Pino und Austin McPhail, Christiane Amanpour, Melinda Barber, Stacey Bienhorn, Anita und Carl Bleyleben, Andres Branger, Ellen Brush, Dan Buck, Allen Bukoff, Sheldon Caplan, Lauren Cardillo, Karen Clark, Lincoln Colwell, Gertrude Vanderbilt Whitney Conner, Hope Cooke, Anne Doubilet, Brian Drolet, YT Feng, Jeffrey J. Foxx, Loni Garrison, Dave Green, Bob Griffin, Ginger Head, Missy Houghton, Patricia Hubbard, Barbara Hunter, Tad Hyde, Sian Imber, Scottie Brown Jones, Patty Potter Katz, Gale Barrett Kavanagh, Dr. Steven Keeling, Barbara und Justin Kerr, Lindley Kirksey, Jana Kolpen, Lucille Conetta Kravitz, Myke Lattner, Henry Luce III., Neil MacFarquahar, Penny Mar, Christine Miele, Mary Miller, Cecily Morse, Penny Naylor, Caroline Nicholson, Heather O'Meara, Jesse Page, Danielle Parris, George Polk, Lori Belden und Kevin Pope, Bill Price, Bev Rogerson, Jane Safer, Angela und Carl Schuster, Lucy Scott, Susana Sedgewick, Holly und David Seeger, Cecily Selby, Robin Siegel, Robert Spector, Meredith Steinbach, Judith Stiles, Linda Sunshine, Lena Tabori, Missie Rennie Taylor, Catherine Ursillo, Terry Ward und Idanna Pucci,

Ellen Warner, Sally Whittaker und Ted Yeatman.

Milbrys Gefährten in der Wüste, Margaret und Douglas Griffes, Ibrahim el Shayeb, Ibrahim Helmi, Meshayt, Mohammad und Belhaq.

Bibliothekare, Archivare und Hüter von Schätzen, ganz besonders:
Marilyn Ward von den Royal Botanical Gardens in Kew bei London
Jean Rainwater von der John Hay Library, Brown University
Tony Irwin vom Castle Museum
Natural History Museum, London, Lodvina Mascarenhas
Rachel Rowe und die Mitarbeiter der Picture Library, Royal Geographical Society
Jovanka Ristic von der AGS Collection
Linda Briscoe von der University of Texas
Erica Kelly und Mary Wolfskill von der Library of Congress
Nick und Reba Nichols
Henry Persaud vom Museum of Mankind
Joan Eldridge
Virginia Murray von John Murray Ltd.
Tony Morrison
Janet Baldwin vom Explorers Club
Beatrice Lo und die Mitarbeiter der Palisades Free Library
Michele Wellck von der California Academy of Sciences
Janet Godwin von der Mystic Historical Society
Jose Welbers von Na Balom
Jokull Saevarsson von der National- und Universitätsbibliothek von Island
Barbara Stein von der University of California in Berkeley
Netzin Steklis, Dian Fossey Gorilla Fund International
Lorett Trease, Archivar, Bryn Mawr College
Die Mitarbeiter der African Wildlife Foundation
Carola Vecchio, Ken Cuthbertson, Nancy Farnan, Zivile Gimbutas, Rachel und George Billings
Joan Marler, Heather Colburn
Conrad Froelich und Barbara Hinshell und die Mitarbeiter des Osa und Martin Johnson Safari Museum
Seth Shostak vom SETI Institute
Ann Brownell Sloan vom Mead Institute of Intercultural Studies, Inc., New York

Zahllosen Internet-Archivaren, die eifrig und gewissenhaft Informationen ins Web stellten, mit denen sie uns halfen, wichtige Anhaltspunkte zu finden. Unseren unerschrockenen, unternehmungslustigen und anregenden Vorfahrinnen: Adelaide Roe Polk, Sara Price Cooledge, Joan Cooledge Elisabeth von Oppenheimer Polk, Janet O'Meara, Dr. Marjory Smith Goodman und Muriel Allen.

Dank auch für die Unterstützung durch den Wings Trust, unter dessen Schirmherrschaft dieses Buchprojekt schon vor langer Zeit entwickelt wurde.

Zuletzt, was uns am meisten am Herzen liegt: Ein ganz herzliches Dankeschön an Milbrys Ehemann, Phillip Bauman, und an Marys Ehemann, Hubert Pedroli, für all ihre Hilfe, Unterstützung und unendliche Geduld. Desgleichen an Milbrys Kinder Mary, Bree und Elisabeth.

Und vor allem danken wir den Frauen, die uns dazu inspiriert haben, dieses Buch zu schreiben.

Abbildungsnachweis

Titelseiten: Ankunft bei den Klöstern während eines Sandsturms. Foto Milbry Polk, © 1980.

5 Bildnis von William Polk mit Kamel. Foto von William Mares.

15 Milbry Polk mit dem Bürgermeister von Qara. Foto von Douglas Griffes.

17 Durchquerung der Kattarasenke. Foto von Milbry Polk, © 1979.

21 Abendliches Feuer in der Kattarasenke, Ägypten. Foto von Milbry Polk, © 1979.

22/23 Jerusalem von Süden. Radierung von David Roberts, 1855, Genehmigung der Cooledge Collection.

31 Handschriftenrolle, Achtzehn Lieder einer Nomadenflöte:Die Geschichte der Dame Wen-Chi. »Der Abschied«. The Metropolitan Museum of Art, Gabe des Dillon Fund, 1973. Foto © 1994, The Metropolitan Museum of Art.

33 »Besteigung des Sinai«. Radierung von Pilgern, die das Heilige Land durchqueren. Stich von David Roberts. Genehmigung der Cooledge Collection.

40 »Islandia«-Karte, 1590, von Ortelius Abraham. Genehmigung der National- und Universitätsbibliothek von Island.

43 Azteken-Zeichnung von Malinche. University of Texas Collection, The General Libraries, University of Texas, Austin. Foto v. George Holmes.

59 Bildnis von Jeanne Baret. Museum of New South Wales Image Library, State Library of New South Wales.

62/63 Die »Arctic« im winterlichen Quartier. Foto von Geraldine Moodie. Copyright © The British Museum.

65 Johnson mit Pygmäen. Foto von Martin Johnson, Genehmigung des Martin und Osa Johnson Safari Museum.

74 Bildnis von Kingsley. Mit Genehmigung des Senats der Cambridge University Library.

81 Lady Anne Blunt auf einer Stute. Genehmigung der Archer Collection.

85 Bildnis von Sheldon. Genehmigung der Library of Congress.

88 Porträt von Moodie. Genehmigung der Eldridge Collection.

89 Inuit-Frauen, 1906. Churchill, Manitoba. Foto von Geraldine Moodie, Genehmigung der Eldridge Collection.

90 Hubbard im Lager. Genehmigung der Schimmel Collection.

92 Porträt von Bell. Genehmigung der Robinson Library, University of Newcastle-Upon-Tyne.

94 Néel vor ihrer Einsiedelei. Genehmigung der Foundation Alexandra David-Néel.

103 Akeley in Jagdkleidung. Genehmigung der Jesse Page Collection.

106 Mary und Carl vor ihrem Zelt. Foto aus der Mary Jobe Akeley Collection. Genehmigung von Mystic River Historical Society, Inc., Mystic, Connecticut, und M.J. Akeley Trust.

110 Freya Stark in arabischer Kleidung. Genehmigung von John Murray (Verlag) Ltd.

114 Johnson auf einem Krokodil. Foto von Martin Johnson, Genehmigung des Martin und Osa Johnson Safari Museum.

119 Hendrickson und Hunde. Genehmigung von Sue Hendrickson.

123 Sue winkt aus einem Dinosaurier. Genehmigung von Sue Hendrickson.

124 Schwabe untersucht Proben. Foto von Lisa Sonne. Genehmigung von Stephanie Schwabe.

128/129 Dian auf dem Weg zum Lager. Foto von Alan Root/NGS Image Collection.

131 Foto von Mead. Genehmigung des Mead Institute for Intercultural Studies, Inc., New York.

135 Porträt von Dietrich. Genehmigung der John Oxley Library. Negativ Nr. 60188.

139 Eastwood im Labor. Genehmigung von Special Collections, California Academy of Sciences.

143 Mit Schmetterlingsnetz. Genehmigung vom Castle Museum.

145 Mexia bei der Feldforschung. Genehmigung von Special Collections, California Academy of Sciences.

148 Porträt Cheesman. Genehmigung des Natural History Museum, London.

153 Unter einem Bananenbaumblatt. Genehmigung des Natural History Museum, London.

154 Porträt von Boyd. Genehmigung der Library of Congress.

159 Mead auf einer Matte, 1971. Genehmigung des Mead Institute of Intercultural Studies, Inc., New York.

163 Mead wird von Eingeborenen getragen. Genehmigung des Mead Institute of Intercultural Studies, Inc., New York.

164 Katharine mit Spitzhacke. Genehmigung der Billings Family Collection.

169 Nicole Maxwell auf einem Pfad. Genehmigung von The Maxwell Collection.

174 Leakey mit Schädel. Foto von Paul Abell. Genehmigung von Paul Abell.
177 Porträt Gimbutas. Genehmigung der Gimbutas Collection.
181 Clark beim Auftauchen. Foto von Emory Kristoff. Genehmigung von Eugenie Clark.
185 Dian mit Gorillas. Genehmigung von The Dian Fossey Gorilla Fund International.
187 Dias Grabplatte. Genehmigung von The Dian Fossey Gorilla Fund International.
191 Jane Goodall und Schimpanse Joujou. Foto von Michael Nichols.
194 Portrait im Amboseli National Park, Kenya. Foto von Martyn Colbeck. Genehmigung von Cynthia Moss/African Wildlife Foundation.
198 Bildnis von Katy Payne. Genehmigung von Katy Payne.
200 Cristina Biaggi und Doppelspirale, Phoenix Gallery, New York City, März 1999. Genehmigung von Cristina Biaggi.
202 Arvigo mit Heilern. Genehmigung von Rosita Arvigo.
205 Arvigo und Don Elijio Panti. Genehmigung von Rosita Arvigo.
207 Anna Roosevelt zeichnet Daten auf. Foto von Diego Goldberg, Genehmigung von Anna Roosevelt.
209 Felsenbilder. Genehmigung von Anna Roosevelt.
213 Bild von Elpida auf Dokos, 1990. Genehmigung von Elpida Hadjidaki-Marder.
217 Tauchen über einem Wrack. Genehmigung von Elpida Hadjidaki-Marder.
218 Connelly neben Laster. Genehmigung von Joan Connelly.
220 Bildnis Pierce. Genehmigung von Naomi Pierce.
223 Wadhwa in der Antarktis. Genehmigung von Meenakshi Wadhwa.
226/227 Eidechse. Genehmigung von Brown University, John Hay Library.
231 Porträt von Aphra Behn. National Portrait Gallery und Arthur Schlechter (New York). Genehmigung von Arthur Schlechter.
235 Merian-Porträt. Genehmigung der Schimmel Collection.
245 Porträt von Ida Pfeiffer. Schimmel Collection. Genehmigung der Schimmel Collection.
253 Marianne North an ihrer Staffelei. Genehmigung von The Trustees, Royal Botanic Gardens, Kew.
254 Margaret Mee im Kanu. Foto von Tony Morrison. Genehmigung von Tony Morrison.
255 Zora Neale Hurston im Kanu. Foto von Jane Belo. Library of Congress. Abdruck mit Genehmigung der Nachlassverwaltung von Zora Neale Hurston.
261 Riefenstahl filmt in Deutschland. Genehmigung von Leni Riefenstahl Produktion.
265 Blom mit Lacandon-Indianern. Genehmigung von The Na-Bolom Collection.
267 Lacandon-Indianerkind. Foto von Gertrude Blom. Genehmigung von The Na-Bolom Collection.
268 Robertson vor den Angel-Fällen. Genehmigung der Photography Collection, Harry Ransom Humanities Research Center, University of Texas at Austin.
271 Porträt von Hahn. Genehmigung von Ken Cuthbertson.
275 Leila in der Takelage. Hadley Collection. Genehmigung von Leila Hadley.
279 Reiche auf einer Leiter. Agent/Reiche Collection. Fotograf unbekannt. Genehmigung von Tony Morrison.
281 Reiche beim Vermessen der Linien. Foto von Tony Morrison, © 1977. Genehmigung von Tony Morrison.
282 Porträt von Marilyn Bridges. © Photopia 1995, Genehmigung von Marilyn Bridges.
283 Das Cherhill-Pferd. Foto von Marilyn Bridges, © 1985. Genehmigung von Marilyn Bridges.
285 Foto von Linda Schele, von Justin Kerr. Genehmigung von Justin Kerr, Fotograf.
287 Porträt von Elizabeth Arthur. Foto von Steven Bauer, Genehmigung von Elizabeth Arthur.
289 Elizabeth Arthur vor Scotts Hütte. Genehmigung von Elizabeth Arthur.
290/291 Sullivan im Weltraum. Genehmigung von NASA.
295 Kuznetsova fotografiert Pinguine. Genemigung von Irina Kuznetsova.
296 Mitchell mit Teleskop. Genehmigung von The Maria Mitchell Association.
297 Peck in Bergsteigertracht. Genehmigung von Library of Congress.
301 Bildnis von Peck im Kleid. Genehmigung der Schimmel Collection.
303 Bild von Coleman. Genehmigung von The Air and Space Museum.
306 Bild von Markham. Genehmigung der Sunshine Collection.
309 Bildnis von Earhart. Genehmigung der Library of Congress.
313 Tharp am Kartentisch. Genehmigung von Marie Tharp.
317 Bild von Earle im Taucheranzug. Foto von David Doubilet/Genehmigung von Doubilet Photography Inc.
320 Irina und Valentina Kuznetsova. Genehmigung von Irina Kuznetsova.
323 Gruppenfoto des amerikanischen Frauenteams. Genehmigung von Sunniva Sorby.
325 Hose mit Maske. Foto von James Pisarowicz. Genehmigung von Louise Hose.
328 Porträt von Tarter. Foto von Seth Shostak. Genehmigung des SETI Institute.
331 Kathryn Sullivan mit Sally Ride. Genehmigung von NASA.